30년 후의
코리아를
꿈꿔라

30년 후의 코리아를 꿈꿔라

대한민국을 세계 제일의
IT 강국으로 키워낸
한국의 대표 테크노크라트
오명의 자기 경영법

오명 지음

웅진 지식하우스

글을 시작하며

큰 나라 대한민국의 저력을 믿어라!

2008년 여수 엑스포 유치 활동이 한창일 때, 나는 한국에 대한 지지를 부탁하기 위해 북유럽 국가들을 방문했다. 스웨덴 장관을 만난 자리에서 다음과 같이 한국의 발전상을 간단하게 설명했다.

"한국은 고교 졸업자의 83%가 대학에 진학합니다. 대학의 수도 400개나 되며 이중 이공계가 42%에 이릅니다. 또한 산업에 있어서도 반도체 메모리가 세계 1위, 조선 1위, 섬유 4위, 자동차 5위, 철강 5위입니다. 그뿐만이 아닙니다. 시속 350킬로미터로 달리는 초고속 열차를 비롯하여 자기부상열차, 대형 위그WIG선, 스마트발전소 등 대형 R&D 사업들도 실용화 단계에 있습니다."

내 이야기를 듣던 스웨덴 장관이 말했다.

"한국은 큰 나라라서 그런 엄청난 사업들이 가능하군요."

그 순간, 가슴이 뜨거워지면서 온몸에 전율이 일었다. 스웨덴 같은 세계의 강국이 한국을 '큰 나라'라고 부르다니!

스웨덴은 한국전쟁 때 의료 지원국으로 참전하여 우리나라를 도와주었던 나라다. 그때 스웨덴은 이미 선진국이었다. 그 당시 한국은 세계 177개 국가 중 끝에서 6번째로 가난한 나라였다. 거리에는 거지들이 들끓고 굶어 죽는 사람도 있었다. 그런 우리나라가 60여 년이 흐른 지금 두 번째 엑스포를 추진하면서 스웨덴 장관에게 '큰 나라'라는 말을 듣고 있으니 얼마나 감개무량한가!

듣고 보니, 한국은 정말 큰 나라다. 5,000만 명에 가까운 인구 규모로 봐도 그렇고, 세계 13위인 GDP로 봐도 그렇다.

최근 나는 콜롬비아 우리베 대통령을 만나 콜롬비아의 IT 발전 정책을 수립하는 데 참여하고 있으며, 파라과이 루고 대통령의 요청으로 파라과이의 IT 마스터플랜을 준비하고 있기도 하다. 그 외에도 많은 나라를 방문하여 여러 대통령과 장관들을 만났다. 그들은 한결같이 우리 대한민국과 협력하기를 강력히 희망하고 있었다. 세계의 많은 나라들이 'IT 강국 코리아'에게 도움 받기를 원하고 있다.

언제부터 우리가 남을 도울 수 있는 나라가 된 것인가. 가슴 뿌듯한 일이다. 남미와 동남아 여러 나라들은 한국을 희망으로 여긴다.

한국전쟁 후 세계 최빈국이었던 한국이 어떻게 반세기 만에 세계 제 13위 경제 대국으로 발전할 수 있었는지 경이의 눈으로 보고 있다.

아마도 현재 20~30대 청춘을 보내고 있는 젊은이들에게는 쉽게 다가오지 않는 얘기일 수도 있겠다. 그들에게는 지금의 대한민국이 그저 하루아침에 저절로 만들어진 것처럼 보일 테니 말이다. 하지만 기억해야 한다. 전쟁 후의 한국은 그야말로 잿더미였다. 우리의 할아버지와 아버지 세대는 오로지 잘살아보겠다는 신념 하나로 그 잿더미를 딛고 일어서서 지금의 우리나라를 만들었다. 전국에 철도와 도로를 깔았고, 아파트와 빌딩을 지었다. 또 섬유와 철강 산업을 일으키고, 자동차와 반도체를 만들었다. 그렇게 쉼 없이 열심히 일해서 지금의 '큰 나라 대한민국'을 일궈냈다.

요즘은 가는 곳마다 희망이 없다는 말을 많이 한다. 특히 사회생활을 시작하려는 문턱에 있거나 한창 일을 배우고 있는 20~30대가 패배 의식에 젖어 있다. 국가는 성장 동력을 잃었고, 기업은 주저앉았으며, 주가는 폭락하고, 청년 실업자는 몇백만에 이른다며 한숨을 쉰다.

하지만 지금으로부터 50~60년 전의 상황은 이보다 더 심했다. 그때는 먹을 것도 없었고, 따뜻하게 몸을 뉘일 집도 없었으며, 젊은이들을 고용해줄 기업은 더더구나 없었다. 그럼에도 불구하고 우리 할아버지와 아버지 세대들은 채 100달러도 안 되는 국민소득을 그 200배인 2만 달러로 성장시켰다.

이에 비해 지금 우리는 가진 것이 얼마나 많은가. 우리는 누구나 교육의 혜택을 받는다. 한국의 대학 진학률은 가히 세계 최고이다. 교육 수준도 높아져서 중국, 인도 및 동남아의 많은 학생들이 한국으로 유학을 온다. 또한 한국은 현재 세계 5위로 평가받는 과학기술 선진국이다. 과학기술 예산 역시 GDP 대비 3.23%로 미국이나 영국보다도 많다. 10~30년 후 미래를 뒤흔들 과학기술이 정부와 대학 산하의 연구소에서 빠른 속도로 자라고 있는 것이다.

무엇보다도 우리에게는 세계가 부러워하는 막강한 IT 인프라가 있다. 신청만 하면 당일 바로 개통되는 전화망과 100메가의 속도로 데이터를 처리하는 뛰어난 광통신망이 있다. 해외에 나가서 살아본 사람들은 안다. 어떤 선진국도 한국만큼 빠른 인터넷 서비스를 제공하지 못한다는 것을.

강력한 IT 기반과 첨단을 달리는 과학기술력, 그리고 한국인의 뜨거운 교육열. 이 세 가지가 있는데 우리가 두려워할 게 무엇이 있겠는가. 우리는 계속 달릴 수 있다. 아니, 우리 할아버지와 아버지들이 한 것보다 더 큰 일을 해낼 수 있다. 우리가 살고 있는 대한민국은 생각 이상으로 훨씬 더 위대한 나라이다.

우리 자신을 믿자. 그리고 우리가 태어난 나라 대한민국의 저력을 믿자. 신념은 자부심을 부르고, 자부심은 사명을 부른다. 사명을 가질 때, 우리는 가야 할 방향을 알게 되며 결코 의심하지도 후회하지도 않는다.

이 책에는 어려운 시기에 꿈을 품었던 우리 할아버지와 아버지들의 이야기, 30년 후의 대한민국을 고민하며 정책을 세우고 그것을 이루기 위해 밤낮 없이 뛰어다닌 사람들의 이야기가 담겨 있다. 그들은 맨땅에서 지금의 눈부신 코리아를 일구어냈다. 이제는 젊은이들의 차례다. 앞으로 또 다른 30년 후, 후손들에게 어떤 나라를 물려줄 것인가. 이왕이면 국민소득 4만 달러의 코리아, 과학기술 1위의 코리아, 세계의 중심 국가 코리아를 물려줘야 할 것이 아닌가. 조금만 더 힘을 내자. 우리는 할 수 있다!

2009년 3월, 건국대 총장실에서

오명

차례

글을 시작하며 큰 나라 대한민국의 저력을 믿어라! 4

1부 리더의 탄생

더 좋은 세상을 만들기 위하여 17
하고 싶다는 열정과 할 수 있다는 믿음 | 먼저 준비하고 그 뒤에 노력하라 | 내가 시작한 싸움, 끝까지 가자! | 팀의 일원이 되는 기쁨

성공을 좇지 말고 열정을 좇아라 28
철저한 과학 학교, 육사 | 철학보다 더 어려운 전자공학 | 때로는 공부도 전략적으로! | 약혼녀 데려오기 프로젝트

항상 치밀하게 준비하라 36
흐름을 파악하고 요점을 찾아내라 | 박사의 세 가지 조건? | 위기에 미리 준비하라 | 박사 학위, 부부 공동의 결실 | 이휘소 박사의 안타까운 죽음

가슴이 떨릴 때는 망설이지 말라 49
컬러TV가 관건이다 | 작은 우연이 가져다준 운명적 만남 | 드디어 컬러 방송이 시작되다! | 우리나라가 선진국이 되는 길 | 이제부터 경제는 당신이 대통령이야! | 전두환 대통령과의 갑론을박

조직의 역사를 존중하라 66
41세의 젊디젊은 체신부 차관 | 만년 말석 체신부, 정부를 리드하다 | 자부심을 심어줄 구호를 안겨주어라

아랫사람이 신나게 일하게 하라 77
장관님은 정확히 8시 반에 오십니다 | 아랫사람을 믿고 일을 맡겨라 | 8만 인사이동의 단 한 가지 원칙 | 시작은 미미하지만 그 끝은 창대하리라 | 초고속 인터넷 일등 국가의 시발점

2부 오케스트라의 지휘자처럼

디지털 혁명의 태동 97
목숨을 걸고서라도 해야 할 일 | 혈서보다 무서운 서약서 | R&D는 절대로 손해 보지 않는다

최고의 전략을 수립하라 109
효율적으로 조직을 구성하라 | 같이 일할 사람이 직접 뽑아라 | 능력이 탐나면 적敵에게도 손을 내밀어라 | 톱니가 꽉 맞물린 관·산·연 공동 개발 체제

세상을 놀라게 하라 121
세계 최고의 통신 강국으로 가는 길 | 새로운 수출의 길이 열리다 | 전화 한 대가 일궈낸 기적

반도체를 향한 새로운 도전 128
반도체를 공동 개발해야 하는 이유 | 내 머리카락이라도 팔겠소! | 반도체, 우리 국민의 쌀이 되다

언제나 미래를 보고 선택하라 137
세계 일등 전자 정부를 향한 최초의 시도 | 발전을 위한 반론을 받아들여라 | 국산 슈퍼미니컴퓨터의 탄생 | 톨러런트, 집중 토론 10시간 | 청년의 벤처 정신을 기대하며

최고를 이기고 최고임을 증명하라 157
'88 올림픽의 특명, 최고의 전산 시스템을 만들어라! | 99.999…%에 9를 계속 더하라 | 노 에러, 노 다운의 기적 | 유니버시티 프로페서의 영광

설득하고 또 설득하라 170
절대로 놓칠 수 없다 | 북유럽을 잡으려면 스웨덴부터 잡아라 | 만장일치로 공인된 대전 엑스포 | 108개국을 유치한 설득의 힘 | 지상 최대의 쇼, 세계를 뒤흔들다

불가능이란 없음을 믿어라 191
한국인에게 불가능은 없다 | 1,400만 관람객의 물결! | 대가 백남준의 화통한 여유 | 로열 패밀리의 이유 있는 승리

3부 30년 후의 코리아를 꿈꿔라

또 다른 도전이 시작되다 209
당신, 장관 맞아요? | 그때 사표를 받았어야 하는데…… | 쌩쌩 달리는 버스를 타고 고향으로!

더 크게 생각하라 218
동북아의 허브 공항을 대한민국에 | 천혜의 자연조건을 가진 영종도 신공항 | 안타깝게 사라진 '세계자유도시'

살아 있는 조직을 만들어라 228
리더십이 살아 숨 쉬게 하라 | 문제의 핵심을 파악하라 | 빈 가방이 만들어준 자부심 | 새벽의 소리 없는 행군

윗사람에게 의리와 충성을 다하라 241
1995년 가을, 대통령과의 독대 | 한번 모신 윗사람은 영원한 스승이다 | 기품 있는 공직자의 모습

변화의 선두에 서라 254
리더의 진정한 용기 | 정보화의 결실, 읽을거리 풍부한 신문 | 진검 승부로 가자!

칭찬은 비판보다 강하다 266
조직을 움직이는 에너지, 칭찬 | 칭찬에도 노하우가 필요하다 | '한 지붕 두 가족' 하나로 만들기

과학기술의 힘, 미래의 힘 275
한국 최초의 과학기술 부총리 체제 | 전 세계, 한국의 과학기술 행정 체제를 벤치마킹하다 | 미래 성장 동력을 육성하라

준비하는 자만이 미래의 주인이 된다 285
꿈이 꽃피는 과학기술의 미래를 팝니다 | 드디어 우주인이 탄생하다! | 꿈의 에너지를 찾아서

4부 내 안의 청년정신을 일깨워라

세상은 넓고 고수는 많다 303
비결 아닌 비결 | 장관하기, 참 쉽다 | 말하기, 참 어렵다 | 계영배戒盈杯, 지나침보다 모자람이 낫다

세계 속의 자랑스러운 한국인 317
노벨과학상을 향해 쏴라 | 국제 무대에서 한국인 키우기

베풀 기회를 놓치지 말라 328
베풀면 반드시 돌아온다 | 재를 사시오! | 남미로 떠난 IT 봉사단, 미래의 희망을 열다 | 있는 사람이 먼저 잘하자

내 나라에 자부심을 갖자 342
나라 자랑 좀 합시다! | 책임 있고 사명감 넘치는 우리 사회를 위하여 | 남미에서 찾은 희망의 씨앗

1부 리더의 탄생

몰아붙이는 리더 아래서 아랫사람들이 키우는 능력은 그야말로 '눈치 잘 보는 능력' 밖에 없다. 나는 눈치 보는 아랫사람은 필요하지 않았다. 소신 있는 직원, 일 잘하는 능력 있는 직원을 원했다. 새로운 리더의 등장으로 스트레스를 받고 있는 직원들에게 리더가 해줄 수 있는 가장 큰 선물은 이런 메시지를 던져주는 것이다. 당신들은 잘해왔다. 지금까지 해온 것처럼 한다면 앞으로도 계속 잘할 수 있다!

더 좋은 세상을
만들기 위하여

하고 싶다는 열정과 할 수 있다는 믿음

인생은 수많은 점으로 이루어진 하나의 선이다. 사람에 따라 이 선은 꼬불거리기도 하고 비뚤어지기도 하며 일직선으로 시원하게 뻗어 나가기도 한다. 하지만 여기에는 아무리 헝클어지더라도 반드시 도달해야 하는 점이 있는 듯하다. 그 점을 삶의 목적이라 칭해도 좋고 존재의 이유, 혹은 인생의 미션이라 해도 좋겠다.

아마도 내 인생의 선은 처음부터 그 점을 향해 달려가기로 예정되어 있었는지도 모른다. 나 자신도 그 사실을 전혀 몰랐지만, 열

아홉의 나이에 나는 일생일대의 중요한 결정을 어떤 운명에 이끌리듯이 혼자 덜컥 해버린 것이다.

"육군사관학교에 진학하고 싶습니다. 오래 생각해서 내린 결정이니 부디 허락해주십시오."

이미 내 손에는 꼼꼼하게 준비한 지원서가 들려 있었다. 어머니는 다소 실망한 얼굴로 고개를 숙이셨다. 당연히 서울대에 갈 것이라 기대해온 어머니는 아들의 결정이 의외이고 받아들이기 힘드셨을 것이다. 아버지 역시 한참을 아무 말씀 없이 굳은 표정으로 앉아 계셨다. 그러다가 드디어 입을 여셨다.

"육사에 가려는 이유를 말해보거라."

그 순간 나는 몇 달 동안 치열하게 고민했던 이 문제에 대해 내 진심을 담아 말씀드렸다.

"세상을 바꾸고 싶습니다. 더 좋은 세상을 만드는 데 힘을 보태고 싶습니다. 그게 제가 육사에 가려는 이유입니다."

무슨 이유에서인지 이 말 한마디가 모든 것을 바꾸었다. 어머니의 굳은 표정은 이내 풀렸고, 아버지 역시 한결 부드러워진 표정으로 나를 바라보셨다.

"세상을 바꾸겠다……. 흠, 그것 좋구나. 그래, 뜻을 품었으니 네 원대로 해보거라."

나는 이렇게 별다른 반대 없이 육사 진학의 뜻을 이룰 수 있었다. 그때 나와 함께 육사에 가기로 약속한 친구가 대여섯 있었는데,

실제로 원서를 쓰는 데 성공한 사람은 나 혼자뿐이었다. 그만큼 세상을 바꾸기 위해 육사에 진학하겠다는 어린 아들의 당돌한 생각을 이해하고 격려해준 부모님이 드물었던 것이다.

결론부터 말하자면, 내 선택은 옳았다. 나는 육사에 진학했고, 뜻한 바대로 더 좋은 세상을 만드는 데 기여했다.

그러나 이를 위해 모든 사람이 육사에 가야 할 필요는 없을 것이다. 하지만 내가 진로를 결정하던 1950년대 후반에는 그럴 만한 이유가 충분했다.

모든 젊은이들의 꿈 뒤에는 반드시 큰 스승이 있다. 스승들의 말 한마디, 스승들이 보여주는 멋진 행동이 본本이 되고 상像이 되어 꿈으로 자리 잡는다.

나에게 이러한 역할을 해준 분은 바로 김원규 교장 선생님이었다. 그는 내가 고등학교 3학년이 되던 해에 경기고로 부임해온 신임 교장으로, 경기고 수재라면 당연히 서울대에 진학해야 한다는 고정관념을 깨고 전혀 다른 길을 제시해주셨다.

"육사는 단순한 군사학교가 아니다. 육사는 나라의 지도자를 양성하는 학교이다. 학자가 되려면 서울대에 가라. 좋은 기업에 취직하고 싶다면 서울대에 가라. 하지만 나라를 위해 뭔가 해보고 싶다면 육사에 가라!"

교장 선생님의 말 한마디에 경기고 전체가 술렁였다. 입시를 눈앞에 두고 당장 영어 단어 하나, 수학 공식 하나 더 외워야 할 시기였지만 마음에 불꽃이 터진 우리들은 잠자코 공부만 하고 있을 수가 없었다. 매일 밤 모여 앉아 국가의 장래를 논했다. 신문과 잡지에 실린 정치와 사회 뉴스 등을 읽으며 정계의 동향, 군부 내 인맥 등을 분석하곤 했다. 그리고 우리는 다음과 같은 결론을 내렸다.

"교장 선생님 말씀이 백번 옳다. 당분간 우리나라의 지도자는 육사에서 나올 수밖에 없다. 육사 출신의 우수한 지도자가 나라를 이끌게 될 것이다!"

가슴에서 뜨거운 열정이 꿈틀거렸다. 그렇다고 내가 당시에 지도자가 되겠다는 대단한 꿈을 품었던 것은 아니다. 나의 꿈은 아주 소박했다. 육사에 진학해서 장차 지도자가 될 최고의 인재들과 함께 공부하고 싶었고, 그들이 만들어갈 더 좋은 세상에 나도 참여하고 싶었을 뿐이다. 나는 역사의 현장에 있고 싶었다. 가능하다면 변두리가 아니라 중심에 서서 힘을 다해 돕고 싶었다. 나의 능력이 무엇인지, 그것이 어떤 모습으로 실현될지 여전히 의문투성이였지만, 어쨌든 나는 중심을 향해 뛰어들었다. "하고 싶다. 그리고 나는 할 수 있다!"는 열정과 신념을 품고서!

먼저 준비하고 그 뒤에 노력하라

사실 내가 육사에 진학하겠다고 하자 주변 사람들은 걱정을 많이

했다. 성적은 아무 문제가 되지 않았지만 신체검사와 체력장이 문제였다. 나는 몸이 약한 데다 운동신경도 그리 좋은 편이 아니었다. 지구력은 더더구나 부족했다. 그런 내가 육사에 간다고 하니, 다들 '과연 될까?' 하는 표정이었다.

아마도 그 시절부터 나는 철저히 준비하는 사람이었던 듯하다. 나는 목표를 설정하면 무작정 열심히 하기보다는 전략을 잘 짜는 편이었다. 시험공부를 할 때도 처음부터 끝까지 달달 외우기보다는 문제를 출제하는 선생님의 스타일을 연구하는 데 골몰했다. 그래서 친구들이 불필요한 내용을 미친 듯이 외우고 있으면 지나가면서 놀리곤 했다.

"이봐, 그런 건 시험에 나오지도 않는다구."

반신반의하던 친구들도 시험을 보고 나면 놀란 얼굴로 나를 찾아왔다.

"명아, 너 그 문제가 안 나온다는 걸 어떻게 알았니?"

이후 나는 친구들 사이에서 시험문제를 가장 잘 예상하는 친구로 인정을 받았다.

육사에 합격하려면 키 162센티미터 이상에 몸무게 54킬로그램 이상의 신체 조건을 갖춰야 하고, 달리기, 수류탄 던지기, 턱걸이 등의 체력장을 거쳐야 했다. 신체검사도 까다로워서 충치가 두 개 이상 있으면 자동 불합격이었다.

나는 이 모든 정보를 사전에 입수해 철저히 준비했다. 우선 병원에 가서 미리 신체검사를 받아보니, 키는 괜찮은데 몸무게는 정확히 54킬로그램으로 약간 위험했다. 그래서 당분간 먹는 양을 늘리기로 했다. 치과 검진에서는 충치 1개가 발견되어 미리 치료를 했다. 체력장 종목을 연습해보니, 다른 종목은 무난했으나 수류탄 던지기가 시원치 않았다. 그래서 실물과 크기와 무게가 똑같은 모형 수류탄을 구해 매일 저녁 던지기 연습을 반복했다.

이렇게 철저히 준비해서 체력장을 치르는데 한 가지 문제가 생겼다. 일정표를 확인해보니 2,000미터 달리기가 끝나자마자 곧바로 신체검사를 하는 것이 아닌가. 장거리 달리기에서 땀을 많이 흘리고 나면 몸무게가 줄어들 것이 분명했다. 단 몇 그램이라도 빠져나가면 불합격이 될 수도 있는 상황이었다.

나는 기지를 발휘했다. 달리기가 끝나자마자 수돗가로 달려가 물을 마시기 시작한 것이다. 5분이 넘도록 꾸역꾸역 마셨으니 적어도 5~6리터는 마셨을 것이다. 정신없이 마시다가 고개를 들어보니 나처럼 수돗물을 들이켜는 빼빼 마른 지원자가 한 명 더 있었다. 그 친구와는 지금도 가까이 지내고 있다. 이렇게 물배를 채우고는 저울 위에 올라갔다. 저울은 55.3킬로그램을 가리키고 있었다. 합격선을 사뿐히 넘은 것이다.

이날 신체검사와 체력장에서 우리 학교 지원자 30명 중 절반이 우수수 떨어졌다. 최종 합격자는 11명뿐이었다. 그래도 경기고에서 이렇게 많은 학생이 육사에 진학한 것은 그해가 처음이었다.

내가 시작한 싸움, 끝까지 가자!

온화한 부모님 아래에서 고생 모르고 자란 내가 태어나서 처음으로 고난을 만났다. 그것도 자청해서 불러들인 고난이었으니 불평조차 할 수 없었다.

만약 내가 누군가로부터 육사의 기초 군사훈련에 대한 정보를 제대로 들었더라면, 어쩌면 육사에 진학하길 망설였을지도 모른다. 그건 악몽이라고 하기에도 부족하고 지옥이라고 하기에도 모자란다. 아무튼 내 평생 단 한 번으로 끝났다는 게 고마울 따름이다.

육사는 당시에는 다른 대학과 달리 입학 시기가 7월 한여름이었다. 그런데 그때부터 두 달 동안 기초 군사훈련을 받아야 하니, 7~8월 땡볕 아래 지옥 훈련이다.

서 있기만 해도 땀이 줄줄 흐르는데, 두꺼운 전투복을 입고 뛰고 구르고 기어야 했다. 땅에 엎드리면 뜨거운 열기가 확 올라와 온몸이 순식간에 땀투성이가 되어버렸다. 총은 또 왜 그리 무거운지, 총을 들고 뛰면 뜨거운 공기가 입안으로 확확 들어오고 숨이 턱턱 막혔다. 쓰러지는 동료가 있으면 서로 부축해서 끝까지 가야 했다. 살아도 같이 살고 죽어도 같이 죽는 전우이기 때문이란다.

그렇게 원했던 육사이지만 의구심이 들지 않을 수 없었다. 어머니가 차려주는 밥 먹으며 편안히 공부하고 있을 친구들을 떠올리면 부아가 났다.

'나는 왜 여기 온 걸까? 왜 내가 이 고생을 하고 있는 걸까?'

그때마다 내 안의 꿈이 대답했다.

'네가 원했던 거잖아. 세상을 바꾸고 싶어했잖아. 그래서 부모님의 기대도 저버리고 네 스스로 택한 길이잖아.'

내가 택한 길……. 아버지는 언제나 말씀하셨다. "네 인생은 네가 사는 거다. 선택도 네가 하고 책임도 네가 지거라." 그래서 나는 육체적으로 견디기 힘든 상황에서도 끝까지 버텼다. 육체가 안 되면 정신력으로 버텼다. 내가 시작한 싸움이므로 끝까지 가야만 했다.

훈련이 막바지에 이른 어느 날, 섭씨 33도가 넘는 고온에도 불구하고 행군에 나섰다. 몇 킬로미터를 걷자 철모는 뜨겁고, 총은 무겁고, 온몸은 땀투성이가 되어 쥐어짜면 물이 나올 지경이었다. 그런데도 상급생들은 걸음이 늦다며 계속 몰아쳤다. 나는 며칠 설사까지 한 터라 기진맥진해 하늘이 노랗게 보이기 시작했다. 이제 쓰러지나 보다. 그러나 죽어도 낙오하기는 싫었다. 전쟁터에서 낙오한다는 것은 죽음을 뜻한다. 태양열로 인해 뜨거워진 철모가 머리를 더욱 뜨겁게 달구었다. 마지막 고개를 넘을 때는 도저히 견딜 수가 없어서 손수건을 물에 흠뻑 적셔 머리에 뒤집어쓰고 그 위에 철모를 썼다. 이 방법으로 겨우 정신을 잃지 않고 끝까지 행군을 마칠 수 있었다.

마침내 학교 앞에 도착했을 때, 저 앞의 생도 하나가 픽 쓰러졌다. 체격이 좋은 운동선수 출신이었는데, 땡볕 아래에서의 행군만큼은 견딜 수 없었던 것이다. 그날 20명 남짓 쓰러져서 병원에 실려 갔는데 애석하게도 두 명은 영원히 세상을 떠나고 말았다. 지금도 이 두 사람의 비碑가 육사 교정에 남아 있다.

그날 저녁이 되자 고등학교 동창들이 내가 괜찮은가 걱정이 되어서 찾아왔다. 비교적 멀쩡하게 잘 있는 모습을 보더니 "야! 너 대단하구나. 보기보다 지독한걸" 하며 감탄했다. 운동선수 출신이 쓰러질 정도이니 나 같은 약골은 당연히 쓰러졌을 것이라 생각했던 것이다.

나는 조그맣고 허약한 몸이었지만 4년 내내 한 번도 낙오하지 않았다. 훈련 때마다 귀에 못이 박히도록 들어온 말이 있다.

"육사 생활을 이겨낼 수 있느냐 없느냐는 체력의 문제가 아니라 정신력의 문제다."

그 말이 옳다는 것을 나는 실증해 보였다.

팀의 일원이 되는 기쁨

육사에서의 훈련이 지옥 같았던 것만은 아니다. 나는 이 기간 동안에 내 평생 가장 중요한 일을 해냈다. 바로 성격을 개조한 것이다.

이전까지 내 성격은 그야말로 독불장군이었다. 아마도 어린 시절 병치레를 너무 많이 해서 생긴 까다로움에 남에게 지기 싫어하는 성미가 합쳐져 생긴 성격인 것 같다. 나는 한 대를 맞으면 두 대를 때리고야 마는 독한 아이였다. 맞아서 코피가 철철 흘러도 절대로 물러설 줄을 몰랐다. 그런 내가 육군사관학교에 들어가서 완전히 바뀐 것이다. 위에서 명령을 내리면 내가 할 수 있는 말은 단 하나밖에 없었다. 이유 여하를 불문하고 무조건 소리쳐야 했다.

"예, 알겠습니다."

재미있는 것은, 처음에는 억울한 마음으로 "예, 알겠습니다"라고 했는데 점점 진심이 되어가는 것이었다. 예, 알겠습니다. 그 일이라면 제가 잘 해보겠습니다. 제가 잘할 수 있으니 저에게 맡겨주십시오!

나는 이기는 기쁨보다 팀의 일원이 되는 더 큰 기쁨을 알게 되었다. 팀! 모든 것은 팀이었다. 혼자서는 전쟁을 치를 수 없다. 죽어도 같이 죽고 살아도 같이 살아야 한다. 꼭 군대 조직에만 해당하는 말이 아니다. 이 세상 모든 일은 팀 단위로 굴러간다. 가족도 팀이고, 친구도 팀이고, 회사도 팀이다. 한마음으로 뭉치지 않으면 무엇이든 좀처럼 이룰 수가 없다. 나는 그렇게 팀의 일원으로 융화되어갔다. 내가 팀에 많은 것을 기여한다는 사실이 그렇게 기쁠 수가 없었다.

나의 고약한 성미를 잘 아는 친구들은 육사에 들어간 후 나를 만나고는 깜짝 놀랐다.

"아니, 네가 정말 명이 맞냐? 몰라보게 변했다!"

좀처럼 웃지 않고 날카로운 눈빛을 하고 있던 내가 이즈음부터 부드러운 눈매에 늘 웃는 얼굴로 바뀐 것이다. 사회생활을 시작한 이후 나와 함께 일했던 대부분의 사람들은 나를 원만하고 친절한 사람으로 기억해준다. 육사에서의 성격 개조가 없었다면 그런 평을 얻기 힘들었을 것이다.

육사는 또한 국가에 대한 나의 막연한 애정을 뜨거운 애국심으로 바꾸어놓았다. 그것은 교관과 선배들이 틈이 날 때마다 던진 의미심장한 말 때문이었다.

"사자는 밀림의 왕이 되기 위해 자기 새끼를 절벽에서 떨어뜨린다. 너희들 중 살아남는 자가 아니라면 대한민국의 군인이 아니다!"

"국가가 없으면 너희도 없다. 국가를 위해 목숨을 바칠 자신이 없다면 지금 당장 그만둬라!"

겨우 19~20세의 젊은이들에게 이런 말들이 어떻게 다가왔을지 짐작할 수 있을 것이다. 우리는 밥을 먹으면서도, 잠을 자면서도 나라를 생각했다. 나라가 위기에 처할 경우 무엇을 해야 할지, 나라를 지키고 더 부강하게 만들기 위해 무엇을 해야 할지 고민했다. 지금 생각해보면 밑도 끝도 없는 참으로 당돌한 고민이지만, 우리의 마음은 진심이었다. 육사에서의 교육은 이렇게 독불장군인 나를 원만한 성격의 소유자로 다듬어주었고, 더불어 내가 태어난 나라에 대한 확신과 신념을 불어넣어주었다.

성공을 좇지 말고
열정을 좇아라

철저한 과학 학교, 육사

내가 육사 출신이라는 사실은 공직에 첫발을 디딘 후부터 줄곧 많은 사람들에게 궁금증을 일으켰다. 나의 어딜 보아도 군인다운 점을 전혀 느낄 수 없기 때문이다. 몸집도 작고, 그렇다고 강단이 있어 보이지도 않고, 군복에 총을 들고 용맹하게 뛰어다니는 모습은 더욱이 상상할 수기 없다는 것이다.

하지만 육사 출신이라고 해서 꼭 용맹한 군인의 모습만 있는 것은 아니다. 육사는 군사교육 기관이지만 기본적으로 대학 교육에서 다루는 모든 소양을 다 가르친다. 정치와 역사 등 인문 분야 공부도 심도가 깊지만, 특히 이공계 커리큘럼은 다른 최상위 대학들에 못지않다. 육사를 만들 때 미국 웨스트포인트West Point, 뉴욕 주에 위치한 미 육군사관학교의 커리큘럼을 그대로 가져왔는데, 이 웨스트포인트의 출발이 바로 공과대학이었다. 나는 물리, 화학, 생물과 같은 기초과학뿐만 아니라 기계공학, 전기공학, 토목공학 등 모든 응용과학을 육사에서 배웠다. 많은 사람이 육사를 군사교육기관으로만 알고 있지만, 실제의 육사는 철저한 과학 학교이다.

육사에 들어갈 때만 해도 나는 과학보다는 인문학과 정치에 관심을 가져 나라의 지도자가 되어보겠다는 꿈이 있었다. 하지만 육사의 커리큘럼 자체가 과학을 강조하였고, 나 역시도 인문학보다는 과학이 내게 더 잘 맞는다는 걸 깨닫게 되었다. 나는 과학적 이해가 빠른 학생이었고, 그중에서도 기술 쪽에 관심이 많았다. 특히 어려운 기계 분야나 전기 분야도 원리를 쉽게 파악하는 재주가 있었다.

내가 기술에 관심이 많았던 것은 아버지의 영향도 컸다. 당시에는 기술을 천시하는 풍조가 있었지만 우리 아버지는 그렇지 않았다. 아버지는 동네의 단순한 기계 수리공에게도 큰 존경심을 보이셨다. 앞으로 세상은 엄청나게 변할 것인데 여기에는 기술자들의 역할이 클 것이라며, 우리나라가 발전하려면 기술인을 키우고 존경해야 한다는 말씀도 하셨다.

이렇게 기술에 관심을 두고 더 공부해야겠다고 생각하고 있었는데, 마침 일선에서 포병 장교로 복무하던 기간에 내가 가야 할 길을 찾을 수 있었다. 군에 새로 도입되는 장비들이 모두 전자식으로 바뀌고 있었던 것이다. 이때 나는 다가오는 사회는 전자 사회가 될 것이고 전자를 모르면 살아가기가 힘들 것임을 예감할 수 있었다. 그것이 생소한 분야이고 어려운 분야라는 사실이 나를 더욱 흥분시켰다.

'전자공학을 전공해 나의 쓰임새를 높이자. 내가 쓸 만한 사람이 되면 세상이 나를 써줄 것이다!'

철학보다 더 어려운 전자공학

서울대학교 전자공학과 3학년에 편입한 나는 새로운 학문을 열심히 공부했다. 그러나 쉽지 않았다. 1, 2학년을 거치지 않고 중간에 들어간 때문이기도 했지만, 전자공학이라는 학문 자체가 워낙 어렵고 생소한 분야라서 개념을 잡기 힘들었기 때문이다. 전자는 아무리 들여다보아도 보이지 않는 분야이니 '전자 철학'이라는 말이 나올 직도 하다.

그중에서도 가장 어려운 과목이 '회로망'이었다. 첫 회로망 시험을 앞두고 나는 같은 반 학생들에게 도움을 요청했지만 그들도 모르기는 매한가지였다. 하는 수 없이 교과서를 펼쳐놓고 연구를 거듭했다. 교과서 예문을 보면서 정확히는 모르지만 이런 경우는 이렇게 풀고 저런 경우는 저렇게 풀고 하여, 대략 4가지 유형이 있는 것을 알아내고 나름대로 푸는 방법을 만들었다.

그렇게 준비를 하고 시험을 치르는데, 운이 좋았는지 내가 정리한 4가지 유형이 하나씩 출제되었다. 왜 그렇게 나누었는지 원리도 모르고 이유도 몰랐지만, 어쨌든 준비했던 공식에 대입하여 4문제를 모두 풀고 나왔다.

시험이 끝나자 담당 교수님이 학생들을 모아놓고 야단을 쳤다. 학기 초에 뒤떨어졌던 편입생은 문제를 다 풀었는데 재학생들은 어째서 제대로 풀지 못했느냐는 것이었다. 절반이라도 푼 학생이 없을 정도였으니 교수님이 화를 낼 만도 했다. 시험 결과 나는 만점을 받았다. 4문제를 모두 풀어낸 학생도 나 하나뿐이었다.

전자공학과에 다니는 동안 나는 줄곧 좋은 성적을 유지했고, 졸업할 때는 가장 좋은 성적을 기록하였다. 교수님들은 나에게 대학원에 진학해서 공부를 계속하길 권유했다. 주임 교수님이 '우리 과에서 가장 좋은 성적으로 졸업한 학생'이라는 내용으로 추천서를 써주셨고, 덕분에 미국 대학교에서 장학금을 받고 박사과정까지 공부하게 되었다.

서울대 전자공학과에서 공부하는 동안 나는 특이한 경험을 많이 했다. 육사에서는 정해진 수업 시간을 한 시간도 빼먹지 않았고, 그것도 '땡' 하면 시작하고 끝나는 규칙적인 교육을 받았다. 하지만 서울대 공과대학의 강의는 툭하면 휴강이다 보통 10분 늦게 시작하여 10분 빨리 끝났다. 그러니 공부는 학생 스스로 해야 했다.

당시 서울공대 전자공학과는 상당히 인기 있는 과였음에도 불구하고 박사 학위를 가진 교수가 한 명도 없었다. 그러나 교수들은 모두 수재였다.

때로는 공부도 전략적으로!

서울공대를 졸업하고 미국 유학길에 오르기 전까지 육사에서 교편을 잡았다. 육사는 한 강의당 수강생을 20명 이내로 제한하고 있고, 실험 시설도 일반 대학보다 아주 좋았다. 덕분에 나는 학생들을 가르치는 재미에 흠뻑 빠지게 되었다. 나는 전자공학이 워낙 어려운 학문이므로 다른 것보다도 개념 확립만 제대로 해주면 일단 성공이라고 생각했다. 그래서 어려운 내용보다는 기초 개념 부분을 공들여 가르쳤다.

전자공학은 기계공학과는 달리 눈에 보이지 않는 내용을 다루는 학문이기 때문에 자칫하면 교수 혼자 뜬구름 잡는 소리만 하다가 끝날 수도 있었다. 그래서 나는 고무풍선으로 전자파가 나가는 모양을 설명하는 등 보조 기구와 모형을 다양하게 이용하였다. 서울대학교에서 전혀 감을 잡지 못하고 공부하는 학생들을 많이 보았기 때문에 어려운 것은 빼고 주위 생활과 연결하여 쉽게 가르쳤다. 그 편이 가르치는 사람에게도 배우는 사람에게도 훨씬 도움이 되었다. 물론 쉽게 가르치기 위해 많은 준비를 해야 했다.

불과 2년 남짓 가르쳤을 뿐이고 생도들과 나이 차이도 얼마 나지 않는 젊은 교관이었지만, 나는 학생들 사이에서 잘 가르치는 교수, 상당히 실력 있는 교수로 인정을 받을 수 있었다.

육사 시절 가르치는 일에 큰 보람을 느꼈기 때문에 미국 유학을 결심할 무렵에는 박사 학위를 따서 전자공학 분야의 세계적인 교수가 되겠다는 꿈을 품게 되었다.

그리고 일찍부터 교수 생활을 경험해본 덕분에, 나는 흔히 말하는 '출제자의 마인드'를 갖게 되었다. 시험을 볼 때, 출제자가 어떤 생각으로 어떤 문제를 낼 것인지 미리 예측하며 그에 맞춰 대비하는 능력이 생긴 것이다. 공부하는 사람에게 이것은 상당히 유용한 능력이다. 시험공부를 할 때 시험 범위를 모두 파고들며 무작정 열심히 공부하는 방법도 있겠지만, 교수가 어떤 문제를 낼지 미리 예측하며 전략적으로 공부하는 방법도 있기 때문이다. 미국 유학 기간 동안 나는 늘 후자의 방법을 써서 효율적으로 공부하였다. 덕분에 그 어려운 박사 자격시험을 한 번에 통과했고, 2년 8개월 만에 박사 학위논문까지 마칠 수 있었다.

약혼녀 데려오기 프로젝트

미국 유학을 앞두고 출국 수속을 밟고 있을 때, 어머니 친구분의 주선으로 선을 보게 되었다. 마침 같은 동네에 사는 아가씨여서 산책을 하는 척하며 그 집 앞을 지나면서 귀가하는 그 아가씨를 슬쩍 관찰해볼 수 있었다. 그는 이화여대 미술대학에 재학 중으로 졸업을 앞두고 있었다. 나는 몰래 훔쳐본 그가 마음에 들어 출국 일주일 전, 정식으로 맞선을 보았다.

만나서 얘기를 나눠보니 몰래 본 첫인상보다도 더 마음에 들었다. 나는 사흘 동안 계속 그를 만났고, 그대로는 출국할 수가 없어 출국 날짜를 연기하였다. 그리고 맞선을 본 지 3주 만에 우리는 약혼식을 올렸다.

1968년 8월, 나는 약혼녀를 서울에 남겨둔 채 혼자 미국행 비행기를 탔다. 같이 떠나고 싶었지만 워낙 시간이 촉박했고 비자 문제가 복잡해서 어쩔 수 없었다. 뉴욕주립대학교 스토니브룩 Stony Brook 캠퍼스에 도착하여 기숙사에 자리를 잡자마자 내가 가장 먼저 한 일은 약혼녀에게 전화를 한 것이었다. 물론 미국에서 처음 배운 수신자 부담 전화를 이용하였다. 그러나 우리 둘이 지나치게 통화를 자주 하는 바람에 매월 전화 요금이 엄청나게 청구되어 장인께 큰 부담을 드렸다. 전화 요금을 줄이기 위해서라도 약혼녀를 빨리 미국으로 데려와야 했다.

당시만 해도 여자가 해외에 나가는 것은 쉽지 않았다. 더구나 미국 비자를 받는 일은 매우 힘들었다. 이 방법 저 방법을 찾으며 한참을 고민하다가, 우리 교회의 슈넬 목사를 찾아가 상의를 했다. 약혼녀를 빨리 데려와 결혼을 하고 싶은데 방법이 없다고 하소연하자, 그는 선뜻 "우리 지역 출신의 하원 의원에게 부탁을 해보겠다"고 말했다. 목사는 곧바로 하원 의원에게 전화를 했고, 그 의원은 "부부가 헤어져 있다는 건 있을 수 없는 일이다. 가능하도록 도움을 주겠다"고 흔쾌히 대답해주었다.

이렇게 해서 어렵사리 약혼녀를 미국으로 불러올 수 있었다. 유학을 시작한 지 근 1년 만의 일이었다. 결혼식은 슈넬 목사의 주례로 교회에서 했다. 양가 부모님도 친지도 전혀 없는 둘만의 결혼식이었다. 하지만 스토니브룩 캠퍼스의 한국 교수님이 신부의 아버지 역할을 해주었고, 함께 유학 온 10여 명의 친구들이 하객이 되어주었다. 교회의 교인들은 대부분 미국인이었지만 손수 나서서 피로연 음식을 장만해주는 등, 타국에서 결혼식을 올리는 한국인 신혼부부를 위해 아낌없는 온정을 베풀어주었다.

결혼식을 끝내자마자 우리는 지도 한 장을 들고 웨스트포인트로 신혼여행을 떠났다. 갓 결혼한 신부를 데리고 미국 육군사관학교로 신혼여행을 떠난 것이다. 지금 생각해도 참으로 육군사관학교 출신다운 발상이었던 것 같다.

항상 치밀하게
준비하라

흐름을 파악하고 요점을 찾아내라

내가 미국의 여러 대학들 중에서 스토니브룩대학을 선택한 이유는 이공계가 아주 강한 학교라는 이유도 있었지만, 사실은 가장 빨리 박사 학위를 마칠 수 있는 학교였기 때문이다. 당시 군에서는 박사과정에 3년의 시간밖에 허락해주지 않았다. 그래서 1년 반 만에 박사 자격시험을 통과하고 3년 내에 학위를 받는다는 것이 나의 계획이었다. 시간 내에 박사 학위를 받지 못하면 유학 생활이 물거품이 되기에 단 하루도 허투루 보낼 수 없었다.

시험 때가 되면 나는 육사와 서울공대에서 했던 것처럼 만반의 준비를 했다. '출제자의 마인드'로 예상 문제를 뽑아보고, 교과서에는 없는 나만의 공식을 만들어 쉽게 푸는 방법을 개발해내기도 했다.

같은 과 친구 중에 공부를 아주 열심히 하는 친구가 한 명 있었다. 그렇게 열심히 공부하는 사람을 나는 본 적이 없었다. 방학 동안에도 잠깐씩 운동하고 식사하는 시간 외에는 하루 종일 방에 처박혀 공부만 했다. 한번은 여름방학 때 그 친구의 노트를 빌려 본 적이 있었다. 놀랍게도 다음 학기에 배울 교과서를 미리 공부한 것은 물론, 교과서에 있는 문제란 문제는 처음부터 끝까지 다 풀어놓았고, 그것을 다시 한 번 새 노트에 깨끗이 정리해놓기까지 한 것이 아닌가.

그 친구와 비교해보면, 나는 교과서를 끝까지 읽어본 적도 없고 암기도 잘 하지 않았다. 하지만 시험은 늘 그 친구보다 잘 봤다.

시험 때가 되면 그 친구는 어디서 구했는지 아주 어려운 문제를 붙잡고 끙끙거리며 풀곤 했다. 흘끗 보니 문제를 푸는 데만 2~3시간이 걸리는 까다로운 문제였다. 나는 충고했다.

"그런 건 시험에 안 나와. 100분 시험에 서너 문제쯤 나올 텐데, 한 문제 푸는 데 2~3시간씩 걸리는 문제를 어떻게 내겠냐?"

박사 자격시험을 앞두고 있던 무렵, 그 친구가 특수한 분야의 문제를 풀고 있을 때에도 충고를 했다.

"그 교수 전공이 뭔지 아냐? 그 교수의 논문은 찾아봤어? 명색이 박사과정 시험문젠데 교수가 자기 전공 분야가 아닌 문제를 낼 수 있겠어? 그쪽 분야 공부를 하는 게 낫지 않을까?"

그 친구는 시험 성적이 나쁘면 항상 불평을 했다.

"오 형이 점수는 나보다 좋지만 실력은 내가 한수 위요."

결국 그 친구는 실력을 갈고닦아 미국에서 교수가 되었고, 나는 한국으로 돌아와 뜻하지 않게 행정가가 되었다.

하지만 사회가 원하는 인재는 아무래도 전체 흐름을 파악하고 요점을 찾아내는 사람이 아닐까? 일을 맡기면 무작정 밀고 나가는 것이 아니라 일의 목적을 정확히 이해하고, 진행 절차를 알고, 핵심과 맥을 짚어 시원시원하게 나아가는 사람이 능력 있는 사람으로 인정을 받는다. 바로 이런 사람이 결국에는 리더가 되는 것이다.

박사의 세 가지 조건?

미국 대학에는 이런 농담이 있다. 박사는 세 가지 조건을 갖추어야 한다. 안경을 써야 하고, 위장병이 있어야 하고, 등이 굽어야 한다는 것이다. 논문 열심히 보고 스트레스 많이 받으면서 책상 앞에 항시 쪼그리고 앉아 공부해야 하니 당연한 결과이리라.

스토니브룩대학은 당시 뉴욕 주지사이던 넬슨 록펠러가 뉴욕

주립대학교를 캘리포니아주립대학교보다 훨씬 좋은 대학으로 만들겠다고 공언하고 엄청난 예산을 투입해 만든 캠퍼스였다. 덕분에 입학만 하면 장학금이 따라 나오는 대신, 학교 수준을 높이기 위해 박사과정 시험을 엄청나게 까다롭게 하고 있었다. 30명이 시험을 보면 3~4명이 붙을까 말까 하는 정도로, 학위를 주는 게 목적이 아니라 학생을 탈락시키는 게 목적인 것처럼 보였다. 자격시험에 떨어지면 그대로 한국으로 돌아가야 한다고 생각하니 비장해질 수밖에 없었다. 심기일전하는 마음으로 머리를 박박 깎았다.

시험은 역시 어려웠다. 내가 배우지 못한 과목은 거의 못 풀었고, 자신 있게 푼 것도 절반이 채 안 되는 것 같았다. 시험이 끝나자 미국 친구들이 자랑을 하는데 나는 기가 죽을 수밖에 없었다. 50점이 나올 것 같지 않아 하늘이 노래졌다. 이제 박사 학위를 포기하고 귀국해야 하는 것이다.

그런데 막상 발표를 보니 30명 중에 4명이 합격했는데 그중에 내 이름이 들어 있었다. 40점 이상을 받은 4명의 합격자 가운데 내가 46점으로 일등이었다. 오히려 합격을 확신하던 미국 친구들이 우수수 탈락했다.

박사 자격시험에 합격하고 곧바로 논문을 준비하기 시작했다. 3년 내에 귀국해야 하기 때문이었다. 두 분의 지도 교수를 모신 덕에 논문 진척이 빨랐다. 물론 나도 열심히 했다. 도서관에서 거의 살다시피 하면서 도움이 될 만한 논문을 찾기에 바빴다. 나는 그 당시 1년여 동안 안경을 썼다. 논문을 많이 읽었다는 증거다.

덕분에 나는 미국에서 공부를 시작한 지 2년 8개월 만에 논문을 완성할 수 있었다. 지도 교수가 초스피드로 석·박사과정을 다 끝낸 것을 축하한다며 집으로 초대를 해줘서 동료 박사과정 학생들과 함께 즐거운 저녁을 보냈다.

그런데 군에서 뜻밖의 연락이 왔다. 미국에선 3년 만에 박사 학위를 받기가 어려우니 기간을 연장해줘야 한다는 여론에 따라 너그러운 결정을 했다는 것이다. 학사 학위만 가지고 미국에 공부하러 간 사람은 1년을 더 연장해 4년을 허가한다는 것이었다. 1년 여유가 생긴 나는 다른 연구와 일감을 찾았다.

위기에 미리 준비하라

박사과정의 끝은 '논문 디펜스 defense'다. 논문 디펜스란 내가 제출한 논문에 대한 교수들의 공격적 질문을 답변을 통해 방어하는 것이다. 아무래도 영어가 짧은 한국 학생들은 불리할 수밖에 없다. 나보다 먼저 박사과정에 들어간 한국 학생들이 모두 통과하지 못하고 있었다. 나는 논문 디펜스를 군사작전을 짜듯이 치밀하게 준비했다. 일어날 수 있는 모든 일들에 대해 시나리오를 짜서 대응하는 것이다. 적의 입장에서 어떻게 공격해올 것인지 나의 취약점은 무엇인지, 철저히 검토했다.

　나는 우선 내 약점을 분석했다. 아무래도 외국인이어서 영어가 부족했다. 그래서 30분 분량의 프레젠테이션 원고는 거의 노래처럼 흘러나올 정도로 달달 외웠고, 청중을 향한 채로 칠판에 답을 써 나가는 연습도 완벽하게 했다. 또 참가하는 교수님 한분 한분을 분석하여 그분들이 내 논문에 대해 어떤 질문을 할지 예상 리스트를 작성했다. 뽑아보니 총 20개 정도가 되었다. 그 질문들에 대해 최선의 답변을 준비하여 달달 외웠다. 짧은 시간에 다 설명하기 복잡한 것은 미리 관련 그래프나 그림들을 준비해 심사 교수 머릿수만큼 복사해서 들고 들어가기로 했다.

　그렇게 만반의 준비를 갖추고 들어가니 두려울 게 없었다. 육사에서 강의를 해본 경험 역시 큰 도움이 되었다. 나는 어깨를 쫙 펴고 우렁찬 목소리로 발표를 했다. 교수님들이 질문을 시작했는데, 거의 대부분이 내가 예상한 20개 문제 안에 있었고, 그렇지 않은 것도 아주 쉬운 질문이었다. 질문에 대비해 복사해두었던 관련 자료를 나눠주면서 답변을 하자, 교수들이 놀라는 기색이 역력했다. 시험을 치르는 학생이 미리 답안지까지 준비해 온 셈이니 놀랄 수밖에!

　한 시간 정도 문답한 후, 나는 교수들로부터 축하를 받았다. 한 시간에 시험이 끝나면 합격이고 3시간을 끌면 불합격이라는 말이 맞나 보다. 드디어 박사 학위가 결정되는 순간이었다!

　이후로도 나는 나에게 맡겨진 모든 일에서 이렇게 최선을 다했다. 핵심을 파악하고 일어날 수 있는 모든 문제에 대해 미리 시나리오를 쓰고 대비를 했다. 여러 번 위기를 만났지만, 나는 이미 위기 앞에서 준비된 상태로 기다리고 있었다. 덕분에 결정적인 패를 던져 상황을 뒤집을 수 있었다.

박사 학위, 부부 공동의 결실

유학 생활 중에 내가 지킨 원칙 중 하나는 부모님으로부터 도움을 받지 않는 것이었다. 나는 처음부터 학교로부터 전액 장학금에 매달 240달러의 생활비를 받는 조건으로 유학을 갔다. 당시는 한국의 1인당 국민소득이 200달러가 채 안 되던 시절이었다. 장성하여 살림에 보탬이 되지는 못할망정 부모님께 짐이 될 수는 없었다.

이런 나의 원칙은 두 아이가 태어나도 여전히 지켜졌다. 우리 집의 살림은 그야말로 최소한이었다. 학교에 기혼자 기숙사가 없었기 때문에 우리는 학교 근처에 셋방을 얻어 생활했다. 콧구멍만 한 반지하 방인데도 월세로 매달 60달러가 나갔다. 또 중고차를 사면서 받은 은행 대출금을 월 50달러씩 갚고, 나머지 돈으로 식비와 용돈은 물론이고 아이 분유 값까지 모두 충당해야 했다.

이것은 스토니브룩에서 공부하던 다른 한국인 유학생들도 마찬가지였다. 거의 모든 친구들이 집안의 도움 없이 학교에서 주는 장학금만으로 유학 생활을 버텨냈고, 매달 받는 장학금을 쪼개서 100달러씩 한국에 송금하는 친구들도 있었다. 그만큼 우리나라가 못살고 어려웠기 때문에 우리가 미국에서 하는 고생쯤이야 아무것도 아니었다.

나는 유복한 집에서 자란 아내가 이런 상황을 힘들어하지 않을까 내심 걱정했지만, 의외로 아내는 편안하게 받아들였다. 우리는 500달러짜리 중고 자동차를 몰고 다니고 옷을 사기는커녕 그 흔한 외식 한 번 제대로 못 하고 살았지만, 그래도 행복했다. 주말에 햄버거와 감자튀김, 콜라와 애플파이를 먹으면 세상을 다 가진 것처럼 행복했으니까.

만약 아내가 옆에 없었다면 과연 내가 이렇게 짧은 시간에 공부를 마칠 수 있었을까? 아내는 내가 다른 일에 신경 쓰지 않고 공부에만 몰두할 수 있도록 모든 배려를 다해주었다. 나중에 둘째를 낳으면서 산후 조리가 제대로 안 되어 건강에 심한 무리가 왔지만, 아내는 그것 역시 혼자 감내하며 견뎌냈다.

공부하는 사람들에게 배우자의 존재가 얼마나 소중한지 알기에, 나는 현재 총장을 맡고 있는 건국대학교의 박사 학위 수여식 때는 단상으로 배우자를 같이 불러 학위를 수여하고 있다. 서양의 박사 학위논문을 살펴보면 논문 앞부분에 배우자에게 감사한다고 적혀 있는 경우가 많다. 박사 학위는 부부가 같이 고생해서 받은 것이므로 부부가 모두 박사 자격이 있다고 생각한다.

이휘소 박사의 안타까운 죽음

스토니브룩은 〈뉴욕타임스〉가 선정한 미국 공립대학교 순위에서 캘리포니아 버클리대학교에 이어 2위를 차지할 만큼 교수와 학생이 우수한 곳이다. 동부 최고의 공립대학으로, 특히 이공계가 강하다. 그중에서도 고에너지물리학High Energy Physics 분야는 세계 으뜸이다.

내가 유학을 갔던 시절에도 스토니브룩의 물리학과는 박사 수만 100명이 넘을 정도로 대단했다. 그중에는 노벨 물리학상을 받은 첸닝양Chen Ning Yang과 한국이 낳은 세계적인 물리학자 이휘소 박사도 있었다.

이휘소 박사는 나에게 '벤저민 리'라는 영어 이름으로 기억된다. 미국 물리학계에서 벤저민 리의 위치는 독보적이었다. 그는 미국에서 다섯 손가락 안에 꼽히는 이론물리학자였으며, 노벨 물리학상 수상 가능성이 가장 높은 한국인 1호로 손꼽히곤 했다.

벤저민 리 박사는 나에게는 고등학교 선배이자 같은 반 친구의 형이기도 했다. 타국에서 만난 우리는 좋은 인연을 맺었다. 이 박사 부부가 당시 소련으로 여행을 떠났을 때는 우리 부부가 두 아이 제프리와 아이린을 맡아 돌봐주기도 했다.

벤저민 리 박사는 중국계 미국 여인과 결혼했지만 한국인 커뮤니티와 잘 어울렸다. 그는 어려운 여건에서 유학하는 한국인 학생들에게 많은 친절을 베풀었다. 스토니브룩 물리학과는 교과과정이 워낙 어려워서 한국인 학생들이 유학을 왔다가 포기하는 일이 반복되곤 했다. 그래서 그는 물리학과 교수로서 한국인 학생들에게 특별한 관심을 쏟았고, 그 결과 드디어 스토니브룩 1호 한국인 물리학 박사 강주상을 배출해내는 데 성공하였다. 강주상은 서울고등학교를 수석으로 졸업한 데다가 서울대 물리학과를 졸업하면서 총장상을 받은 수재여서 벤저민 리 박사의 각별한 사랑을 받았다. 훗날 고려대학교 교수가 된 강주상은 벤저민 리 박사의 참모습을 알리기 위해 《이휘소 평전》이란 책을 펴내었다.

벤저민 리 박사는 세계적인 천재 물리학자였지만 평소 모습은 소탈했다. 스토니브룩의 한국인들은 매년 한 번씩 모여 소풍을 가곤 했는데, 그때마다 그는 고국에서의 마지막 기억을 화제로 삼았다. 해외에 나가기 어려웠던 시절, 어느 날 형사가 직접 찾아와 그의 신원 조회를 한 이야기였다. 당시 대학생이었던 그는 친구들에게 귀띔 받은 대로 형사의 주머니에 돈을 넣어주었다고 한다. 형사는 "학생이 무슨 돈이 있어?"라며 화를 내는 척하더니 그냥 돈을 받아갔다는 얘기였다.

처음 이 얘기를 들었을 때는 '아, 그가 미국 유학을 떠났던 1950년대 중반의 분위기는 그랬구나……' 생각했다. 하지만 그는 이듬해도, 그 이듬해에도 똑같은 얘기를 반복했다. 너무 일찍 한국을 떠나오는 바람에 그의 머릿속 한국의 모습이 정지되어 있었던 것이다. 세계적인 물리학자가 고국에 대해 떠올릴 수 있는 기억이 그것밖에 없다는 것이 안타까웠다.

스토니브룩 졸업 후 나는 귀국을 했고, 벤저민 리 박사는 페르미연구소로 옮겨 이론물리학 부장이 되었다.

그러다 1977년 갑작스럽게 그의 부음을 들었다. 콜로라도 주에 있는 아스펜물리연구센터의 학회에 참석하기 위해 가던 중 자동차 사고를 당해 현장에서 사망한 것이다. 한국이 낳은 천재 물리학자가 그렇게 허무하게 세상을 떠났다는 사실에 안타까움을 금할 수 없었다.

세월이 10년 정도 흘렀을 때, 한 소설가가 《이휘소》라는 장편소설을 발표했다. 내용을 보니 황당했다. 이휘소 박사가 핵무기를 개발하는 과학자로 미국중앙정보국CIA의 감시를 받았으며, 그의 죽음 역시 CIA와 연루되어 있다는 내용이었다.

특히 핵무기 개발과 관련된 정보를 한국 정부에 넘기기 위해 그가 허벅지를 칼로 째서 그 안에 마이크로필름을 숨긴 채 도쿄로 갔고, 박정희 대통령이 전용 헬리콥터를 보내 그를 청와대로 데려왔다는 내용은 할리우드적 상상력의 산물이라고밖에 할 수 없었다. 허벅지를 칼로 째서 그 안에 뭘 숨긴다는 것도 황당하고, 대통령이 전용 헬리콥터를 남의 나라 수도에 보낸다는 것도 말이 안 되는 이야기이기 때문이다.

몇 년 후 이와 비슷한 내용의 소설 하나가 한국을 뒤흔들었다.

《무궁화 꽃이 피었습니다》라는 소설로, 단숨에 밀리언 셀러가 되면서 영화화까지 되었다. 이제 이휘소 박사의 진짜 삶은 온데간데없이 사라지고 소설 속의 삶이 진짜가 되고 말았다. 유족들이 법원에 소송까지 냈지만, 주인공 이름이 가명으로 처리된 데다가 창작의 자유를 인정해주어야 한다는 이유로 받아들여지지 않았다.

벤저민 리 박사는 어디까지나 이론물리학자였다. 평생 실험실에서 소립자물리학을 연구한 그가 핵무기 개발과 무슨 관련이 있겠는가. 소립자물리학은 물질을 구성하는 가장 기본적인 소립자가 무엇이며, 이들 사이에 어떠한 힘이 작용하는지를 연구하는 학문이다. 소립자물리학이 핵核의 구조를 연구하는 학문이라, 잘 모르는 사람들이 핵무기와 혼동해서 말을 만들어낸 것 같다. 소립자물리학은 핵무기 개발과는 전혀 관계없는 것이다. 이름이 널리 알려진 분의 삶을 허구로 덧칠하였으니, 그저 재미로 읽는 소설이라고 치부하기에는 무리가 있다.

몇 년 전, 벤저민 리와 함께 공동 논문을 썼던 동료 물리학자인 장 진쥐스탱 교수가 내한했다. 그는 벤저민 리 박사의 '의문의 죽음'에 대한 기자들의 질문에 딱 잘라 말했다.

"벤 리는 핵무기와 관련된 어떠한 연구에도 관심이 없었습니다. 허무맹랑한 얘기입니다."

CIA가 관련되어 있다는 그의 죽음에 대한 각색 역시 터무니없다. 그가 사고를 당한 고속도로 I–80은 미국 뉴욕에서 시카고를 거쳐 서부로 연결되는 고속도로다. 상하행 도로는 20여 미터의 움푹 파인 풀밭을 사이로 떨어져 있다.

  1977년 6월 16일 오후 1시경이었다. 반대편 도로에서 마주 달려오던 대형 트럭이 펑크가 나면서 순식간에 중앙 분리 지역의 풀밭을 넘어와 벤저민 리의 승용차와 충돌하였다. 가족들은 살아났지만, 그는 깨어나지 못했다.

  벤저민 리 박사의 고등학교 후배이자 같은 시기에 스토니브룩에 있었던 학생으로서 나는 그의 삶이 왜곡되어 있는 것이 늘 마음에 걸렸다. 이제 한국이 낳은 위대한 학자 벤저민 리에게 제 삶을 돌려주었으면 한다.

가슴이 떨릴 때는
망설이지 말라

컬러TV가 관건이다

박사 학위를 마치고 귀국한 나는 육군사관학교 전자공학과 교수가 되었다. 그곳에서 5년 정도 학생들을 가르친 후 국방부에서 군수방산 문제를 연구하는 팀으로 파견되었다가, 1년 후에는 다시 국방과학연구소의 책임 연구원으로 자리를 옮겼다. 그곳에서 나는 전자파를 이용해 땅굴을 찾아내는 장비와 포병 사격용 컴퓨터를 개발하였다.

그러던 어느 날 군으로부터 전화 한 통을 받았다. "내일 아침 삼청동에 있는 공무원연수원으로 오라"는 연락이었다. 이유에 대해서는 전혀 언급이 없었다.

다음 날 아침, 그곳에 가보니 낯익은 얼굴들이 여럿 앉아 있었다. 육사에서 가르치는 박사들이 많이 있었고, 정부 부처에서도 여러 사람이 와 있었다. 그곳이 국가보위비상대책위원회 사무실이 될 것이고, 모인 사람들이 모두 국보위 분과 위원들이 될 것이라는 사실을 알게 되기까지는 그리 긴 시간이 걸리지 않았다.

나는 상공자원분과위원회에 소속되어 전자산업의 발전 방안을 마련하는 일을 맡았다. 전자산업! 전자공학을 전공한 나에겐 참으로 하고 싶은 일이 많은 분야가 아닐 수 없었다.

전자산업을 들여다보니 얽히고설킨 문제가 산더미처럼 쌓여 있었다. 우리 가전 업체들은 컬러TV를 만들 능력이 있었지만 시판이 허용되지 않았다. 방송국들도 컬러 방송을 할 수 있는 모든 장비를 갖추고 있었지만 방영할 수가 없었다. 농어촌에 흑백TV도 제대로 보급되지 않은 상황에서 도시에서 컬러 방송을 하게 되면 국민 간 위화감을 조성할 수 있다는 박정희 대통령의 철학 때문이었다. 이미 미국과 일본은 컬러TV를 넘어 VTR로 가고 있던 시기였다. 전자산업은 한 품목의 수요가 사그라질 때쯤 또 다른 품목이 등장해 수요를 이끌어주어야 하는데, 우리나라의 경우는 그것이 흑백TV에서 멈춰 있었다. 당연히 가전 업체들은 거의 부도 일보 직전이었다.

나는 국보위에서 일하는 동안 다음과 같은 논리로 설득을 계속해 나갔다.

"컬러TV 문제는 가전 업체들만의 문제가 아니다. 컬러TV 시장이 생겨나지 않으니 관련 부품산업, 원자재산업까지 침체되어 우리나라 전자산업 전반의 경쟁력 자체가 저하되어가고 있다. 대만보다 우리의 전자산업이 뒤떨어진 이유는 바로 컬러TV 산업이 발전하지 못하기 때문이다. 컬러TV의 수출은 허용하면서 시판을 못하게 하는 것은 세계 어느 나라에서도 설득력이 없다."

결국 '가전 업체들의 앞잡이'라는 말을 들어가면서 컬러TV의 시판을 관철시킬 수 있었다. 1980년 5월의 일이었다.

그러나 컬러 방영을 하지 않는 상태에서 TV의 시판만 허용했으니, 가전 업체들이 컬러TV를 제조해 출시해도 시장에서 팔리지 않았다. 거기에 사치품이라는 이유로 무려 67.2%의 특별소비세를 부과한 탓에 가격이 엄청나서 국민들은 쳐다볼 생각도 하지 않았다. 전자산업은 내리막길이었고, 가전 업체들의 부도 위기설은 계속 흘러나오고 있었다.

1980년 8월, 최규하 대통령이 하야하고 전두환 대통령이 취임하면서 국보위는 2개월간의 역할을 마치고 해체되었다. 나는 컬러TV 시판만을 관철하고 방영은 끝내 성사시키지 못했다는 아쉬움을 안고 다시 국방과학연구소로 돌아갈 준비를 하고 있었다.

작은 우연이 가져다준 운명적 만남

때로 운명은 아주 단순한 일에서 출발하기도 한다. 누군가와의 우연한 만남, 우연한 사건, 스쳐 지나가는 가벼운 농담이나 해프닝 같은 것. 그래서 우리는 언제 어디서든 깨어 있어야 한다. 운명이 다가올 때 그것을 붙잡아야 하므로!

1980년 국보위 해체를 앞두고 국방과학연구소로 돌아갈 준비를 하고 있던 나에게도 이런 운명이 찾아왔다. 어느 날 김재익 씨가 저녁 식사를 같이 하자며 전화를 걸어온 것이다. 그는 나의 고등학교 선배이지만 사실 국보위에서 한두 번 만난 것 외에는 별 인연이 없었다. 하지만 워낙 뛰어난 사람으로 명성이 자자한 터라, 걸려온 전화가 그렇게 반가울 수가 없었다.

김재익 씨는 당시 청와대 경제 수석으로 임명되어 바쁜 나날을 보내고 있었다. 우리는 서울 광화문 근처의 한 한식집에서 만났다.

"오 박사가 국보위에서 컬러TV 시판과 방영을 위해 많은 노력을 했던 것을 잘 알고 있습니다. 오 박사 덕분에 시판은 허용되었지만 아직 컬러 방영이 안 되고 있어 안타깝습니다. 빨리 컬러 방송을 시작해야 컬러TV가 팔려 전자산업이 일어날 텐데……."

내 마음을 훤히 들여다보는 그의 말에 나는 흥이 났다.

"맞습니다. 저는 다시 국방과학연구소로 돌아가지만 누군가 이 일을 맡아 적극적으로 추진해주었으면 합니다. 김 수석님이 해결해주십시오."

이렇게 시작된 대화는 밤이 깊은 줄 모르고 계속되었다. 우리는 전자산업의 부흥 방법에 대하여, 반도체와 여러 과학기술 개발의 필요성, 그리고 정보통신산업에 대해 많은 이야기를 주고받았다.

"정보통신산업은 미래 산업의 핵입니다. 앞으로 몇 년이면 개인용 컴퓨터로 안방에서 서로 통신할 수 있는 시대가 열릴 것입니다. 더불어 통신산업, 반도체산업, 컴퓨터산업, 소프트웨어산업이 동시에 발전하게 될 것입니다. 한국은 전쟁으로 인해 산업사회로의 진입이 늦을 수밖에 없었습니다. 그 때문에 지금도 여전히 가난에서 벗어나지 못하고 있습니다. 이제는 하루빨리 서둘러 우리가 먼저 미래를 준비해야 합니다."

"좋습니다. 당장 무엇부터 하는 게 좋겠습니까?"

"우선 전화 적체 문제를 해결해야 합니다. 온 국민이 편하고 저렴하게 전화를 이용할 수 있는 시스템을 만들어야 합니다. 전화는 통신의 기본입니다. 여기에 컴퓨터 등이 결합하면 새로운 정보산업이 크게 일어날 것입니다."

나는 평소에 생각하던 바를 거침없이 털어놓았다. 그가 청와대 경제 수석이니 혹시라도 내 말 한마디가 정책에 반영될지도 모른다는 기대감 때문이었다.

어느새 통금 시간이 가까웠다. 헤어지면서 김 수석이 느닷없이 물어왔다.

"함께 이야기를 나눠보니 나와 생각이 같군요. 어떻습니까? 이왕이면 청와대로 와서 말씀하신 일들을 직접 해보시지 않겠습니까? 직책은 약속할 수 없습니다. 하지만 소신껏 일할 수 있게 해주겠습니다."

내가 직책이나 대우를 상관하던 사람이었던가? 이번에도 나는 묻지도 따지지도 않았다. 내가 하고 싶은 일을 할 수 있는데 그런 게 무슨 상관인가.

드디어 컬러 방송이 시작되다!

우리는 국내 전자산업이 처해 있는 문제 해결의 첫 실마리를 컬러 방영으로 보았다. 당시 1인당 국민소득이 1,600달러 정도였는데, 이는 컬러TV를 생활화하기에 별다른 무리가 없는 수준이었지만 컬러TV 방영에 대한 일부의 반대는 여전했다. 청와대 내에서도 컬러TV 방영 여부를 놓고 설전을 벌였다. 나는 김재익 수석의 지원을 받으며 강력히 주장했다. 고맙게도 당시 실세였던 허화평 보좌관도 우리 주장을 지지해줬다. 그 무렵 경제 상황이 대단히 어려운 것도 도움이 되어 가까스로 방영을 허용하는 데 합의를 볼 수 있었다.

마침내 1980년 11월 10일, 이광표 문화공보부 장관이 그해 12월부터 컬러 방송을 시작한다고 발표하였다. 그리고 12월 1일, KBS-1TV가 최초로 컬러 방영을 시작하였고, KBS-2TV와 MBC는 12월 22일부터 시작하였다. 이로써 우리나라도 드디어 컬러TV 시대로 들어서게 되었다. 미국보다 29년, 일본보다는 20년이 늦은 시작이었다.

컬러 방송이 시작되자 가전 3사가 공장을 풀가동해도 시장에서 컬러TV를 구하기 어려웠고, 급기야 TV를 구하지 못한 사람들이 정부 부처로 항의 전화를 할 정도였다. 1980년대 초 한국 경제는 대혼란의 시기를 겪고 있었다. 10%대의 고성장을 이어가다 10년 만에 사상 초유의 마이너스성장에 직면한 것이다. 이런 상황에서 컬러TV의 등장은 우리 경제에 새로운 활력을 불어넣고 희망을 일깨운, 그야말로 역사적인 사건이었다.

경제적 측면 외에도 컬러TV는 사회에 엄청난 변화를 일으켰다. TV 프로그램과 광고에 등장하는 상품이나 가구, 소품, 출연자의 옷 등이 천연색 화면에 맞게 화려해지자, 국민들의 생활에도 컬러 바람이 불었다. 컬러화는 소비 패턴의 고급화와 다양화로 연결되었다. 제품을 고르는 기준 가운데 컬러와 디자인이 핵심 요소로 떠오르게 된 것도 이때부터였다. 컬러 혁명의 효과로 식품, 화장품, 패션 등의 산업이 크게 일어나서 우리 경제는 내수 부진을 극복하고 다시 성장 가도를 달릴 수 있게 되었다. '가전 업체의 앞잡이'라는 말까지 들어가면서 컬러TV 시판과 방영을 관철한 덕분에 전자산업 발전은 물론 경제성장에 기여한 일은 알아주는 사람이 없어도 두고두고 보람이 되었다.

우리나라가 인터넷 프로토콜 텔레비전IPTV, Internet Protocol Television 기술을 세계에서 제일 먼저 발전시켜놓고도 이런저런 이유로 4년째 방송을 하지 못하는 바람에 프랑스 등 외국에 선두 자리를 내어준 것은 참으로 가슴 아픈 일이다. 중요한 정책을 결정하지 않은 채 오랫동안 미뤄두는 것은 잘못된 선택을 하는 것보다도 더 나쁘다.

우리나라가 선진국이 되는 길

컬러 방영에 이어 나는 '전자공업 육성 장기 정책'을 수립해 입안하기로 했다. 그리고 이것을 청와대 단독으로 하는 것이 아니라 재무부·상공부·경제기획원·체신부·과학기술처 등 모든 관련 부처와 산업계·연구소의 핵심 인재 등 총 28명이 참여하는 팀 프로젝트로 추진하기로 하였다. 고작 5~10년이 아니라 앞으로 20~30년 동안 우리나라가 무엇으로 어떻게 먹고사느냐가 달려 있는 과제였다.

당시 경제학자들의 중론은 전자산업은 기술 개발 속도가 빠르고 수명이 짧기 때문에 우리나라 같은 후진국에는 적합하지 않다는 것이었다. 하지만 우리 팀의 연구 결과는 달랐다. 우리는 각 산업별

연관 분석을 통해 산업 동향과 생산성, 성장 속도 등을 항목별로 비교하는 표를 만들었다. 그 결과 전자산업의 성장 가능성이 가장 높게 나왔다. 우리의 계산에 따르면 1986년경이면 전자산업이 기계산업과 맞먹을 것이고, 1990년이 되기 전에 당시 우리나라 최대 산업인 섬유산업을 앞설 것이라는 예측이 나왔다. 앞으로 한국 경제를 이끌 성장 동력은 단연 전자산업이 될 것임에 틀림없었다.

그에 따라 우리는 단계별 목표와 전략을 수립하기 시작하였다. 기본 구상은 반도체, 컴퓨터, 전자교환기를 3대 전략 산업으로 정하고 5년 이내에 전자 부문의 생산 및 수출을 2.5배 늘림으로써 전자산업을 기계산업에 버금가는 주력 산업으로 육성한다는 것이었다. 반도체 개발, 전자교환기 개발, 컴퓨터산업 육성, 국가행정 전산망 사업, 소프트웨어 인력 양성 등이 모두 깊고 다양한 각도로 토론되었고, 그 방향이 논리적으로 정리되었다.

전자공업에 가장 큰 걸림돌은 엄청나게 비싼 세금이었다. 컬러TV를 비롯한 각종 전자제품에는 엄청난 특별소비세가 부과되고 있었다. 특히 컬러TV는 보석보다도 많은 세금을 내야 했다. 나는 순수한 마음에서 직접 이승윤 당시 재무부 장관을 찾아가 전자산업 육성의 필요성과 컬러TV 세율 인하가 왜 시급한지 설명했다. 이렇게 노력한 덕분에 새로 개발되는 컬러TV와 VTR 등 모든 전자제품에 대해 2년 동안 특소세를 완전 면제하고, 그 다음 2년간은 세금을 단계별로 높이자는 합의를 이끌어낼 수 있었다.

마침내 1981년 3월 우리의 '전자공업 육성 장기 정책안'이 완성되었고, 3개월 동안 관계 부처와 협의를 거친 끝에 그해 7월 15일 대통령의 최종 재가를 받아 정부 정책으로 확정되었다. 이 프로젝트는 대한민국 정보통신, 전자산업의 방향을 정립한 획기적인 사건이었다. 이 정책은 그후 10년 동안 추진되었으며, 1986년 전자산업은 예측대로 수출 100억 달러를 기록하며 우리나라가 전자 대국으로 도약하는 동력 산업으로 자리 잡았다.

'전자공업 육성 장기 정책'에 이어 '반도체산업 육성 계획'도 수립하였다. 당시 우리 국민 가운데는 반도체가 무엇인지 아는 사람이 드물었다. 우리는 처음부터 대통령이 반도체에 대해 누구보다도 잘 이해하는 것이 중요하다고 생각하였다. 그래서 처음 보고할 때 반도체에 대한 내용을 아예 만화로 만들어서 그것을 보고서로 올렸다. 심지어 반도체 모델을 일본에서 공수해 와서 실물을 가지고 대통령에게 설명하기도 했다. 이렇게 하자 대통령은 국무회의에서 두 번이나 "우리나라가 선진국이 될 수 있느냐 없느냐는 반도체 기술을 얼마나 빨리 발전시키느냐에 달려 있다. 모든 국무위원들은 적극 협력하라"고 당부할 정도로 적극적으로 지원하였다.

반도체산업 육성 계획은 여러 반대 의견을 설득하느라 오랜 시간을 끌어야 했다. 학자들은 우리가 개발해봐야 그 기간 동안 선진국은 한 단계 더 앞으로 나아가기 때문에 경쟁력이 없다는 논리를 폈다. 지금 생각해보면 얼마나 많은 시간과 에너지를 이러한 소모적인 논쟁으로 허비했는지 안타깝다. 그때 논쟁을 벌이는 시간에 반도체 개발에 더 일찍 착수하였다면 4MD램의 개발 기간이 1년은 단축되어 미국, 일본보다 먼저 내놓을 수도 있었을 것이다.

이제부터 경제는 당신이 대통령이야!

내가 청와대에서 함께 일하자는 김재익 수석의 제안을 흔쾌히 받아들인 데는 또 한 가지 이유가 있었다.

김재익이 누구이던가? 그는 모두가 존경하는 수재였다. 그는 박정희 대통령이 신임했던 인물이고, 전두환 대통령이 미리부터 함께 일하기로 점찍어 두었던 인물이다. 그를 경제 수석으로 임명하고 전두환 대통령은 이렇게 말했다.

"이제부터 경제는 당신이 대통령이야!"

실제로 전두환 대통령은 김재익 수석이 추진하는 모든 일에 아무 토를 달지 않고 전적으로 신뢰해주었다. 그것은 밖에서 어떤 오해나 불평이 있어도 꿈쩍하지 않는 바위 같은 신뢰였다.

육사에서 교수 생활을 하고 연구소 생활도 했지만, 사실 나는 공직에 대해서는 아는 바가 거의 없었다. 내가 가진 것이라곤 군의 조직 문화를 통해 체득한 문제 해결 능력과 교수로서 마땅히 지니고 있는 학구열뿐이었다. 그런 나에게 김재익 수석은 공직이 무엇인지를 가르쳐준 첫 스승이었다.

기대했던 그 이상으로, 그는 내가 평생을 노력해도 따라잡지 못할 인품과 원대한 비전을 갖춘 지도자였다. 그는 내가 본 가장 성실한 일꾼이기도 했는데, 늘 동이 트자마자 사무실에 도착해서는 온종일 관련 부처 관계자들을 만나 설득을 하고 시간조차 잊은 채 밤늦도록 일했다. 경제 비서실은 그의 지휘 아래 자유롭고 활발한 토론으로 열정과 활기가 넘쳤다.

김재익 수석은 나를 청와대 비서실로 부르고 최광수 장관과 함께 나를 체신부 차관으로 천거한 분이기도 하다. 그가 나를 체신부로 떠나 보낼 때 했던 말을 나는 지금도 잊지 못한다.

"전자산업을 일으키고 싶다면 체신부로 가야 합니다. 비서관으로 일하는 것보다 주무 부처에서 차관으로 직접 뛰십시오."

내가 체신부 차관으로 발령이 나던 날 밤, 그는 그의 아내에게 이렇게 말했다고 한다.

"이제 걱정할 거 없어요. 오 비서관이 체신부로 가게 됐으니, 이제 우리나라 통신 사업이 제대로 될 거요. 내가 일 많이 하고 오래 있으라고 했어요."

김재익 수석은 행정가이기 이전에 유명한 경제학자였다. 하지만 그는 평생 주식 투자를 해본 적이 없다. 정부 내에서 수많은 정책을 입안하고 여러 청탁에 시달리면서도 단 한 번도 사심을 앞세운 적이 없다. 아니, 사심이라는 게 아예 없는 사람이었다. 그는 너무나 겸손한 분이었다. 청와대에서 청소하는 사람들한테까지 머리 숙여 공손히 인사하는 분은 그분밖에 없었다. 일하는 것 외에는 뭐 하나 욕심을 내는 모습을 보지 못했다. 그를 질투하여 모함하는 사람이 많았지만, 그는 언제나 소박한 옷을 입고 소박한 음식만 즐겼다.

1983년, 그는 북한이 저지른 미얀마당시 버마 아웅 산Aung San 묘역 폭탄 테러로 운명을 달리했다. 장례가 끝나고 그의 집을 다녀온 전두환 대통령은 이렇게 안타까워했다.

"그렇게 소박하게 사는 사람을 놓고 많은 사람들이 호화스럽게 산다고 모함을 했으니……"

가장을 잃은 슬픔을 견디기 어려웠는지 그의 가족들은 이후 미국으로 건너갔다. 그리고 아내인 이순자 교수는 1987년쯤 다시 한국으로 돌아와서는 나에게 안부 전화를 걸어왔다. 당시 나는 체신부 장관이 되어 있었다.

"오 장관님, 감사합니다. 어제 전화국에 전화를 신청했더니 오늘 놓아주더군요. 그동안 일을 이렇게 많이 하셨습니까?"

그 사이에 우리나라는 전화를 신청해서 개통하기까지 1년이 넘게 기다려야 했던 나라에서 당일 개통이 가능한 나라로 바뀌어 있었던 것이다.

김 수석의 다정한 얼굴이 떠올라 나는 잠시 감회에 젖었다.

"제가 한 게 아닙니다. 김 수석께서 다 해놓으신 일이죠."

1987년, 5공화국이 끝나갈 즈음 〈월스트리트저널〉에는 이런 기사가 실렸다.

"전두환 대통령은 참으로 믿기 어려운 인물이다. 재임 기간에 성장, 물가, 국제수지라는 경제정책의 3대 목표를 한꺼번에 달성했기 때문이다. 많은 나라의 지도자가 한 마리 토끼조차 잡지 못하는 마당에 세 마리의 토끼를 동시에 잡았다."

〈월스트리트저널〉은 3저 현상저유가, 저금리, 저달러화 등의 호재도 있었지만, 같은 시기에 경제성장이 눈부셨다며 이를 '놀라운 일'로 평가했다. 그리고 그 원동력으로 전자·정보통신 산업의 발전을 꼽았다. 최근 5공화국의 경제 발전 정책이 다시 조명을 받으면서 김재익 수석에 대한 재평가가 이루어진 바 있다.

짧았지만 그 누구보다도 많은 일을 하고 떠난 김재익 수석. 46세의 젊은 나이에 떠난 터라 그는 많은 사람의 기억 속에 아직도 맑은 청년의 모습 그대로 남아 있다.

전두환 대통령과의 갑론을박

청와대 비서관 시절 일하기 좋았던 것은 전두환 대통령의 강력한 리더십 덕분이었다. 그는 과학기술에 많은 관심을 기울였고 파격적으로 뒷받침을 해주었다. 또한 그는 거시적 시야를 갖춘 합리적인 사람이었다. 야단을 치다가도 비서관이 "그게 아니다"라며 자초지종을 설명하면, 이를 끝까지 듣고 수용해주는 편이었다. 이 과정에서 비서관이 대통령의 의견에 반박해도 전혀 문제 삼지 않았다. 따라서 비서관들은 자신의 생각에 소신을 가질 수 있었고, 옳다고 생각하면 어떻게든 대통령을 설득하여 밀고 나갈 수 있었다.

어느 날 대통령으로부터 호출이 왔다. 한국전기통신공사를 분리하고 데이콤을 설립하는 등 통신 사업 구조 개편을 막 시작하려는 때였다. 김재익 수석이 귀띔을 했다.

"누가 대통령께 우리가 하는 일에 대해 잘못 말씀드린 것 같아요. 오 비서관이 내용을 잘 아니 소신껏 말씀드리세요."

정말로 대통령은 진행 중인 일을 재검토하라고 지시했다. 난감한 일이었다. 이제 와서 다시 검토하자니 맥이 탁 풀렸다. 그래서 나도 모르게 한마디 했다.

"이미 각하께서 결재하신 겁니다."

결재해놓고 왜 이제 와 딴말을 하시느냐는 투였다. 아차 싶었지만 때는 늦었다. 대통령의 심기를 건드린 것이다. 질책이 떨어졌다. 대통령이 조목조목 이유를 들어가며 문제점을 지적하는 것이었다. 순간적으로 나는 어느 쪽에서 문제를 제기했는지 짐작이 갔다. 그대로 물러설 수는 없었다. 또 내가 전문가인데 논리에서 대통령에게 밀릴 수는 없는 것이다. 나는 대통령 말씀에 다시 조목조목 반론을 제기했다. 한참 갑론을박이 계속되는 와중에 대통령의 표정이 누그러지는 것이 보였다. 대통령은 한동안 고개를 끄덕이면서 들으시더니 드디어 결론을 내렸다.

"오 비서관 말이 옳구먼. 소신껏 하시오!"

나도 모르는 사이에 등에는 진땀이 배어 있었다.

전두환 대통령은 일단 결정을 하면 그 책임자와 정책에 대해 신뢰를 보여주었다. 덕분에 당시에는 추진하다가 중간에 중단되거나 유명무실하게 사라지는 프로젝트가 거의 없었다.

또 한 가지, 전 대통령의 기억력은 비상했다. 업무 보고를 하면 대충 듣는 것 같은데, 나중에 말이 달라지면 "한 달 전 보고와 왜 말이 다르냐?"라며 정확하게 지적했다. 비서관들은 진땀을 흘리며 소명을 해야 했다.

하루는 대통령이 과학기술 관련 연구소를 방문하게 되었다. 나는 함께 차를 타고 행사장으로 가면서 대통령께서 말씀하셔야 할 내용 9가지를 하나씩 설명해드렸다. 그런데 말을 채 끝맺기도 전에 차가 행사장에 도착했다. 대통령은 차에서 내리면서 "그렇게 한꺼번에 이야기하면 내가 어떻게 기억하나?"라며 한 말씀 하셨다. 경험이 부족한 탓에 내가 비서관으로서 제 역할을 못 한 것이다.

대통령은 연구실을 순시한 후 과학자들과 대화하기 위해 리셉션장으로 들어섰다. 그런데 마이크를 잡고 인사를 하더니, 차에서 대충 말씀드린 9가지 이야기를 살을 붙여가며 하나하나 다 말하는 것이 아닌가. 그 안에는 과학기술자들의 주택 마련을 위한 장기 저리 융자 제도를 비롯해서 과학기술계의 숙원이 모두 들어 있었다. 대통령은 과학자들에게 열렬한 박수를 받았다.

청와대 비서관 생활이 약 8개월에 접어들 무렵, 최광수 체신부 장관이 보자고 연락을 해왔다. 최 장관은 국방부 차관, 대통령 비서실장까지 지낸 분으로, 명성은 잘 알고 있었지만 만나기는 처음이었다. 그는 내게 체신부 차관으로 와서 도와줬으면 좋겠다는 제의를 했다. 김재익 경제 수석도 전자산업을 육성하는 데는 체신부가 가장 중요한 곳이라고 격려했다.

체신부로 가기 전, 마지막 인사를 드리러 갔을 때 대통령은 이런저런 질문을 많이 하였다. 그러고는 "당신은 전자공학 박사니까 전문 지식으로 체신부를 잘 이끌어달라"는 당부의 말씀을 하셨다.

최광수 장관의 건의를 받은 전두환 대통령은 나를 잘 몰랐다. 비서관으로 몇 번 본 것이 전부였으니까, 젊은 사람을 차관으로 보내도 될지 상당히 고심하신 모양이었다. 인사를 하고 나오려는데, 안심이 안 되는지 나를 다시 불렀다.

"차관은 대단히 높은 직책이오. 매사에 조심해야 돼요. 특히 기자를 만나서 얘기할 때는 신중해야 할 거요."

그는 내가 너무 젊은 나이여서 실수하지 않을까 걱정을 했던 것이다. 몇 년 후 만찬 석상에서 어느 장관이 내가 일을 잘하고 있다고 하자 전 대통령은 "일 잘한다는 보고는 받았어요. 괜히 걱정했구먼!" 했다고 한다.

조직의 역사를
존중하라

41세의 젊디젊은 체신부 차관

체신부에 내가 처음 부임했을 때, 직원들 사이에서 화제가 되었던 것은 나의 젊은 나이였다. 당시 나는 마흔한 살이었다. 기업으로 따지면 겨우 차장이 될까 말까 한 나이였다. 게다가 공직 경력은 8개월간의 청와대 비서관 경험이 전부였다. 더구나 육사 출신에 공학박사라니, 도대체 어떤 인물이 오는 것인가!

취임식 전날 밤, 체신부 총무과장이 취임식 절차를 의논하기 위해 우리 집으로 찾아왔다. 나이가 오십 중반쯤 되는 그분은 젊은 여자가 대문을 열어주자 속으로 '음, 집안일을 해주는 여자인가 보군' 했다고 한다. 나중에 내가 정식으로 "저의 아내입니다"라고 소개하자 깜짝 놀라는 표정을 지었다. 게다가 저쪽에서 열 살이 갓 넘은 웬 꼬마 아이가 쪼르르 달려오며 나에게 "아빠!"라고 불렀으니…….

다음 날 체신부 직원들은 궁금한 마음에 총무과장을 둘러싸고 질문 세례를 던졌다고 한다.

"오명 차관 집이 어떻습디까?"

"가족들은 어떻던가요?"

총무과장은 딴 말은 하지 않고, "글쎄…… 차관 사모님이 아주 젊으시던데, 내 며느리 나이 정도 되시는 것 같아"라고만 말했다고 한다.

덕분에 '차관 사모님은 총무과장 며느리와 같은 나이'라는 소문이 하룻밤 사이에 부내에 퍼졌다. 나이가 그 사람의 경력이자 연륜으로 받아들여지는 한국 사회에서, 마흔한 살의 젊은 차관은 많은 사람들의 걱정을 낳았다.

취임식이 있던 날, 취임사를 하면서 연단 아래를 내려다보니 '이거, 잘못하다가는 큰일 나겠구나!' 싶어 정신이 번쩍 들었다. 앞줄에 앉아 뚫어져라 나를 바라보는 머리 희끗희끗한 국장들이 보였다. 그분들은 20대 중반에 체신부에 들어와서 이제 예순을 내다보는 분들이었다. 체신부에서 잔뼈가 굵은 분들이 이제 막 들어

온 젊은 차관을 어떤 생각으로 바라보고 있을까? 시골의 우체국장이나 우편집배원 등의 경우는 더욱 심각했다. 어느 시골 우체국장을 만나 인사를 나누었는데, 그분이 우체국에 들어온 해는 내가 태어나기도 전이었다.

마음속 깊이 존경심이 끓어올랐다. 체신부……, 정말 대단한 곳이 아닌가. 이곳은 내가 태어나기 전부터 시작되었고, 한국의 그 모진 현대사를 이겨내고 꿋꿋이 제자리를 지켜낸 곳이다.

그렇다면 내가 할 일은 무엇인가. 나는 그분들을 존경해야 했다. 아니, 체신부 전체 조직을 하나의 역사로서 존중해야 했다. 무엇보다도 일백 년을 관통하는 체신부의 문화에 경의를 표해야 했다. 바꾸기보다는 지키자! 이들의 역사를, 이들의 문화를!

그래서 나는 웬만한 기관장들이 취임 첫날에 흔히 저지르는 일들, 예컨대 책상 배치 바꾸기, 직원들과 간부들을 불러 이것저것 사소한 결함을 찾아내어 지적하기 등을 하지 않았다. 나는 전임자가 쓰던 사무실을 그대로 물려받았고, 전임자가 추진하던 일들을 공부하며 파악하는 것으로 평화로운 취임 첫날을 보냈다.

하긴, 조직에 처음 등장한 첫날이 기강을 잡기는 가장 쉬운 날이다. 거의 모든 기관장들이 그렇게 하고 싶은 충동을 느낀다. 차가운 표정으로 이제부터는 모든 것이 달라질 것이니 바짝 긴장하라고 주의를 주는 것이다. 그렇게 첫날에 확실하게 긴장감을 심어주면 조직이 빠르게 움직인다.

나도 마음만 먹으면 그렇게 할 수 있었다. 하지만 이런 일들이야말로 리더가 저지르는 최대의 실수이다. 몰아붙이는 상사 밑에서 아랫사람들이 키우는 능력은 그야말로 '눈치 잘 보는 능력'밖에 없다. 나는 눈치 보는 아랫사람은 필요하지 않았다. 소신 있는 직원, 일 잘하는 능력 있는 직원을 원했다!

새로운 차관의 등장으로 스트레스를 받을 직원들에게 리더가 해줄 수 있는 가장 큰 선물은 이런 메시지를 던져주는 것이다. 당신들은 잘해왔다. 지금까지 해온 것처럼 한다면 앞으로도 계속 잘할 수 있다. 나는 이곳의 역사와 문화를 존중한다. 여러분이 이룬 업적을 높이 평가한다. 나는 전임자가 한 일을 모두 존중하고 그것을 이어받아 추진해 나갈 것이다. 무엇보다 이곳의 주인은 나를 포함한 여러분 모두이므로!

만년 말석 체신부, 정부를 리드하다

리더라면 비전 Vision을 가져야 한다는 말을 많이 한다. '비전'. 통찰력, 혹은 미래에 대한 탁월한 예지력을 뜻하는 말인데, 이게 말처럼 쉽지만은 않다. 그런데 예언자나 신이 선택한 리더가 아닌 이상 어떻게 저절로 비전을 갖겠는가. 나는 비전을 가지라는 말은 '공부하라'는 말을 더 그럴싸하게 표현해놓은 것이라고 생각한다.

무엇을 공부하라는 말인가. 영어, 수학 공부를 뜻하는 것이 아니다. 세상이 어떻게 돌아가는지, 어떤 새로운 기술이 출현하고 어떤 새로운 문화가 나오는지, 그리고 거기에 대비하려면 무엇을 해야 하는지 연구하고 또 연구하라는 뜻이다.

1960~1970년대에 활약했던 미국의 유명 군사전략가 허먼 칸Herman Kahn은 사실 물리학자였다. 그런 그가 《2000년-다음 33년 미래를 내다보는 프레임워크The Year 2000-A Framework for Speculation on the Next Thirty Three Years》라는 저서를 통해 앞으로 발명될 혁신적인 미래 상품 100가지를 예측했다. 여기에는 현금자동지급기, 초고속 열차, 위성항법 장치 등이 포함되어 있었다. 그의 예측이 족집게처럼 들어맞자 사람들은 그에게 '예언자', 혹은 '미래학자'라는 칭호를 붙였다. 하지만 그의 예언은 신통력의 산물이 아니라 쉼 없는 공부와 연구의 결과물이었다. 과거를 알고 현재를 이해하고 그를 바탕으로 미래를 보면 앞으로 무슨 일이 일어날지 비전이 보이는 법이다.

처음 체신부에 가서 '정보화사회'에 대해 얘기했을 때, 내 말을 알아듣는 사람이 별로 없었다. 체신부는 우편 및 전신·전화 업무를 담당하는 부처였다. 편지 배달 잘하고 전화를 개통해주는 것으로 만족하는 사람들이 대부분이었다. 이들은 컴퓨터가 뭔지, 반도체가 뭔지에 관심이 없었다. 그러니 '정보화사회는 또 뭐지?' 하는 분위기였다.

이런 분위기를 바꾸기 위해 내가 시도한 것은 '공부'였다. 나는 모르는 말을 혼자 떠들기보다는 모두가 이해할 때까지 공부를 시켰다. 따로 공부를 하라고 하면 잔소리가 될 것이니, 간부 회의를 한다고 모여서 세미나를 했다. 주로 외부 전문가를 초빙해서 강의를 했고, 가끔은 내가 스스로 강사가 되기도 했다.

나는 가끔 엉뚱한 소리도 했다. 전국 전화 요금을 하나로 통일하면 어떨까? 전국을 시내전화 권역으로 만들어버리자는 이야기다. 차관이 제정신이냐고 생각하는 직원들이 많겠지. 나는 말이 안 된다는 직원들에게 이렇게 말했다.

"우편 요금을 보세요. 서울 시내에 편지를 배달하는 원가와 제주도까지 배달하는 원가는 분명히 크게 차이가 있지만 이미 우편 요금은 전국 단일화가 되지 않았습니까?"

고정관념을 벗어나지 못하여 "그래도 전화 요금은……" 하는 직원들에게 한마디 더 했다.

"전기 요금을 보세요. 발전소에서 먼 곳에 있는 가정과 가까운 곳에 있는 가정에 전기를 보내주는 원가는 크게 차이가 있지만 요금은 이미 위치에 관계없지 않습니까?"

"그건 그런데요……"

이렇게 몇 달을 반복하자, 서서히 반응이 왔다. 어느 날 전화 요금을 기존의 거리 비례제에서 전국 단일 요금체제로 바꾸자는 주장에 대해 일부 반대 의견이 나오자, 많은 간부들이 무슨 소리냐며 목청을 높이는 것이었다.

"정보화의 혜택은 모든 국민이 골고루 누려야 한다. 진정한 복지사회가 되기 위해서는 지역 간의 차이를 없애야 한다. 정보화가 진전될수록 도시와 농어촌의 정보격차는 커질 수밖에 없다. 농어촌에 사는 사람이 서울과 정보를 활발히 교류하려면 통신 요금을 전국 어디서나 똑같게 하는 게 바람직하다."

옳거니! 모두들 내가 하고 싶은 말을 신나게 하고 있었다.

결국 여러 부처의 반대 때문에 완전한 전국 단일 요금제는 성사되지 못했다. 하지만 요금 구조를 저렴하고 단순하게 만드는 작업을 상당 수준까지 진행했다. 어느 곳에서 전화를 걸건 100킬로미터 이상의 거리는 모두 하나의 요금제로 묶어버린 것이다. 그래서 대전에서 서울로 시외전화를 걸 때나 제주도에서 서울로 시외전화를 걸 때나 같은 요금을 내도록 했다. 통신 지도상에서는 제주도가 대전만큼 서울과 가까워진 것이다. 내가 조금 더 장관을 했더라면 1980년대 안에 전국 전화 단일 요금제를 성사시켰을지도 모른다.

제주도의 경우는 시범 지역으로 지정하여 아예 단일 통화권으로 묶어버렸다. 당시 제주시에서 서귀포까지는 시외전화 요금을 지불해야 했고, 그 비용이 시내 통화의 20배에 달하는 분당 200원이었다. 우리는 이것을 분당 10원으로 시내 요금과 동일하게 조정했다. 제주도 전체를 시내 요금 구간으로 만든 것이다. 이 결정이 신문에 보도되자 제주 도민들이 관청과 신문사로 하루 종일 전화를 걸어왔다. "100원을 10원으로 잘못 쓴 것 아닙니까?" 하는 것이 그들의 반응이었다. 정말 10원이라고 확인시켜주어도 모두 믿기 힘들어했다.

체신부의 이러한 철학은 이후 어떤 정책을 결정하든 그 기초를 이루었다. 전국 단일 요금제는 실패했지만, 우리는 데이터통신컴퓨터 통신 서비스를 시작할 때 처음부터 요금을 전국 단일 요금제로 만들었다. 그리고 후에 이동전화 요금도 거리에 관계없는 전국 단일 요금으로 만들었다.

이렇게 되자 실무자들 사이에서 "아예 국제전화 요금도 하나로 통일하자!"는 의견이 강하게 나왔다. 이건 내가 생각해도 획기적인 발상이었다. 생각해보라. 외국과 전화 통화할 때는 전화 신호인 전파가 하늘 높이 떠 있는 인공위성에 반사되어 상대 국가의 위성 지구국으로 연결되기 때문에 가까운 나라나 먼 나라나 원가 차이가 없는 것이다. 해저 케이블을 이용하더라도 원가 차이는 크게 없다.

체신부는 이러한 파격적인 의견들이 열렬한 환영을 받을 정도로 정보화 마인드가 뚜렷했다. 한 1년쯤 세미나를 계속하자, 이제 서로 눈빛만 봐도 무슨 말을 하고 싶어하는지 알 수 있을 정도였다.

우리는 이러한 모든 내용을 1980년대 초에 결정했다. 이러한 철학과 아이디어를 모아 '2000년까지의 정보통신 장기 계획'을 수립한 것도 1980년대 초였다. 지식이 쌓여 드디어 비전이 된 것이다.

그때 전두환 대통령이 우리가 만든 장기 계획을 보고 받고 흡족해서 다른 부처들도 체신부처럼 해보라고 지시를 내렸다. 만년 말석이던 체신부가 정책 면에서 정부를 리드하기 시작한 것이다.

그때 만들었던 계획은 실제로 2000년대 초반까지 정보통신부의 정책으로 활용되어 우리나라가 정보통신 강국으로 발전하는 데 밑거름 역할을 했다.

자부심을 심어줄 구호를 안겨주어라

"2000년대가 되면 우리 체신부가 가장 중요한 일등 부처가 될 것이다. 여러분이 가장 유능한 인재가 될 것이다!"

1981년, 내가 처음 체신부에 부임했을 때 직원들은 내 말에 뜨악한 표정을 지었다. 편지나 나르고 전화나 개통해주는 부처가 무슨 일등 부처가 된단 말인가? 젊은 신임 차관이 직원들 듣기 좋으라고 의례적으로 한 이야기겠지?

하지만 나는 지치지 않고 계속 주장했다.

"우리에겐 더 큰 할 일이 있다! 세상은 급격히 변할 것이고, 우리 체신부가 선두에서 그 변화를 주도할 것이다!"

"대한민국의 미래가 우리 체신부에 달려 있다. 지금 우리가 바른 결정을 내려야 한국을 부자 나라로 만들 수 있다. 그리고 2000

년대에는 진정한 복지사회를 만들어야 한다."

어떻게 하면 나라를 부자로 만들 수 있을까 하는 문제까지도 우리 체신부가 해결해야 할 과제로 끌어안은 것이다.

이렇게 큰 사명감을 안겨주면, 소심한 사람들은 뒷걸음질 치지만 대부분의 사람들은 눈빛부터 달라진다. 역사를 다시 쓰게 될 의미 있는 조직에 몸담고 있다는 자부심이 생기는 것이다.

세상에 자신이 몸담고 있는 조직을 별 볼일 없는 곳이라 생각하는 사람처럼 한심한 일은 없다. 그런데 의외로 많은 사람들이 그렇게 생각한다. 그런 사람들은 맡은 일만 마지못해 해낼 뿐이다. 반면에 조직을 존경하고 조직의 목표에 사명감을 가진 사람들은 자진해서 새로운 아이디어를 제시하고 새로운 일에 도전하면서 자신의 가치를 만들어낸다.

리더라면 후자와 같은 사람을 많이 만들 줄 알아야 한다. 긍정적인 사람, 희망과 비전을 가진 사람, 더 높은 목표를 이루기 위하여 뛰어들 준비가 되어 있는 사람을 되도록 많이 키워내야 한다. 그런 힘이 바로 '구호'에 있다.

구호는 맡은 일에 대한 열정을 불어넣고 사기를 높여준다. 리더가 적절한 구호로 구성원을 자극할 때 생산성의 향상과 놀랄 만한 실적이 나타나게 된다. 스포츠 팀의 감독들이야말로 이 구호를 가장 적절하게 사용하는 사람들이다. "나는 아직도 배가 고프다!" 2002년 월드컵에서 16강에 진입하여 사기가 충천한 선수들에게

히딩크는 이렇게 말했다. 이 말은 만족하지 말고 더 높은 목표에 도전하라는 강력한 메시지였다. 정말로 선수들은 8강을 넘어 4강까지 이르고야 말았다!

내가 체신부 직원들에게 안겨준 구호는 단순하면서도 강력했다. "우리가 하자!" 한국을 개발도상국에서 선진국으로 바꾸는 일, 역사를 다시 쓰는 일을 우리가 해내자고 말한 것이다.

직원들은 이 하나의 구호 아래 단결했다. 그 덕분에 건국 이래 가장 무모하고 규모가 큰 프로젝트였던 '전전자교환기 개발'과 '4MD램 반도체 개발'을 체신부가 주도해 이루어낼 수 있었다.

그리고 나는 약속을 지켰다. 우리 체신부가 정보통신부로 발전하면서 21세기 최고의 부처, 우수한 인재들이 가장 많이 모여 있는 가장 첨단의 부처가 된 것이다.

아랫사람이 신나게 일하게 하라

장관님은 정확히 8시 반에 오십니다

차관으로 부임한 초기에 나는 의욕이 앞서 부지런히 일했다. 아니, 내가 얼마나 체신부에 있게 될지 알 수 없었기 때문에 무척 서둘렀다. 하고 싶은 일이 정말 많았다. 시간이 아까웠기 때문에 나는 늘 일찍 출근했다.

어느 날 아침 출근길, 평소처럼 8시경 체신부 청사를 향해 달리고 있을 때였다. 앞서 달리고 있는 차를 보니 장관님 차였다. 차관이 장관보다 늦다니 큰 실례가 아닐 수 없었다. '내일부터는 좀 더 일찍 출발해야겠군' 하고 생각하며 청사에 도착해 장관실로 갔다. 그런데 비서는 장관님이 아직 출근 전이라는 것이다.

"아니, 그럴 리가. 분명히 장관님 차가 앞에 있었는데."

"아닙니다. 장관님은 언제나 정확히 8시 반에 오십니다."

과연, 잠시 후 시곗바늘이 8시 반을 가리키자 장관님이 문을 열고 들어오셨다.

"아니, 장관님. 아까 분명히 앞에 가시는 것을 봤는데, 어떻게 된 겁니까?"

장관님은 그저 미소를 지으며 아무 말씀도 하지 않으셨다.

알고 보니 그것은 최광수 장관만의 원칙이었다. 너무 일찍 출근하면 직원들에게 폐가 되니, 너무 빨리 도착한 날은 근처 커피숍에서 차를 한잔 마시고 시간에 맞춰 들어온다는 것이었다. 나는 그런 작은 문제까지는 생각이 미치지 못했다. 그때 나에겐 아직 최광수 장관만큼 모든 면을 배려할 수 있는 눈이 없었던 것이다.

훗날 장관이 되었을 때 나도 이 원칙을 따랐다. 과천 청사는 주변이 아름다워 일찍 출근해서 산보라도 하고 싶었지만, 고생할 직원들을 생각해서 늘 정해진 시각에 출근했다. 멀리서 출근하는 여비서들은 새벽 5시에 일어난다는데, 장관이라는 사람이 산보를 즐기려고 한 시간 일찍 출근하면 여비서는 새벽 4시에 일어나야 되는 것이다. 안 그래도 박봉에 고생하는 여비서들에게 더 큰 부담을 줄 수는 없었다.

산하단체를 순시할 때도 반드시 시간을 지켰다. 절대로 5분도 일찍 가지 않았다. 예정 시간보다 일찍 올지 모르는 장관을 위해 한 시간 전부터 대기하는 직원들을 없애기 위해서다. 5분 늦는 것은 오히려 괜찮다. 시간을 정확히 맞추려면 조금 일찍 근처에 도착해 대기하고 있다가 정각에 들어가야 한다.

아랫사람을 믿고 일을 맡겨라

최광수 장관에게 배운 또 다른 리더의 자질이 있다. 그것은 아랫사람의 능력을 인정하고 일을 맡기는 것이다. 그러면서도 리더라면 전체 흐름을 한눈에 꿰뚫어 보는 혜안이 있어야 한다.

어느 날 장관실에서 이야기를 나누고 있는데 결재 서류가 올라왔다. 그건 물론 차관인 내가 결재한 서류였다. 장관은 "어, 차관이 결재했군" 하더니 서류 내용을 읽어보지도 않고 결재하는 것이 아닌가. 아니, 저럴 수가! 최고의 행정가라고 존경 받는 최광수 장관이 서류를 읽어보지도 않고 결재를 하다니? 한편 장관이 나를 얼마나 믿으면 내용을 보지도 않고 결재를 하실까 하는 생각이 들었다. 나는 그 이후로 최광수 장관을 더욱 따르게 된 것은 물론, 신뢰에 어긋남이 없도록 모든 업무를 내 선에서 책임지고 처리하는 자세로 일했다. 생각해보면 그것도 최광수 장관의 용인술의 하나가 아니었을까?

리더에게 가장 필요한 자질 중 하나는 전체를 꿰뚫어 보는 혜안일 것이다. 최 장관은 언제나 느긋하고 서두르는 법이 없었으며, 자신이 결정해서 밀어붙이기보다는 부하 직원들이 알아서 하도록 내버려두었다. 얼핏 생각하면 일의 능률이 떨어질 것 같지만, 오히려 직원들의 사기가 올라서 시키는 대로 일하는 다른 부처보다 훨씬 더 의욕적으로 일하고 업무 추진 속도도 빨랐다.

그는 모든 일을 직원들에게 맡겨놓고 있었지만, 전체가 돌아가는 흐름을 손바닥 들여다보듯 파악하고 있었다. 그를 지켜보면서 나는 리더라는 존재에 대해 다시 생각하게 되었다. 그는 업무를 잘 알고 있으면서도 함부로 나서지 않고 부하 직원들이 앞장서서 일할 수 있도록 배려했다. 그러나 결정적인 문제에서는 책임지고 판단을 내렸다.

똑똑하고 부지런한 리더보다는 똑똑하면서도 조금은 게을러서 아랫사람이 앞장설 수 있는 기회를 줄 줄 아는 여유 있는 리더가 바람직한 것이다. 똑똑하지도 못하면서 부지런한 리더를 만나면 부하 직원들은 얼마나 괴로울까?

나도 훗날 장관이 되었을 때 결재 문서를 거의 읽어보지 않고 사인을 했다. 사무관, 서기관들이 얼마나 똑똑한가? 게다가 몇십 년 경험을 가진 유능한 국장이 검토하고 차관이 점검을 했으니 더 이상 볼 것이 없었다. 장관은 세부 사항보다는 할 것이냐 말 것이냐에 대한 정책적인 판단만 하면 된다. 그리고 무엇보다 결재 문서를 다 읽어보지 않아도 어디에 문제가 있는지 파악할 수 있는 능력이 생겼다. 경험은 돈 주고 살 수 없는 것이라는 말이 옳은 것 같다. 모든 일은 아랫사람에게 맡기되, 전체의 흐름과 큰 틀을 꿰뚫고 있기 위해서 리더는 남보다 많은 훈련과 공부가 필요한 것이다.

리더가 해야 할 가장 중요한 일은 아랫사람들이 신나게 일할 수 있는 환경을 만들어주는 것이다. 나는 야단을 치거나 잘못을 지적하는 일은 거의 하지 않았다. 오히려 미련할 정도로 기다려주고 열심히 칭찬해주는 편이었다.

또한 그들의 시간을 최대한 존중하려 했다. 지나치게 빈번한 간부 회의를 일주일에 두 번으로 축소했고, 나중에는 두 번도 많은 것 같아 그중 한 번은 정보화사회에 대한 세미나로 대체하였다.

또 한 가지, 나는 책임자에게 모든 권한을 맡길 테니 특별한 사정 변화가 없는 한 결재 없이 그냥 진행하라고 하였다. 과연 장·차관이 모든 업무를 일일이 보고 받고 결재할 필요가 있을까? 업무 보고를 없애고 회의를 줄이자 국장들은 신이 나서 일했다. 자기 시간을 스스로 관리하고 의사 결정도 직접 할 수 있게 되자, 모든 일이 빠르게 추진되었다.

이러한 변화들은 체신부 전체의 조직 문화를 완전히 바꾸어 놓았다. 지시와 복종의 시스템에서 스스로 찾아서 하는 시스템으로 탈바꿈하게 된 것이다.

8만 인사이동의 단 한 가지 원칙

체신부 차관으로 부임해 추진한 가장 큰 과제는 무엇보다도 체신부로부터 전기통신 사업을 분리해내 한국전기통신공사현 KT를 설립하는 일이었다. 전기통신 사업의 공사화 필요성은 이승만 대통령 시절부터 계속 주장되어 왔으나 그동안 관련 공무원들이 소극적인 태도로 일관해온 까닭에 진척이 없었다.

나의 판단으로는, 전화 사업을 비롯한 전기통신 사업을 정부 조직에서 분리해 공사화하지 않으면 당시 심각한 사회문제로까지 대두된 전화 적체를 해결하지 못할 것이 분명했다. 전화 적체를 해소하기 위해서는 전자식 교환기의 도입이 불가피했고, 최신 기술을 운영할 수 있는 보다 능력 있는 기술자가 필요했다. 그리고 그런 기술자를 고용하려면 많은 보수를 주어야 하는데, 공무원 신분인 체신부 직원으로는 불가능한 일이었다. 아울러 신속한 투자 집행과 운영 관리 측면에서도 정부 회계 제도가 아닌 융통성 있는 예산 및 회계 제도가 필요했다.

한국전기통신공사 설립안은 내가 청와대 비서관이었던 1980년 12월에 대통령의 재가를 받았다. 이 안에 따르면 원래 통신공사의 발족은 1983년 1월 1일로 예정돼 있었다. 하지만 나는 빠르면 빠를수록 좋다는 생각에 이를 과감하게 1982년 1월 1일로 1년 앞당기기로 하였다. 그 과정에서 가장 큰 문제는 통신공사 설립을 위한 법령 정비와 관련 직원들의 인사이동, 그리고 체신부의 조직 개편이었다.

과연, 통신공사 설립이 확정되자 체신부 전체가 비상이었다. 이것은 총 8만 명이나 되는 체신부 직원을 두 개의 조직으로 나누어 배치하는 일이었다. 공중전화 및 전화 사업이 체신부에서 공사로 넘어감에 따라, 가는 사람이 있어야 하고 남는 사람이 있어야 했다.

열 명, 스무 명도 아니고 무려 8만 명을 대상으로 인사이동을 한다는 것은 엄청난 후유증을 예고하는 일이었다. 정부 수립 이래 최대의 인사이동이었고, 그후로도 보기 드문 대규모 이동이었다.

지금이야 공사를 새로 만든다고 하면 너도나도 가겠다며 손을 들겠지만, 당시의 분위기는 달랐다. 아무리 월급이 많이 오른다고 해도 애써 얻은 공무원 지위와 바꿀 수는 없다고 생각했기 때문이다.

대규모 인사이동이 예고된 때부터 체신부는 온종일 청탁 전화에 시달렸다. 제발 우리 아들만은, 우리 조카와 우리 사위만은 체신부에 남게 해달라는 전화였다. 나에게도 업무에 방해가 될 정도로 전화가 끊이지 않았다. 얼굴도 모르는 친척의 친구의 누군가가 전화를 해서는 우리 아들을 부탁한다며 애원했다. 얼마나 많은 전화가 걸려오는지, 대한민국의 모든 사람이 몇 다리만 건너면 나와 아는 사람이 되는 것 같았다.

이 문제를 어떻게 할 것인가. 최광수 장관과 나는 이번 일이야말로 원칙을 정해서 있는 그대로 처리하는 것이 좋겠다는 데 의견을 같이했다. 즉, 현재의 근무 부서를 기준으로 하여 전화와 관련된 부서는 모두 공사로 가고, 우편과 관련된 부서는 모두 체신부에 남게 하는 것이다. 전화 업무인지 우편 업무인지 구분이 모호한 부서나 체신청에 근무하는 직원은 개개인의 희망을 듣고 근무 경력을 참작하여 결정하기로 했다. 그리고 정년퇴직이 얼마 남지 않은 55세 이상의 간부는 체신부에 남도록 배려했다.

최광수 장관이 이 원칙을 아침 조회 시간에 발표했다.

"우리가 정한 인사 원칙에서 단 한 건의 예외도 인정하지 않겠습니다. 혹시라도 인사 청탁을 하는 사람이 있다면 불이익을 주겠습니다. 내가 하는 소리가 절대로 헛소리가 아니란 점을 명심하십시오."

이렇게 하자 체신부 전체가 바짝 긴장했고, 더 이상의 불만은 나올 수가 없었다. 다들 제자리에서 열심히 일하는 분위기로 돌아갔다.

하지만 딱 한 번, 내 마음이 흔들린 적이 있다. 육사 동기생이 전방에서 지프차를 타고 철모를 쓴 채 나를 찾아왔다. 자기 매부가 공사로 가게 됐는데 안 가도록 해달라며 간곡하게 부탁을 하는 것이었다. 흙먼지가 묻은 야전복을 입고 있는 친구의 모습에 나는 마음이 약해졌다. 그래서 그만 "그렇게 해보마"라고 말해버렸다.

이 일을 어쩌면 좋은가. 친구를 보내놓고 나니 머릿속이 복잡해졌다. 최광수 장관은 단 한 건의 예외도 인정하지 않겠다고 직원들 앞에서 공언했다. 절대로 헛소리가 아니며, 청탁을 하면 오히려 그 반대로 해버리겠다고 엄포를 놓았다. 그런데 그 원칙을 차관인 내가 뒤집어버린다? 차관의 이런 행동을 장관이 모른 채 덮어준다면? 장관과 차관에 대한 직원들의 신뢰는 땅에 처박혀버릴 것이고 우리의 리더십은 자살 바위 아래로 추락해버릴 것이다.

리더가 원칙을 지키지 않을 때, 직원들은 그도 별 수 없는 사람이라 생각하고 실망하게 된다. 리더가 말로는 원칙을 강조하면서 행동으로는 적당히 타협할 때, 직원들은 그에 대한 존경심을 잃게 될 것이다.

이런 생각을 하니, 도저히 친구의 부탁을 들어줄 수 없을 것 같았다. 복잡한 심경으로 최광수 장관의 방에 들어갔는데, 그의 책상 위에 메모지가 가득 쌓여 있는 것이 눈에 띄었다. 모두 인사 청탁을 하는 내용이었다. 분명히 그중에는 거절하기 힘든 동창, 친구, 친척들이 건넨 것이 있을 텐데, 장관은 단 한 번도 그것을 아랫사람에게 주며 처리를 부탁한 적이 없다.

결국 나는 전방에 있는 친구에게 전화를 걸어 부탁을 들어줄 수 없어 미안하다고 말했다. 단 한 건이라도 예외를 두게 되면 전체가 무너질 것이 뻔했다. 친구에게는 미안하지만 원칙대로 해야 했다.

이렇게 해서 통신공사 인사는 8만 명이 단 한 건의 예외도 없이 원칙에 따라 정해졌다. 물론 누군가는 원하는 대로 되지 않아 속이 상했을지도 모른다. 하지만 우리에게는 원칙을 지켜 공정히 해냈다는 자부심이 있었다. 정부 수립 이래 가장 큰 인사이동이었고 가장 잡음 없는 일이었을 것이다.

그때 그렇게 서운해하며 체신부를 떠났던 사람들은 몇 년 후 오히려 떠나길 잘했다며 좋아했다. 공사가 설립된 후 곧바로 순수 우리 기술로 개발된 전전자교환기가 공급되었고, 이와 함께 전화사업은 한 해 100만 회선을 증설할 정도로 급속도로 성장했다.

나는 1988년 체신부 장관을 그만두고 떠나는 이임사에서도 그때의 인사이동을 회고했다. 개개인의 희망을 다 들어줄 수 없어 8만 명의 인사가 아직도 마음의 부담으로 남아 있는데, 아무 잡음 없이 원칙대로 할 수 있었던 건 체신부가 아니면 불가능했을 거라고. 그것이야말로 다른 곳에서는 찾아볼 수 없는 체신부만의 저력이라고……

시작은 미미하지만 그 끝은 창대하리라

한국전기통신공사를 발족하고 얼마 후 한국데이타통신주식회사 현 LG 데이콤를 출범시켰다. 1982년 3월, 데이콤 창립총회가 체신부에서 조촐하게 열렸다. 통신공사의 설립일은 화려하고 떠들썩했지만 데이콤 설립일은 아주 조용했다. 축하하기보다는 불안해하는 사람이 많았고, 기뻐하기보다는 걱정하는 사람이 더 많았다.

하지만 나는 내심 크게 기뻐하고 있었다. 데이콤이야말로 그 시작은 미미하지만 가까운 시간 내에 화려하게 꽃을 피울 것이라고 확신했기 때문이었다. 데이콤은 한국의 데이터통신 사업을 전담하게 될 기업의 이름이었다. 1980년대 초반에 데이터통신이 무엇이며 이를 어떻게 키워야 할지 비전을 갖고 있는 사람은 별로 없었다. 급한 사업은 전화 사업이었기에 데이터통신에 관심을 기울일 여유가 없었던 것이다.

하지만 나는 데이터통신 분야가 머지않아 음성 통신전화을 능가할 정도로 커질 것임을 확신하고 있었다. 데이터통신이란 컴퓨터를 통신선에 연결하여 음성이 아닌 데이터를 전송하거나 처리하는 것이다. 그때는 인터넷은커녕 PC 통신도 없던 시절이니 이 개념을 이해하기는 어려웠을 것이다.

어쨌든 이러한 사실을 예견하고 있던 나로서는 데이터통신을 반드시 육성해야 한다는 신념이 있었다. 앞으로 데이터통신은 전화 이상으로 폭발적으로 증가할 것이 분명했다. 데이터통신 회사를 공기업 형태로 만드는 방안도 검토했지만 국영기업의 운영 체제와 임금 수준으로는 데이터통신에 걸맞는 인재들을 기용할 수가 없었다. 그래서 여러 기업들이 출자하여 설립하는 새로운 민간 형태의 기업을 구상하게 되었다.

데이터통신 사업을 전화 사업으로부터 분리한다는 건 당시로서는 매우 선구적인 아이디어였다. 일본의 경우 전기통신 사업을 국내NTT와 국제KDD로 나누어 운영해왔고, 데이터통신은 1966년 국내 전화 사업자인 NTT의 사업본부 중 하나로 운영하고 있었다. 나는 이러한 체제가 상당히 많은 문제를 안고 있다고 판단했다. 우선 국제전화와 국내전화가 과연 분리할 성격의 사업인지를 생각해볼 때, 그건 아니었다. 전화는 이용자의 입장에서 누가 서비스를 제공하느냐에 관계없이 국내는 물론이고 세계 어느 나라에든 연결이 되어야 한다. 국제와 국내 사업자가 다르면 이 둘을 연결하기 위한 제도적 뒷받침과 추가 시설이 필요하게 되고, 이는 이용자의 불편을 초래하게 된다.

나는 전기통신 사업은 국제와 국내가 아니라 음성전화과 비음성 데이터로 나누는 것이 바람직하다고 판단하였다. 음성은 공익성이 강하므로 국영기업이 전담해 공공재 차원에서 사업을 펼치고, 비음성 분야는 기술 개발 속도가 빨라 사업성에 전문성까지 겸비해야 하므로 컴퓨터와 데이터통신에 대해 잘 아는 사람들이 맡아 빠르게 추진하는 것이 적절했다. 그래서 우리는 전화 사업은 국영기업인 한국전기통신공사가 맡아 하고, 데이터통신을 전담할 회사, 즉 데이콤은 민간 회사로 출발해야 한다고 결론지었다.

그런데 문제는 데이콤을 만든다 해도 당장 무슨 수입으로 먹고 살 것인가 하는 데 있었다. 데이터통신 이용률이 큰 폭으로 증가하고 있다고는 해도 여전히 전화 사업에 비하면 규모가 너무 작았다. 도대체 어디서 이익을 볼 수 있을지 불확실하기 때문에 기입들도 출자를 망설이고 있었다.

결국 차관인 내가 직접 기업들을 초대해서 사업 설명을 하였다. 5년 후에는 가치 있는 회사가 될 것이니, 체신부 차관의 말을 믿고 투자해달라는 것이었다. 그 말은 해석하기에 따라서는 5년 동안은 정부가 경영을 지원해준다는 뜻이기도 했다. 데이터통신에 대한 이해가 부족한 사람들은 나를 헐뜯기도 하였다. 시중에는 오명 차관이 기업들의 돈을 끌어들여 개인회사를 만들고 있다는 소문까지 떠돌았지만 나는 개의치 않고 밀어붙였다.

마침내 26개 기업의 출자를 이끌어낼 수 있었다. 출자금은 총 59억 8,000만 원으로, 20억 원을 출자한 통신공사가 최대 주주가 되었고, 삼성·럭키금성·한국방송공사·대영전자공업 등이 3억~7억 원 규모로 참여하였다. 통신공사를 제외한 기업들의 출자금을 적게 한 이유는 경영 간섭을 최소화하기 위해 특정 기업이 7% 이상의 주식을 가질 수 없도록 원칙을 정했기 때문이다.

나는 5년 내에 흑자로 전환할 것이라고 기업들을 설득한 이상 약속을 지켜야 했다. 결과적으로 데이콤은 설립 7년 만에 흑자로 전환했다. 당초의 약속보다는 조금 늦어졌지만, 18년이 걸린 NTT보다는 10년 이상 단축한 셈이었다.

데이콤이 흑자로 전환하게 된 결정적 계기는 결국 통신공사가 데이콤에게 특정통신회선 사업을 양보하면서부터 마련되었다. 전기통신사업법을 개정하고 특정통신회선 사업의 중심 설비인 전용회선 설비의 제공 대가 문제를 끈질기게 협상한 끝에 3년 만에 이뤄낸 합의였다.

그때 정비한 법령 덕분에 일찍부터 정보 처리와 정보 제공 분야가 민간에 개방될 수 있었다. 민간의 개방 요구가 크지 않았음에도 정부가 나서서 먼저 개방한 것은, 다양한 수요를 충족시킬 수 있도록 정보를 처리하고 제공하는 사람이 많아야 기술 수준도 올라가고 정보화 추진도 더 빨라질 것이라 생각했기 때문이다. 실제로 처음에는 이런 사업을 하겠다는 민간 업체가 거의 없었지만, 1990년대 후반에 이르러서는 총 140여 개 업체가 생겨났을 정도로 시장이 활발해졌다.

통신 후진국이었던 한국이 이런 선구적인 아이디어를 실행에 옮기자 일본 우정성과 NTT에서도 한국 모델을 심각하게 검토했다. NTT의 데이터통신사업본부는 1984년에 와서야 18년 만에 흑자로 전환하였고, 1985년에는 'NTT도코모'로 분리되어 독립 법인으로 발족하였다.

데이콤은 데이터통신에 대한 개념조차 채 정립되지 않은 시절에 창립되어 수년 동안 갖은 어려움을 겪었지만 우리나라 데이터통신과 정보산업을 발전시키는 데 큰 기여를 하였고, 1986년 아시안게임과 1988년 올림픽의 전산 시스템을 개발·지원할 때에도 주도적인 역할을 해주었다. 또한 데이콤이 운영한 정보문화센터는 국민들에게 컴퓨터를 알리고 정보화 마인드를 확산하는 정보

문화 캠페인을 성공적으로 전개함으로써 우리가 빠르게 정보화 사회로 진입하는 데 많은 기여를 하였다.

데이콤은 2000년 LG그룹이 인수하여 현재는 'LG데이콤'이라는 사명社名으로 국제전화, 시외전화, 초고속 인터넷, 인터넷 전화, IPTV 등 다양한 분야에서 사업을 펼치고 있다.

초고속 인터넷 일등 국가의 시발점

통신공사와 데이콤을 출범시킨 후 다음 목표는 공중전화망PSTN을 개방하는 일이었다. 공중전화망을 개방한다는 것은 일반 전화선에 컴퓨터, 팩시밀리 등을 마음대로 연결해서 데이터통신용으로 쓸 수 있도록 허용하는 것을 말한다. 지금은 당연하게 생각하지만, 당시는 통신선로가 좋지 않아 전화 회선에 데이터통신을 허용하기 어려운 상황이었다.

나는 기회가 있을 때마다 PSTN을 조속히 개방하자고 설득했다. 그러나 많은 간부들이 반대했다. 이제 겨우 전화 적체를 해소하기 시작했고 아직 통신선로의 품질이 나쁘기 때문에, 지금 개방하면 제대로 된 서비스도 못하고 국민들로부터 비난만 받는다는 이유였다. 간부들의 말도 일리는 있었다. 그러나 완벽한 준비를 하고 개방하려면 상당한 시간을 기다려야 했다. 곧 데이터통신의 중요성이 높아질 텐데 언제까지 기다린단 말인가? 나는 국민들에게 욕을 먹더라도 먼저 개방해 데이터통신 서비스를 하면서 문제를 하나씩 개선해 나가자고 설득했다.

1982년 말부터 서서히 긍정적인 반응이 나오기 시작하더니, 1983년 초에는 대부분의 간부들이 개방하자는 쪽으로 기울었다. 드디어 1983년 3월 21일을 기해 PSTN을 개방하기로 결정했다.

중요한 정책은 3월 1일이나 4월 1일 등 월초에 시작하는데, 유독 PSTN 개방일만이 3월 21일로 결정된 데 대해 의문을 제기하는 사람도 있을 것이다. 사실 3월 21일은 내 생일이다. 차관이 줄곧 개방을 역설하면서도 간부들이 동의할 때까지 1년 6개월을 기다려준 데 대한 고마움의 표시로 내 생일에 맞춰 PSTN 개방일을 결정해 준 것이다. PSTN 개방은 통신 역사에서 매우 중요한 날이다. 더욱이 당시는 유럽의 선진국들도 PSTN을 개방하지 못하고 있을 때였다. 덕분에 체신부에서 나의 생일은 역사적인 날이 되었다. 지금도 내 생일이 되면 그때의 체신부 후배들이 모여서 내 생일 축하와 함께 PSTN 개방일에 얽힌 일화를 회고하곤 한다.

PSTN 개방 후 유럽을 방문했을 때 어느 통신 장관이 내게 물었다.

"그렇게 빨리 개방해도 문제가 없었나요?"

나는 자신 있게 말했다. 개방 덕분에 컴퓨터산업과 팩시밀리산업까지 크게 발전했노라고.

PSTN을 개방하자 팩시밀리와 컴퓨터 보급이 급속히 확대되기 시작했고, 그 결과 관련 부품 산업도 활성화됐다. 나아가 PC 통신 등 데이터통신 사업도 활기를 띠기 시작했다. 데이터통신이 활성화되고 그 속도와 품질에 대한 이용자의 요구 수준이 높아짐에 따라 광케이블망이 확충되기 시작했고, 네트워크 고도화 작업이 지속적으로 추진되어 오늘의 초고속통신망으로 발전하게 되었다.

결과적으로 1년 반 동안 기다리면서 추진했던 PSTN 개방이야말로 오늘날 한국을 초고속 인터넷 일등 국가로 이끈 시발점이 되었다.

2부 오케스트라의 지휘자처럼

사私는 사고, 공公은 공이다. 이것은 개인의 일이 아니라 나라를 위한 일이다.
나에게는 TDX 개발을 꼭 성공시켜야 할 책임이 있고,
이를 위해서는 그가 꼭 필요했다.
적임자가 그 사람밖에 없다는 것을 잘 알면서도 사사로운 감정으로
그를 불러오지 않는다면 리더로서의 가능성은 아예 없는 것이다.

디지털 혁명의 태동

목숨을 걸고서라도 해야 할 일

1981년, 젊은 나이에 체신부 차관이 된 나는 하고 싶은 일, 해야 할 일이 정말 많았다. 우선 전화 적체 문제를 해결해야 했고, 기술의 핵심인 전자산업도 육성해야 했다.

그 당시 전화는 매우 귀한 물건이어서, 전화가 있는 집은 잘사는 집이었다. 유치원이나 초등학교에서 선생님이 잘사는 학생을 알아내는 방법은 간단했다. "집에 전화기가 있는 학생은 손들어 보세요" 하면 되는 것이다.

당시에는 백색전화와 청색전화 제도가 있었다. 청색전화는 전화국에 신청해서 받는 전화고, 백색전화는 사고팔 수 있는 전화였다. 그 백색전화 권리가 250만 원이 넘었다. 웬만한 서민주택보다도 비쌌던 것이다.

이 무렵은 먹고살기가 어려운 때라, 남의 집에서 식모살이하는 아가씨들이 많았다. 서울의 잘사는 집에서는 대부분 숙식을 함께 하며 집안일을 도맡아 하는 식모를 두었다. 어느 잘사는 집에서 구박을 받던 식모가 주인집의 비싼 물건을 훔쳐 달아날 계획을 세웠는데, 백색전화가 엄청 비싸다는 이야기를 듣고는 흰색 전화기를 훔쳐 달아났다는 이야기가 잡지에 실렸다. '백색전화 제도'와 '흰색 전화기'를 구분하지 못해서 벌어진 해프닝이었다.

전화를 놓는 데도 우선순위가 있었다. 전화 신청자를 1등급부터 5등급까지 나눠서 먼저 개통해줄 사람의 순위를 정한 것이다. 1, 2등급은 주요 기관이었고, 교수는 4등급, 일반 국민은 5등급이었다. 일반 국민이 전화를 놓으려면 보통 1년은 기다려야 했다.

전화가 없는 많은 사람들은 공중전화를 이용해야 했다. 공중전화는 많은 사람들에게 이용할 기회를 주기 위해 3분이 지나면 자동적으로 끊어졌다. 전화기 앞에는 으레 '용건만 간단히'라는 표시가 붙어 있었다. 전화를 판촉하는 오늘날과는 전혀 다른 풍경이었다. 또 시외전화를 하려면 전화국에 가서 신청해놓고 한참을 기다려야 했다. 값도 비싸서 긴급한 용무 외에는 쓸 생각을 하지 못했다. 국제전화는 광화문에 있는 국제전신전화국에 가서 신청한 뒤 한 시간이고 두 시간이고 이름을 부를 때까지 화장실에도 가지 못하고 기다려야 겨우 걸 수 있었다. 물론 요금도 엄청나게 비싸서 어쩌다 오래 걸기라도 하면 한 달 월급이 날아가기도 했다. 국제전화를 걸기 전에는 미리 용건을 메모해두는 것이 당시의 기본적인 전화 매너였다.

전화기 한 대 놓기 어려운 시절이었으니 무역 회사에서 텔렉스 Telex를 놓는 것은 그야말로 하늘의 별 따기였다. 작은 무역 회사들은 텔렉스를 가질 엄두도 내지 못했다. 텔렉스는 당시 문서를 주고받을 수 있는 유일한 기계로, 팩스의 전 단계 통신 기계라고 보면 된다.

그때는 자동차에 달고 다니는 무선전화기도 있었다. 오늘날 휴대전화의 옛 모습이라고 생각하면 될 것이다. 덩치가 커서 자동차에 싣고는 긴 안테나를 달고 다녔는데, 자그마치 도심의 고급 주택한 채 값과 거의 맞먹는 수준이었다. 지금 가치로 환산하면 억대가넘는 돈이다. 오늘날 우리 국민들은 당시와 비교해서 모두 몇 억씩하는 전화기를 주머니 속에 넣고 다니는 셈이다. 자동차에 그 긴 안테나가 달려 있으면 교통경찰이 건드리지 않았다. 소위 힘 있는 사람이 타고 있는 차였기 때문이다. 그러다 보니 무선전화기도 없으면서 차에 긴 안테나를 가짜로 달고 다니는 얌체족도 가끔 있었다.

통신 주무 부처의 차관으로서 나는 이런 모습이 안타까웠다. 그리고 한편으론 투지가 끓어올랐다. 반드시 제대로 된 전화 서비스를 공급하자!

사겠다는 사람이 줄 서 있는데 공급을 못한다는 것은 이치에 맞지 않았다. 방법은 간단했다. 공급만 하면 팔리는데 해결하지 못한다는 게 말이 되는가? 충분한 자금을 투입해서 공급량을 대폭 늘리자. 필요한 자금은 차관을 도입하고 채권을 발행해서라도 해결하면 된다. 전화를 대량 판매해서 돈을 벌어 갚으면 되는 것이다.

그런데 다른 문제가 있었다. 전화를 공급하려면 먼저 전화국에 교환기를 설치해야 하는데, 교환기는 국내 기술로 만들지 못해 외국 제품을 도입해서 쓰고 있었다. 물론 가격이 엄청나게 비쌌다. 많은 비용이 외국에서 교환기 및 비싼 통신 장비들을 사 오는 데 소요되었다. 우리 기술이 없는 것이 한恨이었다.

당시만 해도 우리나라는 기술 후진국이었다. 컬러TV를 조립하는 수준으로, 핵심 부품이나 중요한 반도체는 일본에서 수입해다 썼다. 일본이 반도체를 팔지 않으면 우리는 컬러TV도 못 만들 상황이었다. 더구나 전자교환기는 컬러TV와는 기술 면에서 격이 달랐다. 당시 선진 6개국밖에 만들어내지 못하는 가장 높은 수준의 전자 장비였던 것이다. 인도와 브라질이 개발을 시도했다가 실패한 경험이 있었다.

그러나 교환기 문제를 해결하지 않으면 전화 적체 해소는 엄청난 투자와 오랜 시일을 요할 것이 틀림없었다. 반대로 만일 전자교환기만 우리 손으로 만들 수 있다면 전화 서비스 개선은 물론, 전자산업의 앞날도 밝아질 터였다.

전자교환기를 우리 손으로 만들 수는 없는가? 먼저 기술자들이 반대했다. 한국전기통신공사의 운용 요원들은 미덥지 못한 국산 기기가 나왔을 때 가장 큰 고생을 할 사람들이어서 반대가 심했다. 관련 기업에 있는 기술자들도 무모한 도전이라고 했다. 외국 교환기 회사들은 코웃음을 쳤다.

"우리가 얼마나 많은 개발비를 썼는지 알기나 하냐."

그러나 그럴수록 전자교환기 개발 사업을 성공시켜야겠다는 나의 의지는 더욱 확고해졌다. 한번 해보자. 오히려 행정직 간부들이 나를 격려했다.

"교환기 구입비로만 연간 5,000억 원을 쓰고 있습니다. 무슨 수를 써서라도 국산화해야 합니다."

나는 오랜 고민 끝에 '단군 이래 최대의 연구개발R&D, Research & Development 사업'인 전자교환기 개발 사업을 진행하도록 한국전기통신연구소현 한국전자통신연구원 최순달 소장에게 지시했다. 개발비만 240억 원, 후에 2차로 대용량 모델 개발에 투입된 560억 원을 합하면 결과적으로 거의 800억 원 이상이 투자되는 대형 연구개발 프로젝트가 출범한 것이다. 온 나라가 시끄러웠다. "인도도 실패하고 브라질도 실패했다는데, 젊은 차관이 어쩌자고 저러느냐"며 비난도 터져 나왔다.

하지만 나는 각오가 되어 있었다. 전자교환기의 개발이야말로 내가 체신부로 온 이유였다. 나는 목숨을 걸고서라도 이것을 꼭 성공시켜야 했다.

혈서보다 무서운 서약서

전자교환기의 개발을 위해 내가 가장 우선적으로 설득해야 했던 사람은 체신부 간부들이었다. 간부 회의에서 앞으로 전자교환기 개발이 체신부의 주력 사업이 될 것이라고 발표하자 다들 반대 의견을 피력하기 시작했다. 특히 기술직 국장들의 반대가 심했다. 이미 기계식에서 전자식으로 전환하면서 한 차례 홍역을 겪었고, 그렇게 고도화된 기술을 개발할 인력이 턱없이 부족하다는 것이 이유였다.

사실 체신부는 그때까지 전자교환기의 개발에 대해 단 한 번도 진지하게 검토한 적이 없었다. 국민들이 전화를 설치하지 못해 아우성을 쳐도 정작 체신부 직원들은 여러 권한과 이권을 누리고 있었기 때문에 별로 문제의식이 없었다.

나는 여러 각도의 다양한 논리로 간부들을 열심히 설득하였다. 우리나라가 개발도상국을 벗어나 선진국으로 도약하기 위해서는 반드시 전자산업이 발전해야 하며, 그중에서도 미래 사회의 큰 흐름이 될 정보통신 분야에서 빠른 도약을 이루어야 한다고 누누이 강조했다. 전화는 정보통신산업의 근간인 만큼 지금 체신부가 주도적으로 이 일에 나서서 국가의 미래를 책임져야 한다고 말했다. 처음에는 내 말의 의미를 이해하지 못하는 사람이 많았지만, 매주 '미래 사회에 대한 세미나'를 열고 교육을 하자 정보화 마인드가 빠르게 자리 잡아갔다. 그 덕분에 불과 몇 개월 만에 체신부의 분위기는 개발 반대에서 찬성으로 바뀌었다. 적어도 전자교환기를 우리 힘으로 개발해야 한다는 사실에는 다들 동의하는 분위기가 조성된 것이다.

이렇게 분위기를 바꾸어놓은 후, 나는 한국전기통신연구소의 최순달 소장을 불렀다.

"전자교환기를 국산화합시다. 우리가 국산화에만 성공한다면 지금까지 정부가 연구소에 투자한 모든 비용을 회수하고도 남을 것입니다."

나의 제의에 최 소장은 깜짝 놀랐다.

"차관님, 그건 적어도 100억 원 이상의 개발비가 들어가는 대형 프로젝트입니다. 지금 10억 원짜리 연구 프로젝트도 없는데 100억 원이 가능하겠습니까?"

이 말에 나는 선뜻 다음과 같이 말했다.

"그럼 100억 원을 드리지요. 그러면 할 수 있겠습니까?"

최 소장은 놀란 표정을 짓더니, 당장 대답할 수 있는 사안이 아니라며 시간을 달라고 말하고는 돌아갔다.

일주일 후 소장과 부소장이 체신부 차관실로 찾아왔다. 이번에는 200억 원이 필요하다는 것이었다.

나는 이렇게 대답했다.

"충분히 지원해드리겠습니다. 어쨌든 반드시 성공해 한국의 통신 기술 발전에 새바람을 일으켜주세요. 이번 전자교환기 개발만 성공하면 앞으로도 수백억 원 규모의 대형 R&D 프로젝트가 얼마든지 가능해집니다. 하지만 실패하면 모든 과학기술인 앞에 죄인이 될 것입니다."

눈앞에서 200억 원이라는 엄청난 개발비에 대해 구두 승인이 나자 두 사람은 긴장하는 모습이 역력했다.

전자교환기의 개발은 이제 '할 수 있을까?' 하는 단계를 뛰어넘어 '해야만 하는 일'이 되었다. 한국전기통신연구소의 모든 연구진이 적극성을 띠기 시작했고, 그로부터 몇 주 후 연구소가 작성한 정식 프로젝트 기획안이 체신부에 보고되었다. 기획안에 따르면 추정 개발비 예산은 총 240억 원이었다. 나는 이에 대해 어떤 이의도 제기하지 않고 그대로 결재해주었다. 10억 원짜리 프로젝트도 없던 당시로서는 정말 혁명과도 같은 변화가 아닐 수 없었다.

훗날 내가 연구소 사람들에게 "어떻게 해서 개발비가 240억 원으로 계산되었냐?"고 물었더니 재미있는 답변이 돌아왔다. 사실 연구비를 산정할 정확한 근거 자료도 없고 해서 최대한 불릴 수 있는 데까지 불려서 신청한 것이 240억 원이었다는 것이다. 설마 240억 원이 그대로 통과될 줄은 전혀 예상하지 못했던 것이다.

물론 그 파장은 만만치 않았다. 체신부 실무자들도 상상을 초월하는 금액에 말문이 막혔다. 정부 관계자들은 체신부에 온 지 얼마 되지도 않은 젊은 차관이 겁도 없이 무모한 모험을 벌이고 있다고 비난했다. 하지만 나는 500억 원을 요구했더라도 지원했을 것이다. 사실 240억 원의 개발 비용은 선진국들이 전자교환기를 개발할 때 들이는 비용의 10분의 1도 안 되는 적은 돈이었다. 게다가 벨기에에서 첫 전자교환기를 도입할 때 우리가 지불한 기술료만 해도 약 500억 원에 이르렀다. 240억 원의 R&D 비용은 그때껏 우리가 상상하지 못한 금액이었을 뿐, 다른 나라와 비교해보면 오히려 적은 돈이었던 것이다.

240억 원이라는 사상 초유의 연구개발비를 받게 된 전기통신연구소 연구원들의 각오도 남달랐다. 이들은 "전자교환기의 개발을 위해 최선을 다할 것이며, 만약 개발에 실패할 경우 어떤 처벌이라도 달게 받겠다"는 내용의 서약서를 작성해 임원들이 모두 서명하고 연구원들에게 회람까지 시켰다. 그만큼 전자교환기 개발에 임하는 우리의 자세는 비장했다. 이 서약서는 후일 관계자들에게 'TDX 국산 전자교환기의 총칭으로, TDX는 시분할교환기 Time Division eXchanging System의 약자에서 유래했다 혈서'로 불리게 되었다.

R&D는 절대로 손해 보지 않는다

240억 원이 들어간 전자교환기 개발 사업을 두고 지금도 많은 사람들이 말한다. 성공했으니 망정이지 실패했다면 지금의 나는 없었을 거라고. 운이 참 좋았다고들 말한다. 하지만 나는 애초부터 전자교환기 개발이 실패로 돌아갈 가능성은 아예 없다고 생각했다. 이건 기술 개발 분야를 한 번이라도 경험한 사람이라면 누구나 이해할 수 있을 것이다.

사람들은 '연구개발'이라고 하면 성공 아니면 실패만 있다고 생각한다. 하지만 내 생각은 달랐다. 연구개발은 성공도 성공이고 실패도 성공이다. 설사 실패한다 해도 그동안 터득한 기술이 있고, 또한 개발의 결과 만들고자 했던 제품의 가격을 깎을 수 있는 구매력, 즉 '바잉 파워'buying power가 생기기 때문이다.

기술은 알기만 해도 힘이 생긴다. 즉, 실질적으로 그 기술을 보유하지 못하더라도 아는 것만으로 가격을 깎을 수 있는 것이다. 나는 개발에 착수하는 것만으로도 10%는 깎을 자신이 있었다. 당시 매년 교환기 도입에 쓰이던 예산이 5,000억 원에 이르렀으니, 10%만 깎아도 500억 원을 절약할 수 있었다. 20%를 깎으면 1,000억 원을 절약할 수 있다. 그러니 240억 원의 연구개발비는 결코 아깝지 않다. 실패해도 성공해도 남는 장사인 것이다!

R&D를 '성공이냐, 실패냐' 하는 이분법으로 평가하는 것은 적

절하지 않다. 하나의 R&D 프로젝트를 수행하는 과정에는 수많은 단계별 목표가 있어서, 비록 최종 목표는 달성하지 못한다고 하더라도 그 과정에서 수많은 요소 기술이나 신기술을 개발할 수 있다. R&D 프로젝트를 성실하게 수행했다면 최종 결과물의 산출 여부에 관계없이 진행 정도에 따라 다양한 성과가 축적되는 것이다.

또한 나는 한국 기술자들의 포기하지 않는 근성과 우수한 두뇌에 대한 믿음이 있었다. 모르는 사람들은 우리의 통신 기술 수준을 얕보았지만, 사실 전자교환기 기술에서 전화 신호를 단순히 교환하여 전송하는 기술은 이미 확보한 상태였다. 다만 장소마다, 시간대마다, 가입 조건에 따라 제각각 다른 요금 체계를 정확히 계산해내는 과금 기능과, 또 프로그램에 에러가 생길 경우 컴퓨터가 자동으로 진단하여 처리하는 기술 등이 문제였다. 하지만 이러한 기술들을 개발하지 못한다고 해서 교환기가 무용지물이 되느냐 하면, 그렇지는 않다. 교환 기능에는 아무 문제가 없으니 소도시나 농촌에 설치하여 각 가정마다 요금을 내도록 하면 된다. 많이 쓰나 적게 쓰나 똑같은 정액 요금을 부과하면 문제 될 것이 없는 것이다.

사실 이런 계산이 있었기에 사람들이 우려하는 만큼 크게 걱정하지 않을 수 있었다. 겁도 없이 240억 원이라는 무거운 책임을 기꺼이 떠맡을 이유가 충분히 있었던 것이다.

다만 한 가지, 전자교환기 개발 프로젝트와 관련해 마음에 걸리는 것이 있었다. 만약 언론이 우리 프로젝트를 '실패'라고 평가해 버린다면 어떤 결과가 벌어지게 될까. 그렇게 되면 정부가 앞으로 두 번 다시 대형 규모의 R&D 예산을 지원해주지 않을 수도 있었다. 성공할 수 있다고 해서 240억 원이나 밀어줬는데 실패하다니, 예산만 낭비했다는 반응이 나올 것이 뻔했다. R&D에 대한 국민들의 인식에도 나쁜 영향을 미칠 수 있었다. "실패하면 역사의 죄인이 될 것"이라며 다짐을 받았던 것도 그런 이유였다.

최고의 전략을
수립하라

효율적으로 조직을 구성하라

프로젝트를 시작할 때 내가 가장 먼저 하는 일은 조직의 틀을 짜는 일이다. 관련된 여러 부처 및 기관에 어떤 역할을 맡길 것인가? 기존의 팀을 그대로 활용하는 것이 좋을까, 혹은 새로운 팀을 만드는 것이 좋을까?

전全전자교환기 개발을 성공시키기 위해서는 기술 못지않게 조직이 중요했다. 체신부를 필두로 한국전기통신공사, 한국전기통신연구소, 그리고 여러 생산 업체금성반도체, 동양정밀OPC, 삼성반도체통신 등 총 3개 사로 출발하였고, 후에 대우통신이 합류했다가 참여한 복잡한 프로젝트인 만큼 조직을 잘 구성하지 않으면 일의 진행 속도도 느려지고 잡음이 생길 가능성도 높았다.

우리는 전전자교환기에 TDX라는 이름을 붙였다. TDX 개발 사업은 관련 기관과 업계의 이해관계에서 벗어나 자율적인 결정권을 가져야 하고, 무엇보다 신속한 의사 결정을 필요로 하는 프로젝트였다. 나는 이 문제를 해결하기 위해 한국전기통신연구소에 TDX개발단을 따로 만들게 하였다.

그리고 또 한 가지 새로운 제도를 도입했다. 그동안은 일단 연구소에서 제품을 만들면 국산 개발이 완료된 것으로 인정하고 곧바로 기업에서 생산을 했다. 그러나 사용 현장에서 많은 문제점이 생기면서 국산 제품의 신뢰는 땅에 떨어졌다. 자연히 국산 기계는 모두가 기피하는 분위기가 생겨났다.

이것은 품질보증 절차가 빠졌기 때문이다. 나는 국방과학연구소에서 포병용 컴퓨터를 개발해본 경험이 있어서 개발 이후 실용화가 되기까지 거쳐야 할 여러 과정에 대해 잘 알고 있었다. 당시 우리가 개발했던 포병용 컴퓨터는 기초 모델을 만드는 데는 불과 6개월밖에 걸리지 않았지만 실제로 군에서 채택되기까지는 4~5년이 걸렸다. 품질보증 절차를 거치는 데 그만큼 많은 시간이 소요되었던 것이다. 당시 산업계에는 이러한 품질보증에 대한 개념이 없었지만 군에는 이미 정착되어 있었다. 똑같아 보이는 무전기라도 민간에서 쓰는 것과 군에서 쓰는 것은 가격이 10배나 차이가 났다. 업체에서 폭리를 취한 것이 아니라 품질보증에 그만한 비용이 들어가기 때문이었다. 반도체 역시 가전제품용과 군용 제품용은 단가 면에서 10배 이상 차이가 났다. 군용 부품은 굴렸을 때, 떨어뜨렸을 때, 더울 때, 추울 때, 그리고 시간이 흘러가면서의 성능 변화 등 무척 까다로운 시험에 합격해야 한다. 나는 앞으로 개발할 TDX도 이러한 테스트를 모두 거쳐야 한다고 생각했다. 그래야 개발 이후의 오류를 막을 수 있으며 국산 제품은 품질이 떨어진다는 잘못된 인식을 깰 수 있을 것이라 판단했다.

우리는 연구소에서 개발한 제품이 현장에서 쓸 수 있는 완벽한 제품이 될 수 있도록 품질보증단을 만들기로 했다. 또한 만든 제품을 구매하고, 현장에 설치·운용하고 폐기하는 전 과정을 관리할 사업단을 만들기로 했다. 그래서 'TDX사업단'을 따로 설치했다. TDX사업단은 새로 개발한 전전자교환기의 실수요처인 한국전기통신공사 내에 만들었다. 실제로 기계를 쓸 사람들이 품질보증 및 관리를 직접 담당하게 한 것이다.

같이 일할 사람이 직접 뽑아라

전전자교환기를 개발할 때 나는 두 명의 리더를 찾아야 했다. 한

명은 연구개발을 이끌어갈 개발단장을 맡아줄 사람이고, 다른 한 명은 개발된 교환기를 실용화하여 생산 과정의 품질관리부터 구매, 설치까지를 맡아줄 사업단장이었다.

개발단장을 맡을 사람은 쉽게 결정했다. 처음 240억 원의 전전자교환기 개발 사업을 맡을 때부터 한국전기통신연구소의 최순달 소장은 한 사람만을 원했다.

"개발단장으로 삼성반도체통신에 있는 양승택 박사를 불러주십시오. 그가 꼭 필요합니다."

그의 부탁에 두말없이 그렇게 하겠다고 대답했다. 나는 사람을 뽑을 때 직접 데리고 일할 상사의 의견을 가장 중요시한다. 직접 데리고 일할 사람이 점찍은 이야말로 가장 확실한 사람이기 때문이다. 이후로도 어느 조직에 가건 각 부서의 인사는 모두 부서장이 직접 하게 했다.

그런데 양승택 박사를 데려오는 일이 쉽지 않았다. 삼성 측에 그를 보내달라고 하니 펄쩍 뛰는 것이었다.

"왜 하필 그 사람입니까? 우리도 꼭 필요한 사람이라서 어렵게 데려왔습니다. 보낼 수가 없습니다."

나는 이미 최순달 소장에게 양 박사를 데려오겠다고 약속했기 때문에 끝까지 책임을 져야만 했다. 마침 삼성반도체통신의 이춘화 사장은 평소 내가 존경하던 선배여서 그에게 간곡하게 도움을 청했다.

"전전자교환기 개발 사업은 정부 수립 이래 국가의 가장 중요한 프로젝트입니다. 그가 국가를 위해 봉사할 수 있도록 배려해주십시오. 어차피 삼성도 공동 개발을 하게 되니, 삼성에 있는 분이 단장을 맡아주시면 삼성에도 유리할 것입니다."

엎치락뒤치락하는 우여곡절 끝에 삼성 측의 허락을 얻어 양승택 박사를 모셔올 수 있었다.

나는 240억 원의 예산을 모두 개발단장인 양승택 박사에게 주었다. 이렇게 하지 않으면 연구비가 연구소의 여러 부서로 흩어져 사업이 흐지부지될 위험이 있었기 때문이다.

양승택 박사는 과학기술인으로서도 훌륭했지만 특히 연구원들을 통솔하는 조직적인 리더십이 돋보였다. 그는 고비를 맞을 때마다 연구원들을 독려하면서 할 수 있다는 긍정적인 자세와 사명감을 불어넣었다.

그는 삼성 측으로부터 몇 년간의 장기 출장을 허락 받아 연구소에 왔지만 결국에는 영영 삼성으로 돌아가지 못했다. 개발 기간이 총 6년에 이르렀고, 그 이후로는 여러 공공 기관의 수장을 맡으며 과학기술 관료의 길을 걷게 되었기 때문이다. 양 박사는 특히 2001년 정보통신부 장관을 맡으면서 2002년 'IT 월드컵'의 주역이 되었다.

능력이 탐나면 적敵에게도 손을 내밀어라

TDX 개발 프로젝트에서 또 한 명의 가장 중요한 사람은 사업단장이었다. 실용화의 모든 책임을 지는 사람, 사업의 시어머니이자 무서운 감독자가 필요했다.

연구소가 개발한 제품이 현장에서 말썽 없이 사용되려면 엄격한 품질보증과 시험 평가가 중요하다. 그리고 구매 활용 계획도 세워야 한다. 이 모든 일을 맡아줄 사람이 바로 사업단장인 것이다.

이 역할은 남에게 욕을 먹는 일이다. 간섭을 받고 좋아할 사람이 어디 있겠는가? 따라서 욕먹는 것을 두려워하지 않고 철두철미하게 일할 사람이 필요했다. 나는 일찍부터 그런 사람을 알고 있었다. 바로 국방과학연구소장을 지낸 서정욱 박사였다.

나는 그와 국방과학연구소에서 잠시 같이 일한 적이 있었다. 하지만 함께 일하기에 그리 유쾌한 사람은 아니었다.

나는 육사에서부터 체신부에 이르기까지 많은 사람들과 함께 일했지만 대인 관계 때문에 갈등을 겪은 일은 한 번도 없었다. 나와 업무 스타일이 다른 사람과 일할 때도 충분히 대화하고 조율하면서 얼마든지 팀워크를 이룰 수 있었다. 그런데 서정욱 박사는 예외였다. 그는 내게 처음으로 사회생활의 어려움과 갈등을 깨닫게 해준 사람이다. 그는 조직을 철저히 관리하는 사람이었다. 아랫사람들을 100% 자신의 통제 아래에 두어야 직성이 풀렸다. 부하 직원들의 활동을 일일이 보고 받고 점검했고, 허락 없이 일을 했을 경우 혼쭐을 내곤 했다. 더욱이 중요한 자료는 모두 자기 책장에 넣고 자물쇠를 채워버리곤 해서 나는 그 자료들을 활용할 수가 없었다. 사실 그때는 서 박사가 진해연구소 책임자로 있었기 때문에 서울연구소의 자료를 통제할 권한도 없었는데 자신이 책임자로 있을 때 모은 자료라며 원격 관리를 한 것이다. 짧은 기간이었지만 나는 국방과학연구소에서 일하던 내내 심적으로 많은 고충을 겪었다.

하지만 일에서만은 그를 따라올 사람이 없었다. 그는 조직을 완전히 장악했고 작은 오차도 인정하지 않았다. 결국 그가 개발한 장비들은 완벽한 성능을 발휘했다. 또 그는 군용 무전기를 개발하면서 미국에서 군용 장비를 제조하는 전 과정을 경험한 사람이다. 품질관리부터 양산 과정에 이르는 모든 과정을 경험한 거의 유일한 사람이었다.

이런 이유로 나는 그를 꼭 모셔오리라 마음먹었다. 이는 우리 두 사람 사이를 잘 알고 있는 많은 이들에게, 그리고 당사자인 서정욱 박사에게도 굉장히 의외의 일로 받아들여졌다. 사이가 안 좋은 사람을 가장 중요한 자리에 모셔오는 것은 흔한 일이 아니기 때문이다.

하지만 사私는 사고, 공公은 공이다. 이것은 개인의 일이 아니라 나라를 위한 일이다. 나에게는 TDX 개발을 꼭 성공시켜야 할 책임이 있고, 이를 위해서는 그가 꼭 필요했다. 적임자가 그 사람밖에 없다는 것을 잘 알면서도 사사로운 감정으로 그를 불러오지 않는다면 리더로서의 가능성은 아예 없는 것이다.

"TDX 사업단장을 맡아주십시오. 단군 이래 가장 큰 R&D 과제이고 국가의 장래가 걸린 중요한 사업입니다. 사명감 있는 기술자라면 누구나 하고 싶어할 겁니다. 서 박사님이 진정한 엔지니어라면 꼭 맡아주실 것이라 믿습니다."

그는 기꺼이 사업단장직을 수락해주었다. 그는 한국전기통신공사의 품질보증단장 겸 사업단장을 겸임했다.

서정욱 박사가 부임하자 예상했던 대로 주변의 분위기가 확 달라졌다. 그는 직원들이 TDX 사업에 대해 조금이라도 부정적인 말을 하면 불같이 화를 냈다. 사업을 주관하는 사람들이 부정적인 태도를 보이면 연구소와 생산 업체가 협조할 리가 없기 때문이었다.

또 그는 업체의 자존심을 서슴지 않고 건드렸다.

"당신들은 선진국에서 개발한 제품을 조립하는 회사에 불과합니다. 자체 브랜드의 교환기를 만들어봤습니까? 이제부터 한 차원 높은 일을 해야 합니다."

그는 연구소 사람들에게도 엄격했다. 그동안 연구소에서 개발한 제품들을 '쓸모없는 제품'이라며 혹평했다. 그리고 그때까지 유례가 없던 '품질보증 체계'라는 걸 내세웠다. 즉, 만든 제품이 제대로 성능을 발휘할 수 있도록 부품 하나하나 조립하는 단계별로 테스트를 하게 한 것이다.

그는 현장 시험 중인 전전자교환기가 고장이라도 나면 한밤중에도 마다하지 않고 전화국으로 달려갔다. 그리고 당장 연구원들을 깨워 현장으로 불러냈다. 연구원들로서는 불만스러운 일이었다. 직속 상사도 아닌 다른 기관의 사업단장이 한밤중에 오라 가라 불러대니 불만이 나오는 것이 어쩌면 당연한 일이었는지도 모른다. 하지만 서 박사가 조목조목 잘못된 부분을 지적하면 연구원들도 수긍할 수밖에 없었다.

생산단계에 들어갔을 때는 삼성, 금성현 LG을 가리지 않고 공장까지 들어가서 생산 라인을 하나하나 찾아다니며 잔소리를 퍼부었다. 심지어 생산 직원이 구질구질한 점퍼를 입고 있으면 "이런 점퍼를 입고 좋은 물건을 만들 수 있겠어?"라고 면박을 주었고, 머리가 길면 잡아당기면서 야단칠 정도였다. 그가 퍼붓는 독설에는 하나하나 이유가 있었다. 처음에는 그의 야단을 맞으며 불만 가득한 얼굴을 하던 사람들도 그가 잘못을 조목조목 지적하면 할 말을 잃었다. 확실히 그에게는 직원들이 생각하지 못하는 것을 볼 수 있는 리더의 눈이 있었다. 점차 모두들 서 박사의 지적을 마음으로 받아들이기 시작했다. 그가 시키는 대로만 하면 틀림없는 물건이 나오기 때문이었다.

한편으로 당시 삼성, 금성 등 우리 기업들이 그에게 많은 것을 배웠다고 생각한다. 지금은 삼성전자, LG전자 등이 세계적인 회사지만, 당시만 해도 세계시장에 명함도 내밀지 못했다. 두 회사 모두 환경시험 장비조차 제대로 갖추지 못한 상태였기 때문이다.

환경시험 장비가 없다고 그냥 넘어갈 서 박사가 아니었다. 그는 커다란 비닐 속에 장비를 넣고 헤어드라이어를 이용해 그 안에 더운 바람을 불어 넣으면서 온도 변화에 따른 성능을 시험했다. 아마 세계 어디에도 이런 환경시험은 예가 없을 것이다.

삼성과 금성이 품질보증 체제의 중요성을 깨닫고 시스템을 갖추기 시작한 것은 이때부터이다. 두 회사가 명실공히 글로벌 기업으로 도약하게 된 데는 서 박사의 공이 크다. 이후로 삼성과 금성은 계속 반도체, 슈퍼미니컴퓨터 등을 공동으로 개발하면서 세계적 기업으로 도약하게 된다.

TDX 개발 사업을 진행하면서 나와 서 박사의 불편한 관계가 완전히 해소되었음은 물론이다. 지금도 나는 서 박사를 존경하는 선배로 모시고 둘도 없는 우의를 나누고 있다. 훗날 서 박사는 과학기술부 장관이 되어 우리나라의 R&D 발전에 많은 기여를 하였다.

톱니가 꽉 맞물린 관·산·연 공동 개발 체제

우리의 전략 중에서 또 한 가지 주목해야 할 것은 관·산·연의 공동 개발 체제이다. 정부와 정부 산하 연구소, 그리고 산업계, 3자가 힘을 합쳐 공동으로 개발하는 것을 말한다. 그래서 TDX 사업은 그냥 개발이 아니라 항상 '공동 개발 사업'이라고 불렸다.

벨기에나 스웨덴 등 외국의 성공적인 교환기 기업들은 정부의 도움 없이 독자적으로 연구를 해서 모델을 만들어냈다. 부자 나라들은 기업도 부자이기 때문에 스스로 개발해서 시장을 개척할 수 있었던 것이다.

하지만 우리나라는 가난한 나라였다. 전자 기업들은 조립 공장 수준의 영세한 규모였다. 우리처럼 가난한 나라가 선진국을 따라잡는 유일한 길은 국가가 주도해 제한적인 재원과 인적 자원을 효율적으로 조직화하면서 기술을 개발하는 길밖에 없었다. 더구나 전전자교환기 같은 첨단 기술을 아는 사람들이 그리 많지도 않았고, 그마저 연구소와 각 기업에 흩어져 있었기 때문에 이들을 모두 모아야 했던 것이다. 그래서 삼성, 금성, 동양정밀 등의 기업과 연구소의 기술자들을 한데 모아 개발단을 만들었다. 이렇게 관·산·연의 3각 구조가 탄생하게 되었다.

3각 구조 속에서는 각자의 역할도 분명했다. 연구소와 기업이 공동으로 연구하고, 좋은 결과가 나오면 기업이 생산한다. 그러면 정부는 이것을 구매한다. 보통 연구개발을 하면 성공한 이후에도 판로를 걱정해야만 한다. 그런데 TDX는 그럴 필요가 없었다. 쓸 만한 교환기를 만들기만 하면 통신공사가 100% 구매해주기 때문에 곧바로 기업의 이익으로 이어진다. 톱니가 꽉 맞물린 완벽한 구조가 아닐 수 없었다.

이러한 관·산·연 공동 개발의 모델은 TDX 이후에도 반도체, 슈퍼미니컴퓨터, 코드분할다중접속CDMA, code division multiple access 이동통신 장비 등을 개발하는 데 그대로 도입되었다. 우리나라 고유의 국가 R&D 모델로 자리매김한 것이다. 지금도 이 사례를 여러 학자들이 개발도상국의 성공한 R&D 모델로 연구하고 있다.

아쉬운 것은 그 뒤를 이어 계속 국가 정책으로 채택된 대형 연구개발 프로젝트가 이어져야 하는데 와이브로WiBro, wireless broadband internet와 디엠비DMB, digital multimedia broadcasting 이후로 이렇다 할 아이템이 없다는 것이다. 혹자들은 벌써부터 IT 혁명의 시대는 끝났다고 말하고 이미 개발할 만한 기술들은 다 개발되었다고 이야기한다. 하지만 절대로 그렇지 않다. IT의 창의성은 무궁무진하다. 다시 정부와 과학기술자들, 그리고 기업이 힘을 합쳐 국가의 성장을 주도할 새로운 동력을 찾아내야 한다. 모든 것은 신념의 문제다. 우리는 지금보다 더 잘할 수 있으며, 반드시 해낼 수 있다.

세상을 놀라게 하라

세계 최고의 통신 강국으로 가는 길

우리의 TDX 개발은 세계적인 뉴스가 되었다. 특히 정보통신 분야에서는 놀라운 뉴스가 된 것이다. 선진 6개국밖에 생산하지 못하던 전전자교환기를 당시까지만 해도 기술 후진국이던 한국에서 개발했으니 뉴스가 될 수밖에.

  4년 만에 개발된 TDX는 기술자들의 우려를 씻고 아무 말썽 없이 성능을 발휘했다. 과거 선진국의 교환기를 도입할 때도 초기 1~2년은 문제가 많았는데, 국산 교환기는 아무 탈 없이 잘 운영된 것이다. 물론 처음부터 우리나라 관련 장비들과 잘 어울리도록 설계되었기 때문에 당연한 결과였다. TDX는 그간의 국산 제품에 대한 불신을 말끔히 씻어주었다.

TDX가 개발되자 외국산 교환기 가격이 2분의 1, 3분의 1, 5분의 1로 계속 떨어졌다. TDX 개발에 들어간 돈을 회수하는 정도가 아니라 몇 배의 이득을 얻게 된 것이다. 이는 R&D는 '체면상 할 수 없이 한다'는 당시의 분위기를 단번에 바꿔놓은 사건이었다. R&D 투자로 수십 배의 이익을 거두는 것을 모두가 체험했기 때문이다. R&D에 대한 인식을 근본적으로 바꾼 것이다.

국산 교환기를 생산하면서 우리나라는 순식간에 통신 선진국으로 도약하게 되었다. 전화 적체가 해소됨은 물론 전화 가입이 급속히 증가하고, 그 결과 수백만 원을 호가하던 백색전화 가격이 일반 가입 전화 수준까지 뚝 떨어져버렸다.

한국은 1987년 1,000만 회선을 돌파하면서 전화를 신청하면 하루 만에 개통해주는, 지구상에서 가장 빠른 서비스를 제공하는 나라가 되었다. 전 세계가 깜짝 놀랄 일이다. 전화를 신청하면 1년씩 기다려야 했던 나라가 불과 몇 년 사이에 하루 만에 전화를 개통해주는 나라가 되었기 때문이다.

많은 사람들이 선진국의 전화 사정은 우리보다 더 좋을 것이라 생각하겠지만, 결코 그렇지 않다. 세계 어느 곳을 가도 하루 만에 전화를 놓아주는 나라는 없다. 미국과 일본도 여러 날 걸리고, 유럽은 비교도 되지 않는다.

TDX를 개발한 연구원들은 세계 IT 업계에서 신화적 존재가 되었다. 우리 연구원들이 해외 심포지엄에 참석하면 주제는 늘 TDX 성공담이었다. TDX를 어떻게 성공시켰는지 설명하면 참석자들이 모두 일어나 박수를 쳤다. 교환기를 사겠다는 나라가 줄을 서기 시작했다. 가전제품과 달리 전자교환기는 수익률도 좋아서 TDX에 참여한 기업들 모두에게 큰 혜택이 돌아갔다.

우리가 만든 TDX 교환기는 계속 발전해서 그 이후 각종 새로운 서비스를 하게 되었다. 세계 최고의 통신 강국으로 가는 길을 터준 것이다.

새로운 수출의 길이 열리다

1986년 밴쿠버 엑스포에 참가했을 때다. 필리핀 체신부 장관이 외국에서 들여오는 교환기가 너무 비싸서 값을 깎으려고 하는데 협상이 잘 안 된다며 한숨을 쉬었다. 회선당 1,300달러에 사고 있었는데 터무니없이 높은 가격이라 600달러 선으로 낮추려고 하지만 잘 안 된다는 것이었다.

우리나라에서는 당시 교환기 가격이 300달러 선으로 내려가 있을 때였다. 내가 "300달러에 주겠다"고 하자 필리핀 체신부 장관은

"한국에서도 전자교환기를 만드느냐?"며 깜짝 놀랐다. 하지만 한국 제품을 신뢰하지는 않는 눈치였다. 나는 기회를 놓치지 않으려고 "한국이 300달러에 입찰해줄 테니, 그것을 이용해서 사고 싶은 교환기의 값을 깎아라" 하고 제안했다. 그는 매우 고마워했다.

필리핀의 전화 사정을 물어보니 전국에 92만 회선이 설치되어 있다고 대답했다. 내가 "우리나라는 매년 100만 회선씩 늘리고 있다"고 하니, 역시 믿지 않는 눈치였다.

나는 필리핀 체신부 장관을 한국으로 초청했다. 눈으로 직접 보면 달라질 것이라 생각한 것이다. 한국을 방문한 필리핀 장관은 큰 충격을 받았다. 그리고 기발한 발상을 했다.

"한국과 손잡고 마닐라 시의 전화 문제를 일거에 해결한 다음 마닐라 시 상원 의원에 출마하겠소."

얼마 후 그는 필리핀 부통령과 함께 다시 한국을 방문했다. 부통령은 내게 "한국에서 장관을 그만두면 필리핀으로 와서 대통령 고문을 맡아달라. 필리핀에는 당신과 같은 비전 있는 사람이 필요하다"는 제안을 했다. 이렇게 해서 우리 TDX를 필리핀의 모든 전화국에 일제히 공급할 수 있는 길이 열리는 듯했다.

그런데 협상이 거의 마무리될 무렵 장관이 바뀌고 말았다. 장관뿐만이 아니고 그와 정치적 행보를 같이하던 세력이 무너진 것이다. 그 때문에 필리핀 전국에 진출하려던 계획은 이루어지지 않았지만, 그럼에도 일부는 수출되어 개발 초기의 값진 성과를 거두었다. 1991년 540만 달러 어치의 TDX를 필리핀에 수출한 것을 시작으로 베트남, 몽골, 러시아 일부 지역 등의 통신 서비스 사업에도 진출하게 되었다.

전화 한 대가 일궈낸 기적

우리나라에서 마지막으로 수동식 교환대를 철거하고 자동전화를 개통한 곳은 어촌 마을 발안현 경기도 화성시 발안읍이었다. 1987년 무더위가 시작되기 직전인 7월 1일, 나는 이날을 기념하기 위해 발안전화국의 자동전화 개통식에 직접 참석했다. 기념식을 끝낸 다음, 발안에 사는 한 어부와 기념 통화를 했다.

"전화가 들어가서 편리하시겠습니다. 이제 도시에 사는 친척분께도 마음대로 전화하실 수 있으니까 좋으시죠?"

"그것도 그거지만 이제 생선 값을 제대로 받게 되어 정말 기쁩니다."

어부의 대답은 명쾌하였다. 전화 없이 사는 동안 그 어부는 시장에서 생선이 얼마에 사고팔리는지 정확히 알 수가 없었으니 얼마나 답답했겠는가. 그래서 아마도 생선을 헐값에 팔면서 손해를 많이 보았을 것이다.

전화 자동화가 한창 진행 중이던 1980년대 중반에는 전화가 개통되면서 생겨난 전화 예찬이 전국 곳곳에서 들려왔다. 강원도 산골에서 고랭지 채소를 재배하던 한 새마을 지도자는 전화 덕분에 마을의 소득이 30%나 올랐다며 자랑하였다. 경상도에서 과수원을 하는 한 아주머니는 이제 도매상인이 언제 트럭을 몰고 오나 하염없이 기다릴 필요가 없어졌다며 좋아했다. 1984년에는, 왜관 및 경북 일대에 내린 집중호우로 낙동강의 한 지류가 범람해 제방이 붕괴되기 직전 새벽에 이를 발견한 양수장 직원이 양수장에 설치된 전화로 경찰서와 군청에 연락하여 곧바로 예비군 및 민방위대가 출동해 긴급 복구에 나선 일이 있었다. 전화 덕분에 이 일대 농민들의 생활 기반인 농지 450헥타르를 수재로부터 보호할 수 있었던 것이다. 1987년에는 전남 고흥군의 섬마을인 금산면에서 농약을 뿌리던 농민이 갑자기 농약 중독으로 쓰러졌다. 병원 하나 없는 섬마을이라서 예전 같으면 이런 응급 환자는 목숨을 잃기 십상이었다. 하지만 광역 자동화 사업으로 1986년 말에 전화가 들어왔기 때문에 곧바로 병원선을 불러 고흥의 종합병원으로 이송, 응급치료를 통해 생명을 구할 수 있었다.

전화 한 대가 국민들의 소득 증대에 기여하고, 지역의 위기를 예방하고, 농민의 목숨까지 구할 수 있었으니 이 시기야말로 내가 일하는 보람을 가장 많이 느낄 수 있었던 때다.

이제 국민들은 전화가 없는 삶은 생각도 할 수 없게 되었다. 전화의 품질과 서비스도 좋아져서 이제 혼선이나 잡음 등의 불만도 사라졌다. 전화를 설치하려면 수개월에서 수년씩 기다려야 했던 시절은 추억 저편으로 사라졌다. 전화국에 신청만 하면 곧바로 설치 기사가 오고, 이사를 할 때에도 철거에서 개통까지 당일에 모두 끝이 난다.

1987년을 기점으로 한국 사회의 정치적 민주화가 본격적으로 진행된 데도 통신 혁명의 역할이 크다. 1987년 전화 가입자가 1,000만 명을 넘어서 '1가구 1전화' 시대를 맞이하자 과거 우리 사회의 전통적인 정치 성향인 '여촌야도'與村野都 현상이 무너지기 시작했다. 이는 전화라는 통신수단이 확산되면서 도시와 농어촌 간에 오랜 기간 존재해왔던 정치적 수준 차가 사라지기 시작했기 때문이라고 볼 수 있다. 통신 혁명이 '한국 민주화의 일등 공신'이 된 것이다.

한국의 전화 가입자 수는 그후로도 폭발적으로 증가해 1992년에는 2,000만 명을 넘어섰다.

반도체를 향한
새로운 도전

반도체를 공동 개발해야 하는 이유

전전자교환기 개발이 한창인 시점, 또 다른 프로젝트에 대한 토론이 무르익고 있었다. 이번에는 반도체를 공동으로 개발하자는 것이다. 반도체 개발은 우리나라의 경제 발전을 위해 꼭 이루어야 하는 숙원 과제였다. 반도체를 우리 기술로 만들어낼 수 있다면 우리 전자 기업들은 더 이상 미국이나 일본의 반도체 시장에 의존할 필요가 없으며 다양한 전자 제품을 개발하여 시장을 이끌어갈 수 있다. 전자산업 육성 및 정보화 사회 진입을 위해 반드시 필요한 사업이었다.

개발에 대한 공감대는 형성되었지만, 공동 개발에 대한 논의가 시작되고 1년여가 지날 때까지도 정부 내에서는 체신부와 상공부 중 어느 부처가 개발을 주도할 것인지를 놓고 여전히 신경전을 벌이고 있었다. 나는 몇 가지 이유에서 반도체 개발 역시 체신부가 해야 한다는 입장이었다. 하나는 반도체가 지금은 가전제품에 들어가는 단순 부품에 불과하지만 앞으로는 컴퓨터를 비롯한 여러 통신 장비 분야에서 폭발적인 수요가 예상되기 때문이었다. 당장 TDX에 들어가는 반도체 역시 비싼 돈을 주고 외국에서 사다 쓰고 있는 실정이었다. 따라서 통신을 담당하고 있는 체신부가 반도체를 개발하는 것이 적절하다고 판단했다. 또한 이미 반도체를 연구하고 있는 한국전자통신연구소가 계속 개발하는 것이 이치에 맞았다. 다음으로 상공부는 400억 원에 이르는 엄청난 개발 예산을 충당할 여력이 없었다. 반면에 체신부는 R&D 자금을 조성해낼 수 있고, 이미 240억 원을 운용해본 노하우가 있었다.

과학기술의 주무 부처인 과학기술처는 나의 견해에 동의해주었고, 400억 원 중 100억 원을 출연하겠다고 약속했다. 반도체 개발에 누구보다도 심하게 반대했던 경제기획원도 이왕 개발한다면 예산을 조달할 능력이 있는 체신부가 이끌어주기를 바랐다.

사실 어느 곳이 주무 부처가 되느냐 하는 것은 의미가 없다. 어느 부처가 맡든 역사에 대한 책임 의식을 가지고 이 사업을 잘 수행하면 되는 것이었다. 나는, 체신부는 이 국가적 R&D 사업에 필요한 자금을 대는 역할을 할 뿐, 모든 공로는 다른 부처에 돌릴 생각이었다. 그래서 처음 우려와는 달리 부처 간 알력 없이 원만하게 사업을 진행할 수 있었다.

이렇게 해서 1986년 8월, 드디어 4M D램의 공동 개발이 정부 방침으로 확정되었다. 개발 목표가 4M D램이 된 것은 미국과 일본이 4M D램 개발에 이미 착수한 상황이었기 때문이다.

또 다른 문제는 기업 간의 협력을 이끌어내는 것이었다. 삼성·금성·현대, 우리나라의 이 세 반도체 회사들이 과연 서로 합심하여 일해줄 것인가. 이미 전전자교환기 개발 때에도 삼성·금성·동양정밀·대우 등이 함께 협력한 예가 있지만, 반도체의 경우는 그때와는 상황이 달랐다. 이미 기업들이 각자 연구소를 갖추고 있었고, 나름대로 큰돈을 들여 공장도 짓고 생산도 하고 있었다. 특히 삼성은 몇 년간 대규모 투자를 해 이미 1M D램 개발을 완료한 단계였다.

그런데 당시 세 회사 가운데 가장 앞서 있던 삼성은 공동 개발을 해야만 하는 절박한 이유를 갖고 있었다. 반도체산업이 불황에 접어들어 손해가 이만저만이 아니었던 것이다. 반도체 경기는 여전히 불황이었고, 공장에는 재고가 잔뜩 쌓여 있었다. 그렇다고 먼 미래를 내다볼 때 반도체를 포기할 수도 없었다. 당시 삼성반도체통신의 강진구 부회장도 나라에서 도와주었으면 하고 내심 바라고 있었던 것이다.

반도체 공동 개발에 삼성은 물론 금성과 현대까지 끌어들인 데는 이유가 있었다. 경쟁이 치열한 세계 반도체 시장에서 삼성 한 회사가 홀로 싸우기에는 역부족이었다. 일본은 D램을 만드는 회사만 10개가 넘었다. 그래서 일본이 세계시장을 석권할 수 있었다. 우리는 10개는 못 될지언정 적어도 3개 업체 정도는 동참해 상당한 규모를 유지해야 가격 결정의 주도권을 가질 수 있고, 원자재 시장에서도 힘을 갖게 되며, 나아가 생산 장비의 국산화도 가능해지기 때문이었다.

내 머리카락이라도 팔겠소!

"반도체는 우리 산업의 쌀과 같다. 반드시 우리 힘으로 개발하라!"

"반도체 기술이 없는 나라는 선진국이 될 수 없다."

"반도체는 우리나라가 선진국이 되느냐 못 되느냐를 가름하는 핵심적인 기술이다. 각 장관은 반도체 개발 사업에 적극 협조하라."

전두환 대통령은 반도체에 대한 많은 말을 남겼다. 이미 집권 초기에 청와대 경제 비서실을 통해 반도체에 대해 많은 공부를 했던 전 대통령은, 반도체는 적극적으로 개발해야 한다며 힘을 실어 주었다.

체신부가 반도체를 개발해야 한다고 나섰을 때 가장 심하게 반대한 곳은 경제기획원이었다. 반도체는 고도의 첨단 기술과 막대한 자본이 필요한 산업이라, 우리나라처럼 노동 집약적인 산업구조를 지닌 나라에는 맞지 않는다는 것이었다. 또한 이미 미국이나 일본에 비해 기술이 10년이나 뒤져 있으며, 기술의 수명이 2~3년에 불과해서 하나를 개발하면 또 새로운 것이 나와 개발 비용조차 건지기 힘들다고 주장했다. 그러나 전두환 대통령은 "반도체는 산업의 쌀인데 쌀 없이 무슨 밥을 먹는다는 거냐?"며 경제기획원의 반대 의견을 일축했다. 대통령의 의지가 확고하니 경제기획원도 더 이상 반대하지 못하고 체신부에 협조하기 시작했다.

그렇게 시작된 반도체 공동 개발 논의가 1986년에서야 본격화될 수 있었던 것은 반대 의견을 물리치느라 오랜 시간을 끌어야 했기 때문이다. 학자들도 우리가 개발해봐야 그 기간 동안 선진국은 한 단계 더 앞으로 나가기 때문에 경쟁력이 없다며 반대했다. 지금 생각해보면 얼마나 많은 시간과 에너지를 이러한 소모적인 논쟁으로 허비했는지 안타깝다. 그때 논쟁을 벌이는 대신 반도체 개발에 더 일찍 착수했다면 4MD램의 개발을 1년은 더 앞당겨 미국, 일본보다 먼저 내놓을 수 있었을 것이다. 두고두고 아쉬운 일이다.

1988년 2월, 퇴임을 열흘 정도 앞둔 전두환 대통령은 수많은 잡음을 떨치고 성공을 거둔 4MD램 개발의 주역들을 모두 청와대로 불러 만찬을 베풀었다. 한국전자통신연구소의 연구원들, 삼성·금성·현대의 회장과 연구원들, 그리고 상공부·과기처·체신부의 장관들이 모두 한자리에 모였다.

"이런 것을 개발하는 사람은 자가용 비행기를 타고 다녀야 하는 거요."

대통령의 말씀에 우리 모두는 비행기를 탄 기분이었다. 특히 연구원들에게는 그동안의 땀과 눈물이 보람으로 바뀌는 순간이었을 것이다.

대통령은 연구원들에게 손수 술을 따라주었다. 술 한 잔씩을 받은 연구원들은 번갈아 가며 대통령께 술을 권했다. 대통령이 얼마나 어려운 분인지 모르는 사람들이었다. 대취한 대통령은 기분 좋게 말했다.

"정부가 계속 지원해줄 테니 64MD램은 세계에서 제일 먼저 개발해내시오. 그때는 내가 대통령이 아니겠지만, 돈이 없으면 내 머리카락이라도 팔아서 한턱내겠소!"

참석자들은 모두 고개를 숙이고 킥킥 웃었다. 그러자 전두환 대통령이 또 말했다.

"당신네들이 내 머리카락이 없다고 웃는 모양인데, 이게 몇 가닥 안 남아서 아주 비싸게 팔릴 거요."

만찬장이 웃음바다로 변하는 순간이었다.

4MD램 개발에 성공하자 참여 기업들은 대대적으로 홍보할 준비를 했다. 이 보고를 받은 대통령은 "우리가 완전히 생산할 준비

를 마칠 때까지 보안을 유지하라"고 지시했다. 그때 삼성의 이병철 회장은 "사업을 모르시는 대통령이 이런 것까지 간섭하면 되겠느냐"며 불평을 했다. 하지만 얼마 후 전 대통령이 걱정했던 것처럼 일본이 우리 반도체 회사들을 죽이려고 값을 내리기 시작했다. 다행히 일본의 가격 인하를 견디지 못하게 된 미국 기업들이 문제를 제기해 일본이 물러나면서 어려운 국면을 넘길 수 있었다. 이병철 회장은 "대통령은 아무나 하는 게 아니로구먼" 했다고 한다.

자신이 퇴임한 후에도 반도체 개발만큼은 계속되어야 한다는 전두환 대통령의 의지는 확고했다. 그는 퇴임을 며칠 앞두고, 나를 청와대로 불러서 지시했다.

"반도체 개발은 대단히 중요한 사업이니, 오 장관이 노태우 당선자를 찾아뵙고 보고를 드려서 64MD램을 계속 개발할 수 있도록 하시오. 내가 별도로 시간을 내시도록 말해두겠소."

정말로 노태우 당선자 측에서 만나자는 연락이 왔다. 나는 경상현 전자통신연구소장과 함께 당선자를 찾아가 보고를 드렸다. 이처럼 전 대통령은 5공화국에서 시작된 반도체 개발이 중단되지 않고 6공화국으로 이어지길 바랐고, 그것이 실현되도록 적잖이 애를 썼다.

그 결과 한국은 1990년 16MD램 개발에 성공하였고, 1992년에는 64MD램을 미국과 일본보다 더 빨리 세계 최초로 개발해낼 수 있었다.

반도체, 우리 국민의 쌀이 되다

삼성은 1996년 1G D램, 2001년 4G D램, 그리고 2005년에는 세계 최초로 50나노 16G 반도체를 개발하는 등 D램 분야 정상을 이어오고 있다. 2008년 조사에 따르면 삼성전자는 세계시장에서 30.3%의 시장점유율로 17년 동안 불변의 1위를 유지하고 있다. 전체 반도체 시장에서도 삼성은 인텔에 이어 세계 2위이다.

반면에 금성과 현대의 운명을 보면 참으로 아쉽다. 1997년 외환 위기 때 정부의 대대적인 구조 조정으로 인해 이 두 회사는 하나로 통합되었다. 현대가 LG반도체를 흡수 합병하는 형태였다. 외환 위기를 빠른 시일 내에 극복해야 했던 정부 입장에서 이 두 회사의 통합은 상징적인 빅딜big deal이었다. 그러나 2001년 재벌 기업인 현대전자 역시 버티지 못하게 되면서 하이닉스로 사명을 바꾸고 현대그룹으로부터 독립하였다.

D램 반도체 분야에서 하이닉스는 세계 2위를 차지하고 있다. 삼성전자와 합치면 시장점유율이 50%에 육박한다. 장기 불황에도 불구하고 두 회사가 나름대로 선전하고 있는 것이 자랑스럽긴 하지만, 둘이 아니라 셋이었다면 더 큰 힘을 발휘할 수 있었을 텐데 하는 아쉬움이 여전히 남는다.

반도체는 1992년 처음으로 한국의 수출 품목 1위에 오른 이후 지금까지 부동의 1위를 고수하고 있다. 전두환 대통령이 '반도체는 산업의 쌀이라고 역설했는데, 정말로 반도체가 우리 국민의 쌀이 된 것이다. 결과적으로 지난 17년 동안 한국은 반도체로 먹고살았다고 해도 과언이 아니다.

개인적으로 내가 뿌듯하게 생각하는 것은 TDX와 반도체 개발에 힘입어 삼성전자와 LG전자 등이 세계적인 기업으로 성장했다는 점이다. 우리 힘으로 개발한 반도체가 없었다면 불가능했을 일이다. 최근 반도체 시장이 오랜 불황에 접어들면서 수출이 주춤해졌지만, 반대로 삼성과 LG의 휴대전화 수출은 계속 증가하고 있다. 휴대전화는 전체 IT 수출 품목의 40%를 점유할 뿐 아니라, 최근에는 월 수출액에서 반도체를 추월했다. 이러한 휴대전화의 약진도 반도체가 있었기에 가능한 것이다.

국가가 나서서 공동 개발을 추진하지 않았더라도 삼성은 4M D램을 개발해냈을 것이다. 하지만 공동 개발을 통해 그 시기를 1~2년 단축한 것은 분명하다. 반도체 분야에서 1~2년은 엄청난 시간이다. 그런 의미에서 국가 주도의 공동 개발이 없었다면 지금의 삼성도 존재하기 힘들었을 것이다. 또한 삼성 혼자서 애를 썼다면 지금처럼 D램 시장을 석권하기도 어려웠을 것이다. 금성, 현대와 함께 개발하여 세계시장에서의 영향력을 키웠기에 가능한 일이었다.

언제나 미래를 보고 선택하라

세계 일등 전자 정부를 향한 최초의 시도

해외에서 살아본 사람들은 외국 관공서를 이용하기가 생각보다 편리하지 않다는 사실에 놀라곤 한다. 캐나다 같은 선진국에서도 서류 하나 떼려면 관공서에 가서 오랜 시간을 기다려야 하며, 유럽이나 중국은 말할 것도 없다. 특히 은행의 경우 송금 하나 하는 데도 많은 시간이 걸린다. 이에 비해 우리나라에서는 웬만한 서류는 안방에서 신청할 수 있고, 통장 조회나 송금도 폰뱅킹이나 인터넷뱅킹으로 해결할 수 있다. 각종 공과금 납부와 세무 신고, 부동산이나 자동차와 관련한 업무 역시 안방에서 처리할 수 있다. 행정 서비스를 받기 위해 해당 관공서를 찾는 일이 점차 사라져가고 있는 것이다.

지금 한국은 모든 일이 생각의 속도로 처리되는 나라이나. '빨리빨리'를 입에 달고 사는 우리는 실제로 빠른 사회를 구현했다. 특히 공공서비스 측면에서 우리는 원하는 것을 바로 해결할 수 있게 되었다. 주민등록등본이 필요할 경우 인터넷에 접속만 하면 조회부터 출력까지 몇 분 안에 해결할 수 있다. 컴퓨터 앞에 앉아서 국내 모든 부동산의 토지대장을 찾아볼 수도 있다.

우리의 행정 서비스가 어느 틈에 이렇게 선진화되었을까? 그 씨앗은 1980년대에 뿌려졌다. 어느덧 빠르고 신속한 전자 정부 서비스에 익숙해진 우리에게 1980년대의 민원 서비스 경험은 기억 저편으로 잊혔을 것이다. 하지만 1980년대 초반까지만 해도 우리의 행정 서비스는 모든 것이 공무원의 수작업에 의존해 이루어졌다. 민원서류를 신청하면 동사무소 직원이 서류 보관 창고에 들어가 서류를 찾은 후 이를 가져다가 복사해서 교부해주는 수준이었던 것이다. 당시에는 모든 서류가 손으로 작성되어 이름이 다르게 기재되었다는 민원이 끊이지 않았다.

국민의 불편도 말이 아니었다. 호적등본을 하나 발급 받기 위해서는 직장을 하루 결근하고 고향에 다녀와야 했다. 자동차를 구입해도 등록을 하고 등록증을 받기까지 수일이 걸렸고, 세금을 내기 위해 여러 군데를 쫓아다녀야 했다. 새집을 장만하여 이사를 하려

해도 전출·전입 신고며 차량 등록 변경, 부동산 등기 변경 등의 업무를 처리하느라 방문해야 할 관공서가 수없이 많았다.

이런 문제를 해결할 수 있는 확실한 방법은 모든 관련 기관의 데이터를 전산화하고 이를 네트워크 시스템으로 연결하는 것이다. 거대한 데이터뱅크를 만들어 데이터를 입력해놓고 모든 국가기관을 네트워크로 연결하면 필요할 때마다 접속하여 데이터를 꺼내 이용할 수 있는 것이다. 지금은 무척 간단한 논리이지만, 당시만 해도 이러한 생각은 잘 받아들여지지 않았다. 다들 전산화의 필요성은 인정했지만, 이것을 하나의 네트워크로 묶는다는 데는 여러 가지 이유를 들어 반대했다.

일단 전산화를 하려면 주전산기호스트 컴퓨터가 있어야 한다. 그런데 당시에는 우리 기술로 만들 수 있는 주전산기가 없어서 모두 수입해서 쓰고 있었다. 수입해서 쓰는 기종도 기관별로 제각각이었다. 이것을 하나의 네트워크에 통합해서 연결하려면 컴퓨터의 운영체제OS, Operating System 및 통신 방식 등을 표준화하는 것은 물론, 네트워크에 연결된 모든 컴퓨터에서 이용할 수 있는 통합된 소프트웨어를 개발해야 했다. 많은 사람들이 그게 과연 가능하겠냐며 회의적인 반응을 보였다. 한편 컴퓨터를 이용해 국민을 감시하려는 음모라고 몰아붙이는 시각도 있었다.

워낙 많은 기관과 종사원들의 반대에 부딪혀 행정전산망 사업은 몇 년 동안 그저 이름만 붙은 채 표류해야 했다. 나는 이 사업을 꼭 해야만 하는 이유 몇 가지를 정리하여 틈이 날 때마다 설명하고 다녔다.

첫째, 무엇보다 '작고 효율적인 정부'를 만들기 위해서이나. 1인당 국민소득이 높아질수록 국가가 국민을 위해 해야 하는 서비스는 증가하게 되며, 그만큼 더 많은 공무원이 필요해진다. 스웨덴과 노르웨이의 경우 이런 요구에 잘 대처하지 못해 공무원 수가 국민 1,000명당 150명에 이를 정도로 엄청나게 늘어났다. 프랑스, 미국, 독일도 실패한 경우다. 비교적 효율적으로 대처한 나라가 1,000명당 43명인 일본이었다.

둘째, 정보화사회로의 빠른 진입을 위해서도 행정전산망 사업은 시급했다. 산업화에 뒤지는 바람에 여전히 가난을 벗어나지 못했던 우리로서는 정보화사회로의 빠른 진입이야말로 선진국으로 발돋움할 수 있는 유일한 기회였다. 즉, 정부가 나서서 국가 기능 전반을 정보화함으로써 사회와 경제의 정보화를 선도하겠다는 전략을 수립한 것이었다.

셋째는 바로 산업 발전을 위해서였다. 국가의 전반적인 기능을 전산화하기 위해서는 반드시 컴퓨터와 소프트웨어가 필요하다. 아직은 우리 힘으로 만들 수 있는 주전산기가 없지만, 일단 개발만 하면 우선 국가기관에서부터 엄청난 수요가 발생한다. 기관마다 주전산기를 여러 대씩 사야 하고 공무원들도 각자 업무 처리용으로 컴퓨터를 보유해야 한다. 컴퓨터 수요가 많아지면 반도체 수요도 덩달아 늘어난다. 각종 소프트웨어도 부수적으로 수요가 증가할 것이다. 정보통신산업을 일으킬 수 있는 절호의 기회가 되는 것이다.

이러한 논리를 통해 끈질기게 설득하고 기다린 끝에, 마침내 1985년 6월 데이콤 안에 '행정전산망 사업개발단'이 발족되었다. 이 사업에는 주민등록, 부동산, 통관, 고용, 자동차, 경제 통계 등의 업무가 포함되었고, 나중에는 국민연금 업무도 추가되었다. 일단 행정전산망을 구축하고 다음에는 금융망, 교육 연구망, 국방망, 공안망 등의 개발을 추진하여 국가 운영 시스템 전체를 하나의 '국가 기간 전산망'으로 묶어갈 계획이었다.

이러한 사업은 가히 세계 최초로 시도되는 것이었다. 당시에는 비교적 전산망이 발달해 있는 미국과 일본도 국가가 아니라 지자체별로 망을 따로 만들어 운영하는 수준이었다. 국가 운영과 대국민 서비스를 위해 필요한 모든 시스템을 국가 단위로 하나로 묶는 '국가 기간 전산망' 시스템을 기획하고 발전시킨 나라는 세계에서 우리나라가 처음이다.

발전을 위한 반론을 받아들여라

행정전산망 사업의 양대 핵심은 말 그대로 행정전산망을 구축하는 것과 주전산기를 개발하는 것이었다. 전국 규모의 거대한 전산망 시스템을 구축하기 위해서는 방대한 양의 데이터를 처리하고 전국 곳곳에 산재해 있는 단말기 간의 통신까지 관리해줄 수 있는 중·대형급 이상의 주전산기가 수없이 필요했다.

당시 우리나라에서는 20여 종의 컴퓨터가 생산되고 있었지만 중·대형 컴퓨터는 만들 기술도, 이렇다 할 내수 시장도 없었다. 그래서 우리 힘으로 자체 개발할 것인가, 외국 기종을 도입할 것인가를 두고 옥신각신 이견이 많았다. 결국은 시간을 단축하기 위해 외국 기종을 도입해 그 기술을 이전 받은 후, 이를 바탕으로 우리의 독자적인 컴퓨터를 개발하는 쪽으로 가닥을 잡았다.

우리에게 필요한 주전산기는 중형급인 '슈퍼미니컴퓨터'였다. 이전까지 우리나라에 도입된 주전산기는 웬만한 건물의 한 층 전체를 다 차지할 정도로 거대한 부피의 메인프레임mainframe이었다. 행정전산망 사업의 주관 기관인 데이콤은 이번 기회에 전산망 시스템을 '중앙 집중식'에서 '분산식'으로 설계하여 이전과는 달리 슈퍼미니컴퓨터를 주전산기로 도입할 생각이었다. 분산식으로 하면 설치 면적이 줄어드는 것은 물론이고 운영도 훨씬 효율적이기 때문이다. 중앙 집중식의 경우 화재나 폭발 등으로 전산실의 주전산기에 문제가 생기면 국가의 전 행정 시스템이 한꺼번에 마비될 수도 있다. 그러나 분산식의 경우 어느 한 주전산기에 문제가 생겨도 분산 배치되어 있는 다른 곳의 주전산기가 이를 대신하거나 우회 처리토록 함으로써 이러한 위험을 최소화할 수 있었다.

그러나 더 큰 문제는 슈퍼미니컴퓨터를 도입하되, 어떤 OS운영체제를 채택할 것이며, 그에 따라 어떤 기종을 도입할 것인가 하는 점이었다. 일단 OS를 선택하면 이후 연동하거나 확장하는 시스템 모두 그 OS를 따라야 하는 것이 원칙이다. 나아가 행정전산망 사업을 구성하는 개별 시스템에 필요한 세부 소프트웨어 패키지까지도 모두 그 OS와 연동되는 것을 써야만 한다.

소프트웨어 전문가들은 거의 모두 IBM 것을 쓰자고 주장했다. 그동안 정부에서 써온 대부분의 주전산기가 IBM 기종이었기 때문이다. 하지만 사업을 주관하는 데이콤의 생각은 달랐다. IBM은 기술이전을 해주지 않기로 유명하며, 또 일단 IBM의 OS를 쓰면 계속해서 IBM에 예속될 수밖에 없었기 때문이다.

그런데 마침 미국 AT&T의 벨연구소에서 연구용으로 개발한 OS를 각 대학과 연구소에 무료로 공개하는 일이 벌어졌다. 무료 공개라는 것은 이른바 오픈 시스템Open System으로, 누구나 이것을 가져다가 자신의 용도와 목적에 맞게 바꾸어 사용할 수 있다는 의미였다. 이 운영체제는 세계 각국의 여러 대학과 연구소의 개량, 개선을 거쳐 꽤 괜찮은 OS로 발전하게 되었는데, 이것이 바로 유닉스UNIX였다.

한편 이 무렵 실리콘밸리에 수많은 벤처기업이 생겨나면서 유닉스를 개량, 탑재한 다용도 중형 컴퓨터가 개발된 것은 우리에게 찾아온 또 하나의 호재였다. 무엇보다 유닉스를 채택하게 되면

IBM 같은 대기업에 끌려다닐 필요가 없어지고 벤처기업들이 개발한 중형 컴퓨터를 훨씬 저렴한 가격에 도입할 수 있게 되는 것은 물론, 보다 손쉽게 기술을 이전 받을 수 있었다.

하지만 당시 소프트웨어 전문가들은 검증도 안 된 유닉스 시스템을 채택한다고 반대가 심했다. 그 무렵 시장 상황으로 볼 때 유닉스는 감히 명함도 내밀지 못할 운영체제였다. 하지만 20여 년이 흐른 지금, 관공서는 물론이고 대학과 기업의 주전산기는 거의 모두 유닉스 체제를 채용한 기종이다. 중대형 컴퓨터를 생산하는 대부분의 컴퓨터 회사들도 유닉스를 쓰고 있다.

오픈 시스템이라는 것은 지식을 공유하는 것이다. 공유된 지식은 누구나 가져다가 고치고 보강하여 더 발전된 지식으로 만들 수 있다. 논문 하나가 발표되면 그에 반론을 제기하는 논문이 계속 이어지면서 학문적 발전을 이루는 것과 마찬가지이다. 당시 상황으로 볼 때 데이콤이 숱한 공격을 받으면서도 유닉스를 선택한 것은 결과적으로 옳은 판단이었다.

국산 슈퍼미니컴퓨터의 탄생

행정전산망 사업의 주전산기로 우리가 선정한 기종은 미국의 신생 벤처기업 톨러런트Tolerant가 개발한 '이터니티'Eternity였다. 이 회사는 당시 설립된 지 채 3년이 안 된 회사였다. 그 많은 업체 중에 우리는 왜 하필 톨러런트를 선택했을까? 여기에는 피치 못할 이유가 있었다.

기술이전을 위해 우리는 신생 벤처기업의 기종을 도입하기로 하고 여러 기업의 기종을 검토하였다. 하지만 시간이 아무리 지나도 결론이 나지 않자, 보다 못한 데이콤의 이용태 사장이 데이콤과 한국전자통신연구소의 실무자들을 불러 토론을 벌이게 했다. 하루 종일 입씨름을 했지만 결론이 나지 않았다. 결국 이용태 사장은 양측에 백지를 주고는 "원하는 순서대로 순위를 매기라"고 말했다. 데이콤과 전자통신연구소 측은 서로 다른 기종을 1위로 적어 냈다. 그런데 특이하게도 그렇게 팽팽히 맞서던 사람들이 톨러런트가 2위라는 데는 의견을 같이했다. 이용태 사장은 "최선은 아니더라도 양측의 의견이 같은 톨러런트로 정하겠다"고 선언해버렸고, 양측은 할 말을 잃었다.

이렇게 해서 톨러런트를 채택하겠다고 발표하자, 사방에서 비난이 쏟아졌다. 검증되지 않은 신생 회사의 제품이라는 것과, 걸음마 단계의 OS인 유닉스를 쓴다는 것이 그 주된 이유였다. 기존 업체의 대형컴퓨터에 익숙해진 국내의 전문가들에겐 당연히 행정전산망에 유닉스 기종을 도입하는 것이 대단히 위험한 일로 보았을 것이다.

하지만 행정전산망 사업은 240억 원 규모의 TDX 개발 사업과

400억 원 규모의 반도체 개발 사업보다도 더 큰 1,513억 원 규모로, 당시로서는 유례가 없는 초대형 프로젝트였다. 게다가 국책 연구소와 민간 개발 업체는 물론이고 국가의 모든 부처와 기관, 심지어 시골 읍, 면 단위의 관공서까지 망라하여 거의 모든 행정기관들이 관련되어 있는 사업이었다. 그만큼 조금이라도 원칙에서 벗어나면 엄청난 파문이 예상되는 사업이므로 당연히 철저할 수밖에 없었다.

나는 데이콤이 이 사업을 계기로 우리나라 데이터통신을 이끌어 나갈 기업으로서 인정 받기를 바랐다. 하지만 실상 데이콤은 거의 모든 부처와 기관으로부터 무시를 당하고 있었다. 그들이 보기에 데이콤은 국가기관도 아니고 공공 기관도 아니며, 그저 체신부가 내세우는 성격 모호한 기업일 따름이었다. 특히 자체적으로 전산 조직을 갖추고 예산을 확대해왔던 부처들의 반발이 심했다. 심지어 어느 기관에서는 데이콤의 직원이 업무 협의차 방문하려 하자 "당신네들은 공무원도 아니면서 여길 왜 오느냐?"며 거부하는 해프닝도 있었다.

사업의 주체가 데이콤이었기 때문에 이 모든 어려움은 데이콤이 직접 하나씩 풀어가야 했다. 그 무렵 나는 체신부 직원들은 물론이고 다른 부처의 관계자들을 만날 때마다 늘 다음과 같은 말로써 데이콤의 입장을 지원해주었다.

"상급 부서라고 소속되거나 관련된 기관들을 밑에 두고 마음대로 간섭할 수 있다고 생각하지 마라. 일 처리에 있어서는 모든 기관이 동등하다. 데이콤은 우리나라의 데이터통신을 이끌어 나갈 목적으로 설립된 기업이다. 정보화사회의 빠른 진입과 발전을 위해서 우리 모두가 데이콤을 도와주어야 한다."

모든 부처들이 비협조적인 상황에서도 데이콤과 연구원들은 개발에 박차를 가했고, 마침내 1988년 10월 톨러런트의 이터니티 모델을 모방한 '주전산기 I'이 완성되었다. 개발에 성공한 즉시 4개 사가 생산에 착수하여 총 29대를 납품했다. 이렇게 해서 톨러런트로부터 도입한 이터니티와 그것을 모방해 우리가 생산해낸 주전산기 I 등 총 40대가 주로 주민등록 업무, 고용 업무, 통관 업무 등의 전산망에 설치되어 사용되었다. 드디어 행정 전산화의 혁명이 시작된 것이다.

행정전산망 사업을 통한 주전산기의 국산화는 예상대로 전산 시스템 및 소프트웨어와 관련된 우리의 기술력을 10년 이상 앞당겼다. 행정전산망은 어떤 전산망보다도 복잡하고 방대한 네트워크로, 이 작업을 해냈다는 것은 앞으로 우리가 개발하지 못할 전산망은 없다는 걸 의미했다. 우리는 이 사업을 계기로 국내 전문가들의 수준이 일취월장하였고, 오늘날 세계 일등 전자 정부를 달성할 수 있었다.

톨러런트, 집중 토론 10시간

행정전산망 사업이 한창 추진되고 있던 1988년, 전두환 대통령이 임기를 끝내고 6공화국이 들어섰다. 정권 교체에 따라 대부분의 장차관들이 바뀌었지만 나는 노태우 대통령 밑에서도 유임되어 계속 체신부 장관직을 맡고 있었다.

그러던 어느 날, 신문 1면에 커다란 헤드라인이 떴다.

"말썽투성이 톨러런트, 5공 비리 의혹!"

나는 한숨을 쉴 수밖에 없었다. 이 문제로 한동안 나라가 시끄러울 것임을 예감할 수 있었다. 무엇보다 그 모든 어려움에도 불구하고 행정전산망 사업을 지속해온 데이콤과 한국전자통신연구소의 젊은 개발자들이 마음에 상처를 받을 일이 걱정이었다.

야당과 언론이 톨러런트 컴퓨터에 의혹을 제기한 것은 국민연금 전산화 과정이 빌미가 되었다. 도입된 톨러런트 주전산기가 국민연금 분야에서 유독 오류가 심했기 때문이다. 사실 오류가 많아진 데는 정치적인 탓도 있었다. 원래 국민연금 전산화는 행정전산망 1단계 사업에 포함되지 않았다. 그런데 대통령 선거가 다가오다 보니 여당 측이 근로자들의 표를 의식하여 국민연금 사업을 1년 앞당기기로 한 것이다. 주어진 시간은 겨우 4개월. 데이콤은 정말 허겁지겁 전산화를 해야 했다. 이처럼 절대적으로 부족했던 시간이 오류의 가장 큰 원인이었다.

국민연금 대상자는 당시 전국적으로 450만 명에 달했다. 그 많은 자료를 입력하자니, 오퍼레이터를 고용해 두 달 동안 거의 잠도 안 재우고 정신없이 입력을 시킬 수밖에 없었다. 이 과정에서 무수한 오타가 발생한 것이 오류의 큰 원인이었던 것이다. 물론 프로그램상에서도 일부 오류가 발생했다.

어쨌든 이렇게 해서 1988년 1월에 처음으로 국민연금 고지서를 발부했는데, 오류가 170만 건이나 발생했다. 주소가 잘못된 경우, 이름이 잘못된 경우, 사업장이 잘못된 경우 등 전체 데이터의 3분의 1에 해당하는 오류가 발생한 것이다.

이것이 어찌 데이콤만의 잘못이겠는가? 하지만 이런 속사정에 대해서는 알아볼 생각도 하지 않고 야당과 언론은 데이콤에게 책임을 돌렸다. 언론이 그렇게 보도하니 국민 여론도 마찬가지였다. "엉터리 컴퓨터를 도입했기 때문이다", "프로그램을 잘못 만들었기 때문이다" 등등의 비난이 끊이지 않았다. 특히 그즈음 톨러런트가 망했다는 소문이 나면서 비난은 더욱 거세졌다.

원래 프로그램이라는 것은 초기에는 에러가 나게 마련이다. 이것을 고치고 고치면서 개선해 나가는 것이 당연한 일이다. 하지만 당시에는 5공화국과 관련 있는 일은 뭐든 비리로 몰아가는 분위기가 팽배해 있었다.

어느 날은 한 신문에 "체신부가 대통령에게 결재 받은 문서를 감추기에 급급하다"는 말도 안 되는 기사가 실리기도 했다. 나는 대통령께 결재를 받은 적이 거의 없다. 대부분의 일은 장관이 책임지고 결재한다. 대통령의 재가를 얻어야 하는 것은 국가 기본 정책에 관한 일이지, 컴퓨터 기종 선정까지 결재 받을 이유는 없는 것이다. 결재를 받는다면 그것은 책임을 대통령께 미루는 것이다. 더구나 이 건은 내가 결재할 사안도 아니었다.

더 안타까운 것은 정권이 바뀌고 보니 정부 내에 톨러런트 문제를 해명해줄 사람이 없다는 점이었다. 사실 행정전산망 사업은 총무처현 행정안전부 소관이고 개발 업무는 과학기술부처 소관이었지만, 일이 꼬이자 누구도 나서지 않았다. 나는 컴퓨터 기종 선정에 관여한 적도 없고, 더구나 결재 라인에 있지도 않았다. 내용을 나중에야 알았고, 바람직한 결정을 했다고 판단했을 뿐이다. 그러나 그대로 두면 행정전산망 사업 전체가 붕괴될 것 같아 내가 나서서 해명을 하기로 했다.

결국 나는 비리의 원흉이 되었고, 국회와 언론은 연일 공격을 멈출 줄 몰랐다. 이 일이 잘못되지 않았다는 확신이 있었고, 또 아끼던 많은 직원들이 관여된 문제이기 때문에 내가 나서서 그들의 방패막이가 되기로 결심했다. 이후에도 몇 번 어려운 문제가 있을 때마다 앞장서서 직원들을 보호해주었기 때문에 그들은 지금도 나를 믿고 따른다.

국정감사가 시작되자 국회에서는 하루가 멀다 하고 나를 상대로 질의응답을 벌였다. 나는 감춘 문서를 내놓으라는 국회의원들의 질의에 강하게 답변했다.

"제가 이 나라의 장관입니다. 어떻게 의원님들께서는 장관 이야기는 안 믿으시고 3류 신문 기사는 믿으십니까?"

괘씸한 신문이라 3류 신문으로 만들어버렸다.

가장 적극적으로 이 문제를 파고든 의원은 당시 민주당의 김정길 의원이었다. 지금은 우리에게 '국민의 정부'에서 행정자치부 장관과 대통령 정무 수석을 지낸 인물로 더 잘 알려져 있지만, 그때만 해도 그는 5공 비리를 청산하겠다는 의지로 가득 찬 철저한 야당 정치인이었다.

그는 신문 기사는 물론, 어디서 구했는지 나도 본 적이 없는 서류들을 들이밀며 질문을 퍼부었다. "이 서류에 의하면 유닉스가 한국 현실에 맞지 않는 시스템이라고 돼 있습니다. 그런데 굳이 그 시스템을 도입한 이유는 무엇입니까?", "대통령이 결재했다는 서류는 어디로 숨겼습니까?", "굳이 곧 망해버릴 작은 회사에서 컴퓨터를 산 이유는 무엇입니까. 정치자금으로 돈을 빼돌리려 한 것 아닙니까?"

나는 조목조목 반박했지만 그는 포기하지 않았다. 더욱 놀란 것은 그가 이 문제 때문에 밤을 새워가며 컴퓨터에 대해 공부해 왔다는 사실 때문이었다. 그는 톨러런트가 갖고 있는 장단점, 그 회사가 한국과 거래한 후 갑자기 소프트웨어 업체로 바뀐 과정 등을 꼼꼼히 조사해 왔다. 심지어 어느 틈에 준비했는지 컴퓨터로 그래프까지 만들어서 돌리기도 했다. 당시로서는 정치인이 컴퓨터를 이용한다는 것은 획기적인 일이었다. 나는 국회가 열릴 때마다 김정길 의원과 부딪쳤는데, 어떤 경우에는 거의 10시간을 계속해서 질문과 답변을 주고받았다.

거꾸로 아마 김 의원도 '세상에 오명 장관처럼 철저한 사람이 없다'고 생각했을 것이다. 나는 그가 던지는 의혹 하나하나를 또박또박 맞받아가며 해명하기 위해 노력했기 때문이다. 끝이 보이지 않자 그는 "컴퓨터 전문가인 장관에게 비전문가인 국회의원이 질의하는 데는 한계가 있다. 국정조사권을 발동해달라"며 또 다른 카드를 내밀었다. 국회가 술렁이는 가운데, 나는 소신에 따른 반론을 펼칠 수밖에 없었다.

"행정전산망 사업은 국가 발전에 대단히 중요합니다. 의원님들 때문에 이 프로젝트가 중단된다면 우리나라 발전은 몇 년 후퇴하게 됩니다. 이렇게 중요한 사업에 국회가 브레이크를 걸다니, 훗날 어떤 평가를 받으려고 이러십니까?"

한동안 이러한 논란 과정을 거치면서 결국 톨러런트 비리 의혹은 수그러들었다.

그후 국회 밖에서 김정길 의원과 마주칠 때마다 이상하게 서로가 밉지 않았다. 무엇보다도 맡은 일에 끝까지 최선을 다하는 모습, 열심히 준비하는 모습이 닮은꼴이었던 것이다. 가장 치열하게 사심 없이 공격을 한 사람이라는 점에서, 나는 그를 높이 평가했다.

싸우다가 정이 든다더니 김 의원이 바로 그런 경우였다.

"정말 대단하십니다. 그렇게 열심히 연구를 하시다니. 의원님의 열성에 두 손 다 들었습니다."

"오 장관이야말로 대단하십니다. 우리나라에 오 장관 같은 분만 계신다면 정치인들이 할 일이 없겠습니다."

얼마 후 나는 대한전자공학회에서 주는 '전자대상'을 수상하게 되었다. 그날 단상에서 상을 받는데 김정길 의원이 축하 화환을 들고서 나를 찾아왔다. 정말 이 사람이 나를 그토록 힘들게 몰아붙였던 바로 그 사람인가? 우리는 서로를 바라보며 큰 소리로 웃었다.

청년의 벤처 정신을 기대하며

국회에 출두해 적극적으로 답변한 결과 톨러런트와 관련한 억울한 누명은 모두 벗었다. 하지만 체신부에서의 마지막 몇 개월 동안 이 문제로 소모한 시간과 에너지를 생각하면 여전히 안타깝다. 민주화의 결과 다양한 사람들이 각자의 입장에서 목소리를 높일 수 있게 된 건 좋은 일이다. 하지만 이러한 소모전의 대부분은 잘 몰라서 시작된다. 제대로 들여다보면 싸울 일이 아닌데 잘 모르는 채로 자기가 아는 한도 내에서만 바라보니 싸울 일이 되어버리는 것이다.

톨러런트 관련 사업을 비리 사건으로 몰아간 야당의 국회의원들이 우리를 몰아붙인 또 하나의 이유는 톨러런트가 망한 회사라는 것이었다. 망한 회사가 만든 이상한 컴퓨터를 들여와서 국민연금 사업을 오류투성이로 만들었다는 것이다. 그린데 과연 톨러런트는 망한 걸까? 일반인의 눈으로 보면 톨러런트는 분명 망했다. 이 회사는 우리에게 기술을 전수해주고 몇 년 후 하드웨어 사업을 포기하고 소프트웨어 회사로 전향했다. 회사 이름까지 바꾸었으니 톨러런트는 사라져버린 셈이다.

그러나 우리는 톨러런트의 모든 기술을 전수받았다. 톨러런트 컴퓨터에 대해서는 현재 세계에서 우리가 유일하게 기술을 보유하고 있다. 더구나 회사가 망했으므로 똑같은 컴퓨터를 만들어 팔아도 로열티를 낼 필요가 없다. 당시 우리가 IBM 같은 튼튼한 기업을 마다하고 위험한 벤처기업과 손을 잡은 것은 이런 타당한 이유가 있었다.

벤처 분야의 승자는 이렇게 망하는 기업의 기술을 값싸게 전수받는 자들이다. 기업은 망하지만 기술은 남는다. 기술은 계속 이어지는 연구를 통해 더 진보적인 기술로 재탄생한다. 지금은 거대 기업이 되어버린 마이크로소프트나 휴렛팩커드, 퀄컴 등도 모두 벤처기업이었고, 이들 역시 망하는 기업의 기술을 싸게 사들이는 작업을 통해 발전해왔다. 아예 망할 것 같은 기업만 골라서 투자하여 기술을 사들이는 벤처 사냥꾼들도 있다.

나는 벤처기업이 많은 나라는 건강한 나라라고 생각한다. 청년들의 도전 정신이 살아 있는 나라이자 그만큼 기회가 열려 있는 나라라는 증거이기 때문이다. 개인적으로 흐뭇하게 생각하는 일은 1990년대 후반부터 시작된 국내의 벤처 열풍에 나 역시 작은 역할을 했다는 것이다.

행정전산망 사업이 자리를 잡아가고 주전산기의 보급이 시작될 즈음 장관실로 학생들이 찾아왔다. 전국대학컴퓨터동아리연합회인 '유니코사'UNICOSA의 회원들이었다. 유니코사의 역사는 1974년까지 거슬러 올라가지만, 1987년이 될 때까지도 변변한 자체 컴퓨터조차 갖고 있지 못했다.

"장관님, 우리가 모여서 컴퓨터 공부를 할 수 있게 지원을 해주십시오."

기특한 마음에 나는 적극적인 지원을 약속했다. 성심여대에서 미래 사회에 대한 세미나를 여는 것을 시작으로, 전국 30개 대학에 협조 공문을 보내 컴퓨터 교육 강화를 부탁했으며 컴퓨터도 2대씩 지원해주었다. 그리고 각 대학 유니코사 대표들 간의 만남의 자리가 필요할 것 같아 아예 독립 사무실도 마련해주었다. 이렇게 해서 1년도 안 되어 유니코사는 전국적으로 5만 명의 회원을 가진 큰 단체로 성장했다. 주위에서는 "학생 동아리일 뿐인데 너무 무리하는 것 아니냐?"며 우려를 나타내기도 했다. 하지만 그렇게 만들어진 유니코사 덕분에 우리는 훌륭한 벤처기업가들, 정보통신 분야 전문가들을 갖게 되었다.

'한글과 컴퓨터'의 신화를 창조하고 현재는 드림위즈를 이끌고 있는 이찬진 사장, 세계적인 게임 업체로 성장한 CCR의 윤석호 사장 등이 유니코사 출신이다. 2000년, 내가 동아일보 사장이 되어 '정보통신대전'을 진행했을 때 대상 수상자로 선정된 김태은 씨도 유니코사 출신이다. 지금도 정보통신 업계 곳곳에서 유니코사 출신들이 활동하고 있다.

최고를 이기고
최고임을 증명하라

'88 올림픽의 특명, 최고의 전산 시스템을 만들어라!

흔히 올림픽을 그저 체육 행사라고 생각한다. 하지만 올림픽이 지금처럼 세계인의 축제가 될 수 있었던 것은 과학기술의 발전이 있었기에 가능했다. 정확히 말해서는 방송과 통신, 전산 기술의 발전, 즉 정보통신의 발전이다.

지금 우리는 올림픽이나 월드컵, 세계선수권대회 등을 TV를 통해 실시간으로 관전할 수 있는 시대에 살고 있다. 어떤 종류의 스포츠이든 간에 심판의 판정이 현장에서 전산화되고 그것이 화면에 표시되기까지는 불과 몇 초도 걸리지 않는다. 뿐만 아니다. 이러한 경기 결과는 전산망을 통해 순식간에 세계로 알려지고 인터넷과 휴대전화를 통해 서비스된다.

지금은 당연한 일로 생각되지만, 사실 우리가 이러한 전산 시스템의 혜택을 누리게 된 것은 불과 20년밖에 되지 않는다. TV가 등장하여 경기 실황을 방송해준 것은 1936년 베를린 올림픽 때가 처음이었다. 그전에는 라디오 실황 중계가 있었을 뿐이다. 1964년 도쿄 올림픽에 와서야 위성 TV 생중계가 실현되었다. 1968년 멕시코 올림픽 때는 IBM이 참여해 전산 시스템을 개발하려고 했지만 소프트웨어가 준비되지 않아 뜻을 이루지 못했다. 전산화가 조금씩 진행되기 시작한 것은 1972년 뮌헨 올림픽부터이다. 그것도 기록이 나오면 한참이 걸려서 컴퓨터에 입력하고, 또 한참 걸려 결과가 계산되는 정도의 기초적인 수준에 불과했다.

'86 아시안게임과 '88 올림픽은 우리나라가 건국 이래 처음으로 시도하는 세계적인 축제였다. 당시에는 한국이란 나라가 있는지도 모르는 사람이 많았다. 그렇기에 우리에게는 국제사회에 얼굴을 알리는 데뷔 무대이자 그 가능성을 시험 받는 무대이기도 했다. 그만큼 빈틈없는 준비와 뛰어난 경기 운용 능력을 보여주어야 했다.

하지만 처음에는 우리가 자체적으로 전산 시스템을 개발하기는 무리라는 판단이 대세였다. "올림픽은 정보통신 게임이다"라는 말이 있는 것처럼, 올림픽의 성패는 정보통신에 달려 있다. 수영이든 마라톤이든, 경기가 끝나는 동시에 전광판에 선수들의 이름과 기록이 떠야 하다, 동시에 이러한 경기 결과가 모두 취합되어 순식간에 순위가 계산되어야 한다. 또 0.001초를 다투는 올림픽경기인 만큼 선수들의 기록을 정확하게 계측해줄 디지털 계측 시스템도 구비해야 한다. 더 나아가 선수들이 묵고 있는 호텔, 선수촌, 기자촌, 프레스센터 등이 하나의 네트워크로 연결되어야 한다.

미리부터 한국이 역부족이라고 판단한 미국은 "그러지 말고 우리가 썼던 시스템을 사라"며 자꾸 설득을 해왔다. 그러나 1984년 로스앤젤레스 올림픽 현장에서 내가 직접 전산 시스템을 관찰한 바로는 '이건 아니다' 싶을 정도로 미덥지 않은 구석이 많았다. 경기 하나가 끝나고 그 결과가 전산 처리되어 나올 때까지 상당한 시간이 걸리는 경우도 있었다. 게다가 한 경기장 전산 처리에 문제가 생기면 다른 경기장까지도 덩달아 말썽이 생겼다. 알아보니 로스앤젤레스 올림픽의 전산 시스템은 1976년 캐나다 몬트리올 올림픽에 사용된 시스템을 사다가 약간 수정한 것이었다. 우리가 이 시스템을 도입하게 되면 무려 12년이나 된 낡은 프로그램을 쓰게 되는 것이다.

나는 아무리 못해도 로스앤젤레스 올림픽 시스템보다는 더 잘만들 수 있다고 확신에 차 말했다.

"기왕이면 세계를 깜짝 놀라게 할 만한 최고의 시스템을 만들자!"

별로 어려운 일이 아니었다. 현재 최고의 시스템은 바로 그 로스앤젤레스 올림픽 시스템이었다. 그것을 이기면 최고는 우리가 되는 것이다. 비슷하게 흉내를 내자는 것이 아니었다. 미국이 감히 꿈도 못 꿨던 획기적인 시스템, 지금껏 아무도 시도하지 않았던 새로운 시스템을 만들어내야 한다!

99.999…%에 9를 계속 더하라

올림픽 전산 시스템을 자체 개발하겠다고 하자 주변에서는 우려의 목소리가 적지 않았다. 하지만 우리에게는 믿는 구석이 있었다. 이미 1985년에 전국체육대회 전산 프로그램을 운영하면서 많은 노하우를 닦아놓았기 때문이다.

매번 큰 대회를 치르면서 문제가 생기면 전산 팀과 통신 팀은 서로 잘못을 상대편에 미루곤 했기 때문에, 1985년 전국체전 때는 체신부 차관인 내가 KAIST의 시스템공학연구소_{현 정보통신교육원}와 한국전기통신공사 양측의 책임자를 대동하고 현장에 나가 직접 지휘하였다.

이때 전국체전은 두 개의 경기장에서 나뉘어 진행되었는데, 이 경기장을 네트워크로 연결하여 실시간으로 데이터를 주고받았다. 한쪽 경기장에서 벌어진 경기 결과들을 다른 쪽 경기장 전광판에 나타내고, 두 경기장의 결과를 종합하여 지역별 순위도 보여주곤 했던 것이다. 이것은 당시로서는 획기적인 시도였다. 운영상의 미숙한 점이 있기 했지만 체계적인 전산 시스템이 도입된 것은 그때가 처음이었다. 올림픽조직위원회도 이것을 발전시키면 '86 아시안게임과 '88 올림픽도 우리 힘으로 치를 수 있겠다는 결론을 내렸다. 그래서 자신감을 가지고 밀고 나갈 수 있었다.

전산 시스템의 개발을 진두지휘한 사람은 시스템공학연구소의 김봉일 박사이다. 그는 매우 강한 성격으로, 연구원들에 대한 장악력이 대단했다. 그는 개발단을 마치 군대 조직처럼 이끌었다. 올림픽 몇 달 전부터는 아예 연구소에 매트리스를 깔아놓고 연구원들과 숙식을 같이하면서 개발에 몰두했다. 아시안게임과 올림픽을 성공리에 치를 수 있었던 것은 이와 같은 젊은 연구원들의 피와 땀이 있었기에 가능했다.

모든 일 처리와 마찬가지로 전산 시스템도 틀을 만드는 것이 가장 중요했다. 사용자들이 편리하게 쓸 수 있도록 단순화하는 것도 중요하지만 보는 사람의 편리성도 포기할 수 없었다. 무엇보다도 속도에서 뛰어나야 했다. 그런 면에서 우리는 통신의 기능을 최대한 강화하였다.

우리가 개발한 '자이온스'GIONS, Games Information Online Network System는 미국이 로스앤젤레스 올림픽 때 썼던 시조SIJO 시스템과는 상당히 달랐다. 우선 시조는 중앙 집중 처리 시스템인 데 반해 자이온스는 분산 처리 시스템이었다. 중앙 처리 시스템은 중앙 전산실에 대형 서버가 한 대 있고 각 경기장에는 단말기만 설치돼 있는 형태다. 1984년 올림픽 당시 경기 하나가 끝나면 심판이 그 결과를 종이에 적어주었고, 운영 요원이 그걸 들고 뛰어가 컴퓨터에 입력을 했다. 입력된 데이터는 통신망을 통해 중앙 컴퓨터로 전달되고 거기서 전산 처리되어 결과가 경기장 내 단말기로 공급되었다. 경기 결과를 전광판에 입력하는 시스템은 별도로 운영되었고, 기자들이 기사를 본국에 송고하기 위해서도 또 다른 시스템을 이용해야 했다.

이에 비해 자이온스는 24개 경기장마다 중소형 서버가 2대씩 설치된 분산 처리 시스템이었다. 컴퓨터 단말기도 심판 바로 옆에 설치했다. 심판의 판정과 동시에 단말기를 통해 데이터가 입력이 되고, 이것이 경기장의 서버는 물론 중앙의 대형컴퓨터까지 자동으로 전송되는 것이다. 순식간에 데이터가 처리되고, 그와 동시에 전광판은 물론 기자실, VIP석까지 연결된 네트워크를 통해 결과가 동시에 자동으로 공급된다.

뿐만 아니었다. 우리에게는 자이온스와 탄탄하게 맞물린 '윈스' WINS, Wide Information Network Services가 있었다. 데이콤이 개발한 윈스는 경기 결과를 세계 어디서든 받아볼 수 있게 하는 서비스였다. 책상 앞에 앉아 컴퓨터로 접속만 하면 〈뉴욕 타임스〉나 영국의 BBC 같은 세계 언론사나 기관들에서도 경기 결과와 각종 정보를 받아볼 수 있게 한 것이다. 지금은 인터넷을 통해 세계 어디에서나 즉시 정보를 찾아볼 수 있지만, 인터넷이 없던 1980년대에 오늘날의 인터넷과 같은 개념의 서비스를 개발해 운영한 것은 당시로서는 굉장히 획기적인 일이었다.

우리는 이렇게 자이온스와 윈스를 개발하여 '86 아시안게임을 성공적으로 치렀다. 그때 자이온스와 윈스가 서로 호환이 안 되어 기술진들이 며칠씩 밤을 새워가며 맞추느라 혼이 나긴 했지만, 실질적으로 올림픽 기간 내에는 아무 문제가 없었다.

'86 아시안게임을 성공리에 치른 후 기자들이 김봉일 박사에게 물었다.

"'88 올림픽 전산 시스템 개발은 어느 정도 진척됐습니까?"

"99.999%가 끝났습니다."

"그럼 다 끝났다는 얘긴데, 이제 무엇을 할 겁니까?"

"지금부터는 99.999%의 끝자락에 9를 하나씩 더해가는 일을 할 계획입니다."

말 그대로 그는 99.999…%에 계속해서 9를 더해갔다. 100%를 만들어 완성하겠다는 생각은 애초부터 하지도 않았다. 올림픽을 무사히 치를 때까지 계속해서 완벽에 완벽을 기할 것을 다짐했던 것이다.

노 에러, 노 다운의 기적

마침내 결전의 날이 다가왔다. 모두 준비는 완벽했다. 시스템은 점검에 점검을 거듭한 끝에 한 치의 오차도 없이 돌아가고 있었다. 전 세계의 눈이 서울에 집중되어 있었다. 뭔가 보여줄 순간, 최고를 누르고 최고가 될 순간이 드디어 온 것이다!

우리의 목표는 한 달 정도의 대회 기간 내내 고장이나 에러가 전혀 없는 시스템을 유지하는 것이었다. 지금껏 수많은 나라가 올림픽을 치렀지만 에러가 없었던 적은 한 번도 없었다. 멕시코 올림픽 때도 그랬고, 뮌헨과 몬트리올 올림픽 때도 그랬다. 로스앤젤레스 올림픽 때는 여러 번 문제가 발생했다.

하지만 서울 올림픽에서는 단 한 번의 에러도 나오지 않았다. 그야말로 무결점 시스템, 노 에러No Error의 도전에 성공한 것이다. 그때까지 올림픽 전산 시스템에서 실수가 일어나는 것은 당연한 일로 받아들여지고 있었다. 그런데 이러한 통념을 깨뜨리고 완벽한 전산 시스템도 있다는 것을 한국이 전 세계에 알린 것이다.

노 에러를 위해 우리가 심혈을 기울인 것은 경기장마다 서버를 2대씩 설치하는 철저한 백업 시스템이었다. 만약 어느 경기장의 서버가 단 한 번이라도 다운되면 4년 동안의 노력에 큰 흠집을 남기게 된다. 그래서 서버를 2대씩 설치하여 하나가 다운되더라도 다른 하나가 즉시 이어받아 계속 전산 시스템을 운영할 수 있도록 한 것이다. 모든 시스템을 듀얼 시스템으로 구성하느라 예산은 더 많이 들었다. 하지만 덕분에 우리의 전산 시스템은 올림픽 기간 내내 단 한 번도 다운되지 않았다.

이 밖에도 우리나라가 분단국이라는 사실을 감안해 버스 한 대에 전산 시스템을 통째로 넣어두고 항상 대기하였다. 혹시라도 어느 경기장의 서버가 테러를 당하면 신속히 달려가서 시스템을 대체해야 하기 때문이었다. 이처럼 우리는 생각할 수 있는 모든 시나리오를 써놓고 그 모든 가능성에 대비했다.

우리에게 서버를 공급하고 운영 인력까지 보냈던 IBM은 한국의 이러한 분산 처리 시스템에 감탄을 금치 못했다. IBM은 그때껏 중앙 처리식 전산망을 고집하던 회사였다. 하지만 우리와 함께 올림픽 시스템을 운영해본 뒤로는 완전히 분산 처리식으로 돌아섰다. 더불어 IBM 시스템을 쓰던 많은 기업들도 분산 시스템으로 전환했다.

처음에는 고압적 자세로 일관했던 외국 방송단들도 점점 고개를 숙였다. 미국 중계권을 따냈던 NBC의 경우, 처음에 계약을 할 때는 방송사고가 나는 경우 페널티를 물어야 한다느니, 계약금의 얼마를 환불하라느니 등등 요구 조건이 까다로웠다. 하지만 우리의 완벽한 운영을 보고는 태도가 달라졌다. 당연히 외국 기술자들도 우리에게 존경을 표했다. NBC 한국 지부의 전산 시스템을 모두 우리에게 맡길 정도였다.

올림픽 통신·전산의 성공적 운영은 오히려 해외에서 더 정확히 평가된 바 있다. 올림픽이 끝난 후 〈뉴욕타임스〉를 비롯한 해외 유수의 언론들이 '88 올림픽의 통신·전산 서비스에 대해 극찬했다 "한국은 올림픽에서 종합 순위 4위를 차지했으나, 통신·전산 시스템에서는 세계 1위를 차지했다." 당시 일반 국민은 물론이고 통신·전산 분야의 기술자들까지도 스스로 놀란 완벽한 서비스였다.

4년 후 바르셀로나 올림픽이 열렸고 또 4년 후 애틀랜타 올림픽이 열렸지만, 두 경기 모두 서울 올림픽의 전산 시스템을 따라가지 못하였다. 그만큼 한국의 시스템은 10년 이상이나 앞서 있었던 것이다.

'88 올림픽 전산 시스템을 통해 우리는 국제사회로 나가는 첫 관문을 성공적으로 통과했다. 그리고 내가 조직위원장으로 일했던 1993년 대전 엑스포 Expo 역시 그 혜택을 받았다. 앞으로도 올림픽을 통해 정보통신은 우리의 상상의 한계를 넘어 계속 발달할 것이다.

한 가지 아쉬운 것은 작년이 올림픽 20주년의 해였는데, 정부에서 이를 기념하는 만찬을 베풀면서 우리 통신·전산 팀을 쏙 빼놓았다는 사실이다. 금메달리스트를 비롯하여 개·폐막식 행사를 담당했던 사람들, 기념 엠블럼이나 마스코트를 담당했던 사람들, 기념 타워를 만들었던 사람들 등이 모두 초청되었는데, 통신·전산 팀은 아무도 기억해주지 않았다. '88 올림픽을 성공적으로 치른 데는 통신·전산 팀의 공을 빼놓을 수가 없는데 아무도 알아주는 사람이 없으니 서운하다. 30주년의 해에는 기대해볼 수 있을까?

유니버시티 프로페서의 영광

'88 올림픽은 나에게 개인적인 영광도 안겨주었다. 모교인 뉴욕주립대학교 스토니브룩 캠퍼스의 '유니버시티 프로페서'University Professor로 임명된 것이다.

유니버시티 프로페서는 직역하자면 '대학의 교수'로, 명예교수나 석좌교수보다도 더 높은, '대학의 최고 교수'를 뜻한다. 나에게 이런 커다란 명예를 준 이유는 바로 '88 올림픽의 성공적 개최 때문이었다. 한국에서는 올림픽 정보통신 시스템의 성공을 당연한 것으로 보는 시각이 많았지만 외국은 달랐다. 올림픽 기간 내내 주요 외신들이 연일 서울 올림픽의 뛰어난 정보통신 시스템에 대해 극찬의 기사를 실었던 것이다. 스토니브룩 측이 이를 눈여겨보았고, 자랑스러운 동문인 내게 '대학의 교수'라는 영예를 주기로 결정한 것이었다.

원래 '대학의 교수' 제도는 학문의 선단을 걷는 학자들을 뒷받침하기 위해서 하버드대학교에서 시작되었다. 이것은 기존의 특정 학과에 속하기 어려운 새로운 학문을 연구하는 학자를 위해 대학 본부에 적을 두고 폭넓은 학문 활동을 할 수 있도록 배려하는 제도이다. 그래서 명칭도 어느 단과대나 학과에 속하지 않고 대학 전체에 속한 교수라고 해서 '대학의 교수'라고 명명한 것이다. 지금은 여기서 발전하여 공로가 많은 교수에게 명예로 이 직함을 주기도 한다.

유니버시티 프로페서는 큰 대학에도 3~4명밖에 없다. 오직 그들만이 '프로페서'라는 직함 앞에 그 대학의 이름을 붙일 수 있다. 예를 들어, 스토니브룩에는 1,000여 명이 넘는 교수가 있지만 명함에 'Stony Brook Professor'라고 쓸 수 있는 교수는 극소수다. 후일 내가 미국 대학을 방문할 때 이 명함을 내밀면 총장이나 저명한 교수들도 "유니버시티 프로페서로군요" 하고 예우를 해줘서 자랑스러웠다.

나는 스토니브룩에서 두 번째로 임명된 유니버시티 프로페서였고, 그 대학 동문으로서는 제1호였다. 그후로 스토니브룩 캠퍼스의 마버거 총장이 임명되어 현재까지 총 3명의 유니버시티 프로페서가 있다. 마버거 총장은 훗날 부시 대통령의 과학기술 고문 겸 국가과학기술자문위원회 위원장이 되었다. 마침 그때 내가 과학기술 부총리가 되었기에, 우리는 한미 과학기술장관급회의를 열어 양국 간의 협력을 강화할 수 있었다.

올림픽이 끝나고 체신부 장관직에서도 물러난 후, 나는 홀가분한 마음으로 미국에 머물렀다. 유니버시티 프로페서 임명장을 받고 그곳에 머무는 동안 여차하면 그곳에 계속 남아 교수로 일하는 것도 좋겠다는 생각이 들었다. 하지만 나의 캠퍼스 생활은 단 5개월로 끝이 났다, 갑작스럽게 대전 엑스포 조직위원장을 맡게 되었기 때문이다.

설득하고
또 설득하라

절대로 놓칠 수 없다

미국에서 몇 달을 지내다가 잠시 귀국했는데, 당시 상공부 장관이던 한승수 씨가 만나자고 연락을 해왔다. 그는 나에게 대전 엑스포를 맡아달라고 간곡히 부탁하면서 대통령의 각별한 당부의 말씀까지 전해주었다. 또 초대 조직위원장을 하다가 국회의원으로 출마해 자리를 떠난 나웅배 전 부총리도 간곡하게 부탁했다. 두 분 다 내가 평소에 좋아하고 존경하는 분들이라 거절할 수가 없었다. 결국 나는 미국으로 돌아가지 못하고 주저앉고 말았다.

체신부는 나에게 익숙한 곳이고, 내가 전공한 전자공학과 정보화 사회를 향한 나의 꿈을 펼칠 수 있는 무대였다. 시행착오도 많이 있었고, 배운 것도 많고, 그런대로 성과를 거둔 곳이다.

그러나 내게 새로 주어진 임무는 나의 전문 지식이 그다지 필요하지 않은 낯선 분야였다. '만국박람회'라 불리는 엑스포는 과학·기술·문화·예술 모든 것을 망라하는 무한한 창의력을 필요로 하는 행사였다. 그리고 그 조직위원장은 외교적 능력을 포함하여 또 다른 리더십을 필요로 하는 자리였다.

엑스포는 올림픽, 월드컵과 함께 3대 국제 행사로 꼽힌다. 엑스포는 올림픽보다도 더 많은 준비 기간을 요하고, 더 오랜 기간 열리며, 더 많은 사람들이 참관한다. 물론 올림픽보다도 더 많은 예산이 필요하다. 그래서 사람들은 개발도상국이 올림픽은 개최할 수 있지만 엑스포는 어렵다고 말했다. 그런 엑스포에 개발도상국가인 대한민국이 처음으로 도전하는 것이었다. 내가 과연 이 어려운 행사를 맡을 적임자인지 고민하지 않을 수 없었다.

한편으로는 역사에 영원히 남을 금세기 우리나라 최고의 행사에 도전하고 싶은 의욕이 강하게 일었다.

'내 모든 것을 바쳐서 해보자. 이 세상에 태어나서 한번 해볼 만한 일이 아닌가?'

결국 나는 대전 엑스포 조직위원장이라는 무거운 직책을 맡게 되었다. 내 인생에서 가장 괴롭고, 가장 보람 있고, 가장 영광스러운 엑스포 조직위원장의 험난한 길이 시작되었다.

위원장을 맡고 나서부터 엑스포가 무사히 마무리될 때까지 괴로운 일이 수없이 많았다. 나의 모든 것을 걸겠다는 각오로 맡았지만 여러 번 후회하기도 했다. 시간이 모자랐을 뿐만 아니라 정부의 지원 의지도 부족했다. 경제 여건이 어려워지고 있어 기업의 협조를 기대하기도 어려웠다. 한편으로는 노태우 대통령의 임기 말기에 행사 준비를 시작해 다음 선거 결과 탄생할 새로운 정권에서 개막하여 평가를 받아야 하는 어려운 상황이었다.

엑스포에 대한 우려가 늘어갈수록 주변 사람들은 조직위원장이 된 나를 불쌍한 시선으로 바라보았다. "대통령이 말씀하셨는데 어떻게 하겠냐? 마음에 안 차더라도 당분간 가 있어라" 하며 위로의 말을 건네는 사람도 있었다. 하지만 이런 말을 들을수록 내 마음속에서는 잘해내고야 말겠다는 의지가 강해졌다. 엑스포는 '88 올림픽의 성공으로 국제 무대에 화려한 신고식을 치른 우리가 경제적으로 크게 도약할 수 있는 절호의 기회였다. 절대로 놓칠 수 없었다.

북유럽을 잡으려면 스웨덴부터 잡아라

내가 조직위원장으로서 거쳐야 할 첫 번째 관문은 세계박람회기구 BIE로부터 대전 엑스포를 정식으로 공인 받는 일이었다. 사실 우리가 공인을 받아낼 가능성은 매우 낮았다. 당시 상황을 말하자면 BIE는 이미 결정된 1992년 세비야 엑스포, 1995년 오스트리아와 헝가리 엑스포, 그리고 당시 몇 개 국가가 경합을 벌이던 2000년 엑스포만 공인하고 더 이상 엑스포를 치르지 않겠다는 결의를 한 상태였다.

이런 상황에서 한국이 1993년에 대전 엑스포를 국제 공인 엑스포로 열겠다고 나섰으니 반응이 좋을 리가 없었다. 특히 미국과 유럽의 선진국들이 냉담한 반응을 보였다. 스페인과 오스트리아, 헝가리 등 엑스포 개최를 앞두고 있는 나라들은 "절대 불가!"라는 입장을 보였다.

이미 결의된 방침을 번복하기 위해서는 BIE 총회에서 회원국 3분의 2 이상의 찬성을 얻어야 했다. BIE 총회까지 남은 기간은 불과 한 달 남짓. 그 안에 반대하는 나라의 대표들을 만나 한명 한명 설득해야만 했다. 회원국이 총 42개국이니 3분의 2 이상의 동의를 얻으려면 28개국 이상을 우리 편으로 만들어야 했다. 상황을 볼 때 거의 불가능한 일이었다.

나는 BIE 총회에 대비한 지지 교섭을 스칸디나비아반도의 회원국부터 시작하였다. 기술 강국으로 불리는 스웨덴, 노르웨이, 핀란드였다. 그 지역 사정을 잘 아는 몇몇 사람들이 북유럽을 잡으려면 우선 스웨덴부터 잡으라고 조언해주었다. 스웨덴이 찬성하기로 결정하면 다른 나라들은 특별한 예외가 없는 한 따라 온다는 것이다.

11월 추운 겨울, 스웨덴에 도착했다. 다음 날 아침 9시에 국무회의가 있어서 시간을 내기 어렵다는 담당 장관을 겨우 설득하여 8시에 약속을 잡았다. 8시라고는 믿기 어려울 정도로, 어두워 답답한 마음이 더해왔다. 담당 장관은 여성이었는데, 대화를 시작하자마자 "예산이 없어 참가하기 어렵다"며 반대 의사를 밝혔다.

"참가는 하지 않으셔도 좋습니다. 일단 BIE가 한국에 조사단을 파견하는 것에는 반대하지 말아주십시오. 한국은 개발도상국으로서 처음으로 엑스포에 도전하고 있습니다. 엑스포의 발전을 위해서도 개발도상국의 개최는 큰 의미가 있을 겁니다."

나의 계속되는 설득에도 장관의 표정은 변하지 않았다. 그러는 사이 시간은 흐르고, 9시가 되면 그는 국무회의가 있다며 일어설 것이 분명했다. 여기서 무너지면 스칸디나비아 3개국의 표를 다 잃어버릴 것이다. 나는 시간에 관계없이 장관의 입에서 긍정적인 답변이 나올 때까지 버틸 생각이었다.

"이번에 공인을 받지 못하면 한국으로서는 엑스포의 기회를 영원히 잃어버리게 됩니다. 다른 개발도상국에게도 희망이 사라집니다. 제발 반대는 하지 말아주십시오. 찬성이 어렵다면 기권이라도 해주십시오."

어느 순간 장관의 얼굴에 작은 변화가 생겼다. 그리고 드디어 기다리던 말이 떨어졌다.

"참가하겠다는 말씀은 드릴 수 없습니다. 다만 정 그렇다면 굳이 반대는 하지 않겠습니다."

팽팽했던 온몸의 긴장이 한꺼번에 풀리는 기분이었다. 걸어 나오는 발걸음이 한결 가벼웠다. 조금 전까지만 해도 냉랭하게 느껴졌던 어둠이 환해진 느낌이었다.

과연, 스웨덴으로부터 지지 약속을 받아내자 노르웨이와 핀란드는 쉽게 설득할 수 있었다. 노르웨이의 장관은 "스웨덴은 어떤 의견이었습니까?"라고 물어왔다. 핀란드 장관은 또 "스웨덴과 노르웨이는 어떤 의견이었습니까?"라고 물어왔다. 우리를 지지해주기로 했다고 하자 어렵지 않게 지지를 약속해주었다.

곧이어 우리는 프랑스 파리로 이동하여 BIE 총회를 앞두고 각국 대표들을 상대로 마지막 지지 교섭을 벌였다. 제일 먼저 당시 소련 대표를 찾아갔다. 회원국 중에는 동구권 국가들도 많았는데, 그들을 설득하기 위해서는 우선 소련으로부터 지지를 약속 받는 일이 중요했기 때문이다. 당시만 해도 소련은 한국의 적성국이었다. 하지만 처음 만난 소련 대표의 태도는 나의 편견을 깨뜨리기에 충분했다. 그는 얼굴 가득 미소를 지으며 연신 "노 프러블럼!"No problem을 반복했다.

"걱정하지 않아도 됩니다. 백러시아벨로루시든 우크라이나든 내가 다 소개해주고 찬성하라고 권유하겠습니다."

그는 귀한 정보까지 알려주었다. 미국 대표가 한국의 엑스포 개최를 허용해서는 안 된다는 이야기를 하고 다니니 필요한 조치를

2부 오케스트라의 지휘자처럼 175

하라는 정보였다. 실제로 미국 대표는 처음부터 반대 입장을 고수하고 있었다. 미국은 과거 다른 나라의 엑스포에 참가했을 때 좋지 않은 평가를 받아서 엑스포 개최에 대해 매우 민감한 상태였다. 너구나 미 의회에서 엑스포 예산까지 삭감을 당해 자존심이 몹시 상해 있었다.

파리로 오기 전에 나는 이미 한국을 방문 중이던 슐츠 전 미 국무장관을 만났다. 상황을 설명하자 그는 "미국이 당연히 도와야 한다"며 주한 미국 대사와 본국 관계자에게 말을 해두겠다고 약속했다. 그런데 정작 미국 대표가 반대를 한다니, 그는 한미 관계를 전혀 고려하지 않는 것처럼 보였다. 나는 미국 대표를 만나 구체적으로 따지기 시작했다.

"전통적인 혈맹으로서 그럴 수 있습니까? 지금 한국이 엑스포에 걸고 있는 기대가 얼마나 큰지 아십니까? 미국 때문에 유치에 실패했을 경우 한국인들의 감정이 어떨지 생각해봤습니까?"

나는 감춰두었던 카드를 사용하기로 했다. 슐츠와 주한 미국 대사 등 정부 관계자와 주고받은 이야기를 전하면서 설득한 것이다.

"미국 정부를 대표하는 사람들이 이미 찬성한 일입니다. 한미 관계를 담당하는 사람들의 입장을 충분히 알아보고 신중하게 처신하기 바랍니다."

갑자기 그의 태도가 수그러지는 것을 느낄 수 있었다. 그는 끝까지 찬성을 하지는 않았지만, 그후로 한국의 엑스포 개최를 반대한다는 적극적인 언행은 자제했다.

가장 설득하기 힘들었던 나라는 오스트리아였다. 오스트리아는 1995년 비엔나 엑스포를 한창 준비 중이었으므로, 느닷없이 한국이 1993년에 엑스포를 개최해버리면 상대적으로 자신들의 행사가 빛을 잃게 될까 봐 적극적으로 반대한 것이다. 심지어 비엔나 시장까지 나서서 반대를 선동하고 다녔다. 오스트리아 대표는 생글생글 웃다가도 대전 엑스포 얘기만 나오면 표정이 돌변하면서 "미안합니다. 저는 도와줄 수 없습니다"하고 차갑게 말했다.

어느 날 포항제철에 근무하는 고교 동창과 만나서 얘기를 나누다가 속상한 마음에 이 고민을 털어놓았다. 그러자 그는 포철 박태준 회장이 오스트리아와 잘 통한다며 그에게 부탁해보라고 말했다. 즉시 박 회장을 찾아뵙고 간곡한 말씀을 드렸더니 그는 "내가 얘기를 해주지"라며 선선히 대답했다. 나는 고맙다고 말했지만, 속으로는 '그게 그렇게 쉬운 일이 아닐 텐데……' 하며 반신반의했다.

하지만 곧 낭보가 전달되었다. 고교 동창인 포철 한영수 부사장이 박 회장의 편지를 들고 비엔나로 간 지 일주일 만에 지지 약속을 받아낸 것이다. 아니나 다를까. 쌀쌀맞기만 하던 오스트리아 대표가 정답게 다가오더니 "한국의 엑스포 개최가 우리에게도 도움이 된다는 결론을 내렸습니다" 하며 활짝 웃는 게 아닌가.

박태준 회장은 어떻게 오스트리아 대표의 마음을 돌릴 수 있었을까? 그가 포철을 처음 세울 때 많은 양의 장비를 외국에서 들여

왔는데, 그 대부분이 오스트리아 제품이었다. 그런데 당시 그 장비를 만든 기업은 파산 일보 직전에 처해 있던 차에 박 회장의 구매 덕분에 기사회생할 수 있었다고 한다. 국가적으로 매우 중요한 기업이 되살아날 수 있도록 도와주었으니 오스트리아 산업계 전체가 박 회장에게 큰 빚을 진 것이나 다름없었다. 그리고 우연히도 그 기업의 회장이 마침 오스트리아의 상공회의소 회장이 되어 있었고, 박 회장이 그에게 편지를 보내 오스트리아 정부를 움직인 것이다.

BIE 총회가 열리는 날, 우리는 새벽부터 각국 대표들이 숙소에서 출발했는지 일일이 확인했다. 혹시라도 찬성해주기로 약속한 대표가 총회에 불참할 경우 차질이 생기기 때문이었다. 특히 개발도상국 대표들이 꼭 참석해야 했다. 투표가 시작되기 전에 이들이 먼저 지지 발언을 해주기로 시나리오를 짜놓았기 때문이다.

드디어 총회가 개회되고, 의장이 한국이 엑스포 공인을 신청했다며 어떻게 생각하느냐고 물었다. 개발도상국 대표들이 손을 들고 찬성 발언을 해야 하는 순간이었다. 그런데 정작 그들은 우물쭈물하고 있었다. 가슴이 답답해졌다. 그때 갑자기 벨기에 대표가 손을 들었다. 가슴이 철렁 내려앉았다. 무슨 말을 하려는 걸까?

"한국이 엑스포를 여는 데 찬성합니다. 한국은 올림픽을 통해 충분히 능력을 보인 바 있습니다. 개발도상국에 기회를 준다는 데 큰 의의가 있다고 생각합니다."

다행히도 지지하는 발언이었다. 후유 하고 가슴을 쓸어내리는 순간, 이번에는 프랑스 대표가 손을 들었다. 가슴이 또다시 내려앉았다. 그런데 들어보니 그 역시 찬성한다는 취지의 발언을 했다.

다음에는 오스트리아 대표가 손을 들더니 역시 지지한다고 말했다. 그 뒤로는 각국의 대표들이 앞다투어 지지 발언을 했다. 약속했던 대표들도 뒤이어 지지 발언을 계속했다. 모로코, 페루, 우루과이, 튀니지, 일본, 나이지리아, 모나코, 스위스……. 이거 정말 되는가 보다. 가슴이 심하게 뛰기 시작했다. 감당할 수 없도록 벌렁거리며 고동치는 심장이 곧 터져버릴 것 같았다. '이러다가 대전 엑스포가 공인되는 걸 보지도 못하고 죽는 것이 아닐까.' 나는 이때처럼 흥분과 감격을 느껴본 적이 없다. 불가능하다고 생각했던 일들이 눈앞에서 성취되어가고 있었던 것이다.

분위기를 파악한 의장이 "이렇게 다들 찬성하는데 굳이 투표할 이유가 있겠습니까?" 하고 의견을 물어보자, 미국 대표가 손을 들었다.

"무슨 소리, 투표는 당연히 해야 합니다."

"그렇다면 반대하는 사람은 한번 손을 들어보세요."

아무도 손을 들지 않는데 미국 대표만 손을 들었다. 결국 그도 멋쩍었는지 슬며시 손을 내려버렸다.

어쨌든 투표는 하기로 결정이 났다. 결과는 찬성 31, 반대 1, 기권 2.

"자, 이로써 1993년 한국의 대전 엑스포에 대한 조사단 파견이 결의되었습니다."

기적이란 이런 것을 두고 하는 말이 아닐까. BIE 자체 결의에 묶여 추가로 엑스포 신청조차 할 수 없었던 상황에서 이제 공인된 엑스포를 개최할 수 있는 길로 접어든 것이다. 아직 조사단의 사전 질의에 답변서를 제출하는 일과 조사단의 방한을 준비하는 일, 그리고 최종 공인 여부를 결정하는 표결 등 넘어야 할 산이 많았다. 하지만 자신이 생겼다. BIE의 자체 결정 사항을 번복시키며 가장 어려운 조사단 파견을 통과시켰으니, 이제 희망이 생긴 것이다.

마침내 1990년 4월, 조사단이 한국에 왔다. BIE 의장과 사무총장이 포함된 거물급 조사단이었다. 이들은 과연 전문가답게 문제점을 수도 없이 들춰냈다. '설마 이런 것까지야'라고 생각했던 세세한 부분에 대해 질문을 받으면서 우리도 대책을 의논하고 성실하게 답변을 해주었다. 그 결과 조사단은 긍정적인 내용을 담은 보고서를 BIE에 제출했다.

만장일치로 공인된 대전 엑스포

조사단이 다녀간 후 대전 엑스포를 바라보는 국내의 시각에도 많은 변화가 있었다. "힘든 일을 맡아서 참 안됐다"는 시각이 "어, 이거 되겠는데?" 하는 의외라는 시각으로 바뀐 것이다. 조사단의 사전 조사 결과 보고서가 긍정적인 내용으로 제출되자 정부의 고위층 인사들도 관심을 갖기 시작했다. 대전 엑스포 공인 여부가 결정될 BIE 총회를 앞두고, 저마다 대표단의 단장이 되겠다고 나섰다. 결국 아무개 장관이 단장으로 가게 되었다.

현지에 도착해 최종 점검을 해본 결과, 두세 나라를 제외하고는 모두 찬성이었다. 3분의 2 이상의 찬성은 이미 결정된 것이나 마찬가지였다. 그러자 아예 만장일치로 가결시키고 싶은 욕심이 생겼다. 나는 반대하는 나라의 대표들에게 차라리 기권을 해달라고 부탁하는 한편, BIE 의장과 만나 기권표는 계산하지 않고 반대표만 없다면 만장일치를 선언하기로 합의를 보았다.

그런데 투표 전날, 생각지도 않던 문제가 생겼다. 근래 BIE에 전혀 얼굴을 내밀지 않던 쿠바 대표가 갑자기 나타난 것이었다. 쿠바는 한국에겐 적성국이어서 반대할 가능성이 높았다. 쿠바가 왜 갑자기 나타났을까? 백방으로 알아본 결과, 2000년 엑스포 개최를 두고 독일과 경합을 벌이고 있던 캐나다가 한 표라도 더 얻기 위해 쿠바를 불러들인 것이었다. 엑스포 유치는 표 하나에 운명이 갈릴 수 있기 때문에 자국에게 유리한 나라의 대표를 한 사람이라도 더 참석하게 하려는 노력은 당연했다. 실제로 캐나다는 독일과의 접전 끝에 한 표 차이로 유치에 실패했다.

나는 급하게 캐나다 대표와 한국 대표단장의 만찬을 주선했다. 쿠바가 캐나다에 찬성표를 던지러 왔다면 분명히 양측 간에 모종의 약속이 있었을 것이다. 캐나다 대표를 통해 쿠바를 설득한다면 아무리 적성국이라 해도 분명히 승산이 있을 것이었다. 나는 대표단장에게 캐나다 대표를 잘 설득하고 올 것을 당부했다.

그런데 다음 날 아침, 캐나다 대표와의 교섭 결과를 묻자 대표단장은 깜빡 잊어버리고 그 이야기를 안 했다고 말했다. 기가 막힌 일이었다. 왜 캐나다 대표와의 만찬을 주선했는지조차 잊어버렸다는 말이 아닌가.

총회를 불과 몇십 분 앞두고 다급해진 나는 캐나다 대표가 나타나자마자 회의장 밖으로 불러내 즉석에서 협상을 벌였다.

"오늘 2000년 엑스포 개최국 투표에서 캐나다를 밀어주겠소. 그러니 당신네가 쿠바를 설득해서 대전 엑스포를 지지하도록 도와주십시오."

표가 걸려 있는 일이니 캐나다 대표도 진지해졌다. 하지만 한참 후에 찾아와서 하는 말이 "시간이 짧아 교섭을 할 수 없었다"는 것이었다. 정말 난감한 상황이었다.

나는 지푸라기라도 잡는 심정으로 소련 대표를 찾아갔다. 쿠바는 소련의 영향력 아래에 있는 나라였기 때문이었다. 역시 사람 좋은 소련 대표는 이번에도 "노 프러블럼"이라며 흔쾌히 말했다. 그는 웃는 얼굴로 쿠바 대표를 데리고 잠깐 나갔다 오더니 "내가 다 설득했으니 염려 말라"고 이야기했다. 문제가 너무 쉽게 풀리니 과연 설득이 된 건지 믿을 수가 없었다. 그래서 내가 직접 쿠바 대표를 찾아가 의중을 떠보기로 했다. "대전 엑스포를 지지해줘서 감사합니다"라고 말했더니 쿠바 대표는 딴 소리를 했다. 본국의 훈령이 없어서 한국을 지지할 수 없다는 것이었다.

만장일치는 이대로 물 건너가는 것인가. 가슴이 타들어갔다. 캐나다 대표와의 만찬 회동에 내가 직접 가지 않은 것이 못내 아쉬웠다.

총회가 시작되었다. BIE의 투표는 알파벳순으로 국가 이름을 호명하면 대표가 나가서 투표를 하는 방식이다. 국가명이 모두 프랑스 어로 표기되기 때문에 한국Corée 다음이 쿠바Cuba였다. 그런데 쿠바 대표를 호명하는데 아무 대답이 없었다. 세 번씩이나 불렀지만 반응이 없었다. 대표가 사라진 것이다. 아예 투표에 참가하지 않음으로써 우리를 도와준 것이었다. 본국의 훈령 없이 단독으로 지지할 수도, 소련 대표의 부탁을 무시할 수도 없던 쿠바 대표의 현명한 처신이었다.

이로써 투표는 2개국 기권에 쿠바 불참, 그리고 나머지 38개국은 모두 찬성으로 끝이 났다. 의장은 만장일치로 결의되었음을 선언했다. 드디어 우리나라 최초의 국제 공인 엑스포로서 대전 엑스포의 서막이 오르는 순간이었다.

투표가 끝난 후 소련 대표가 찾아와서 "거 봐라. 내가 다 얘기를 해놨는데 너희는 내 말을 안 믿는 것 같더라"면서 웃었다. 얼마나 고맙던지 끌어안고 춤이라도 추고 싶은 기분이었다.

당시만 해도 미국은 맹방이고 소련은 적성국이었다. 하지만 BIE 총회에서 미국은 계속 반대하고 소련은 적극 지원해줬으니 관계가 완전히 뒤바뀐 셈이었다.

108개국을 유치한 설득의 힘

대전 엑스포는 설득의 연속이었다. BIE 총회에서 각국 대표들에게 대전 엑스포를 지지해달라고 설득한 뒤, 이번에는 대전 엑스포에 참가해달라고 설득해야 했다. 그 다음은 국내 기업과 국제기구들을 설득하는 일도 남아 있었다. 첩첩산중이었다.

국제 공인 엑스포는 세계인의 축제인 만큼 얼마나 많은 국가의 참가를 이끌어내는가가 성공의 관건이었다. 처음에는 과거 다른 나라들의 엑스포 개최 실적 등을 검토한 결과 40개국 참가에 1,000만 관람객 유치를 목표로 설정했다. 하지만 만장일치로 공인을 받고 나자 욕심이 달라졌다. 당시까지 최다 참가국 기록은 캐나다 밴쿠버 엑스포가 세운 54개국이었다. 그래서 나는 유치 국가 목표를 40개국에서 60개국으로 높였다. 사실 이것은 결코 쉬운 목표가 아니었다. 또한 유치 관람객 목표 1,000만 명 역시 전체 국민의 4분의 1에 해당하는 엄청난 수치였다. 나는 이왕이면 목표를 크게 잡아야 일하는 사람들에게 동기부여도 되고 대전 엑스포에 대한 관심도 높아지리라 생각했다. 하지만 매스컴으로부터 호된 비판을 받았다. 40개국 목표도 달성하기 어려운데 되지도 않을 욕심을 부린다는 것이었다.

나의 전략은 매번 엑스포에 열심히 참여하는 국가들에 더하여 가능한 한 많은 개발도상국을 끌어들이는 것이었다. 대전 엑스포는 역사상 처음으로 개발도상국에서 주최하는 것이므로 개발도상국을 위한 잔치가 되는 것이 마땅했다. 선진국의 참여도 중요하지만 우리가 거의 들어보지 못한 생소한 국가들을 참여시켜 엑스포를 명실공히 전 세계인의 축제로 격상시킨다는 것이 나의 목표였다. 그렇게만 한다면 BIE도 대전 엑스포의 의미를 높게 평가해줄 것이 틀림없었다.

나는 참가국 유치를 위한 교섭단을 만들어 담당자 한 사람마다 유치 목표 국가를 할당해주었다. 개발도상국 중 일부는 내가 직접 찾아가 설득을 했다.

개발도상국을 설득할 때 중요한 것은, 엑스포가 뭔지도 잘 모르는 상태이므로 무조건 참가해달라고 애원하기보다는 어떤 전시품과 어떤 콘텐츠를 가지고 참가해달라고 구체적으로 제안을 하는 것이다.

통가와 볼리비아 등이 바로 이런 경우였다. 특히 통가는 내가 직접 방문했는데, 아침 일찍부터 브리핑을 하면서 몇 시간 동안 계속 설득을 해도 쉽사리 결론이 나지 않았다. 통가 인들은 도무지 서두르는 법을 모르는 느긋한 사람들이었다. 설명을 하는 중간중간 계속 새로운 관료가 들어오면 또 처음부터 다시 설명해달라고 했다. 웃고 떠들면서 왔다 갔다 하는 분위기가 하루 종일 회의를 해도 도저히 결론이 날 것 같지 않았다. 나는 비상수단을 쓰기로 했다. 전시장을 맡게 될 책임자를 불러내서 말했다.

"비행기 표와 숙박비를 다 지원해줄 테니 당신이 한국에 오시오. 아까 민속박물관에 갔을 때 내가 관심을 보였던 전시물 몇 가지를 가져오고, 민속춤은 나를 환영할 때 보여줬던 춤이면 좋겠소."

담당자는 한국으로 초대한다는 말에 얼굴이 환해졌다. 이렇게 해서 그 자리에서 통가의 참가와 전시 내용이 모두 결정되었다.

볼리비아를 설득하기 위해서는 조직위의 송하성 부장이 수도 라파스로 날아갔다. 라파스는 고도 4,000미터의 산지에 세워진 고산도시였다. 송 부장은 의자에 가만 앉아 있어도 전등불이 2~3개로 겹쳐 보이고 천장이 마구 흔들리는 고산증을 앓아야 했다. 구토가 나오고 가슴이 답답했다. 하지만 볼리비아 외무성 차관과 공업성 차관 앞에서 나약한 모습을 보일 수 없었다. 의자를 붙들고 설득을 했다.

이들은 "전시할 제품이 없다"는 이유로 참가를 거부했다. 보여줄 만한 과학기술이 없는데 왜 참여를 하느냐는 것이었다. 송 부장이 대안을 제시했다.

"볼리비아는 세계 최고의 주석 생산지다. 주석을 재료로 하는 그릇, 컵, 장식물 등을 만드는 기술이 뛰어나지 않은가. 너희 나라는 주석만 가지고도 훌륭한 전시관을 만들 수 있다. 과학기술이 별거냐. 다른 나라가 흉내 낼 수 없는 볼리비아의 기술을 보여주면 된다. 세계 최고의 주석 제품 가공 기술을 보여주라."

이 말에 두 사람은 고개를 끄덕였다.

참가하겠다는 말을 듣는 순간, 송 부장은 긴장이 풀렸다. 땅이 들썩거리는 것 같아 의자 손잡이를 세게 붙잡은 것 외에는 그 다음을 기억하지 못한다고 했다.

이 방법은 다른 나라에도 적용됐다. 불참 의사를 밝혔던 콜롬비아, 싱가포르, 불가리아도 참가하는 쪽으로 급선회했다. 우리가 그 나라의 장점을 그들보다도 더 정확하게 집어내고 아이디어를 주었기 때문이었다.

지상 최대의 쇼, 세계를 뒤흔들다

미국을 유치한 과정에 대해서는 따로 얘기할 필요가 있다. 사실 108개국을 유치하는 과정에서 가장 애를 먹인 나라가 미국이다. 미국은 처음부터 한국이 엑스포를 개최하는 데 호의적이지 않았고 불참을 기정사실로 선언해둔 터였다. 하지만 그렇다고 미국에 대해 손을 놓고 있을 수는 없었다. 한국에서 열리는 엑스포에 미국관이 없다는 건 우리 국민 정서로 이해할 수 없는 문제였다. 미국이 불참하면 자칫 엑스포 전체가 폄하될 수도 있었다.

우리는 외교 채널을 총동원하여 미국의 참가를 설득했다. 그런데 1992년 11월, 미국 대통령 선거에서 민주당 클린턴 후보가 승리하면서 정권이 민주당으로 넘어가버렸다. 지금까지의 설득 작업이 모두 수포로 돌아가는 순간이었다. 결국 조직위는 원점에서 다시 시작해야 했다.

어느 날 레이건 대통령 시절 안보 보좌관을 지낸 리처드 앨런이 나를 찾아왔다. 아직도 미국의 참가가 불투명해서 고민이라고 하자, 그가 솔깃한 말을 해주었다. "클린턴 대통령의 오른팔을 소개해줄 테니 만나서 설득해보라"는 것이었다.

큰 기대감을 안고 그를 만났는데, 의외로 새파랗게 젊은 사람이라 실망을 했다. 테런 맥걸리프라는 사람으로, 대통령의 오른팔이라는 사람이 겨우 36세라니, 믿음이 가지 않았다.

"나는 매주 부부 동반으로 클린턴과 식사를 하고 필요한 일이 있을 때마다 수시로 만나 클린턴에게 조언을 합니다. 클린턴에게는 내가 잘 이야기하겠으니 걱정 마시오."

나는 지푸라기라도 잡는 심정으로 그에게 잘 부탁한다고 말하고 헤어졌다. 하지만 별로 큰 기대를 하지는 않았다.

그런데 얼마 지나지 않아 그가 다시 나타났다. 클린턴 대통령이 대전 엑스포 참가를 결정했다는 것이었다. 그는 나에게 "클린턴에게 당신 이야기를 하니까 한번 보고 싶다고 하더라. 언제든지 미국에 오면 백악관에 들러달라"고 전했다. 또 만년필 하나를 내밀면서 "클린턴이 쓰던 만년필이다. 당신에게 전해주라고 했다"고 이야기했다. 고맙다고 받긴 했지만 정말 클린턴이 쓰던 만년필인지는 알 길이 없었다. 나는 여전히 긴가민가한 마음으로 또 한 가지 부탁을 했다.

"당신이 대전 엑스포의 미국관 대표가 되었으면 좋겠소."

그러자 시원한 대답이 돌아왔다.

"그러지요."

얼마 후 정말로 클린턴 대통령이 맥걸리프를 대전 엑스포 대사로 임명했다는 소식이 들렸고, 미국관 관장으로 그의 이름이 올라왔다. 맥걸리프는 젊은 변호사로 개인회사를 여러 개 운영했는데, 아칸소 시절부터 클린턴을 뒷바라지해온 핵심 참모였다. 그리고 몇 년 후 그는 민주당 재정위원장이 되었다. 그제야 나는 그가 정말 클린턴의 오른팔이라는 걸 확실히 믿게 되었다.

미국의 참가가 결정되자, 미국 기업들이 발 벗고 나섰다. 50여 개의 민간 기업들이 컨소시엄을 이루어 조직과 운영을 맡고 나선 것이다. 역시 미국은 경험이 많은 나라라, 짧은 시간 안에 훌륭한 내용의 전시관을 만들었다. 미국관은 대전 엑스포에서 가장 인기 있는 전시관 중의 하나가 되었다.

이렇게 해서 대전 엑스포는 총 108개 국가가 참가하는 역대 엑스포사상 최대 규모의 축제가 되었다. 처음부터 한국의 엑스포 개최를 반대하며 불참을 선언했던 미국도, 그리고 러시아와 여러 동유럽 국가들도 대거 참가한, 말 그대로 '지상 최대의 쇼'였다. 특히 국제연합UN을 비롯한 국제기구가 33개나 참가한 것도 엑스포 역사상 유례가 없는 일이었다.

불가능이란 없음을 믿어라

한국인에게 불가능은 없다

대전 엑스포를 준비하면서 나는 세상에 불가능이란 없다는 걸 깨닫는 감동의 순간을 여러 번 경험했다. 한국인은 정말이지 대단한 민족이었다. 우수한 두뇌는 물론이거니와 절대로 포기하지 않는 근성은 가히 세계 최고였다.

우주정거장 '미르'를 유치하는 과정은 그 자체로 한 편의 드라마같았다. 엑스포는 한 시대가 이룩한 성과를 확인하고 미래를 전망하는 무대인 만큼, 나는 전시관 한가운데에 우주왕복선 컬럼비아호와 우주정거장 미르의 실물 모형을 유치하여 국민들에게 우주에 대한 관심을 불러일으키고 싶었다.

컬럼비아호는 전시를 전문으로 하는 회사가 상업적 차원에서 접근해와 쉽게 해결이 되었다. 하지만 우주정거장 미르는 차원이 다른 문제였다. 엑스포를 준비하는 사이에 소련이 붕괴되고 러시아가 등장한 참이었다. 다행히 고려합섬의 장치혁 회장이 직접 교섭해서 우주정거장 미르를 빌려가도 좋다는 허락을 받아냈다. 그런데 문제는 이것을 옮기는 것이었다. 비행기로 김포공항까지는 실어올 수 있는데, 그곳에서 대전 엑스포 회장까지 옮기는 것이 문제였다. 분해를 한다 해도 덩어리 하나하나가 너무 크기 때문에 도로를 따라가면 육교 아래로 통과할 수가 없기 때문이었다.

그러자 헬기로 옮기자는 대안이 나왔다. 흔히 보는 일반 헬기가 아니라 러시아제 대형 군용 헬기가 있어야 가능한 일이었다. 하지만 러시아는 당시 적성국이어서 군용 헬기가 우리 영공에 들어올 수는 없는 문제였다.

나는 하는 수 없이 대한통운에게 재주껏 옮겨보라고 맡길 수밖에 없었다. 이것도 저것도 되지 않으니, 적극적으로 해보겠다는 대한통운을 믿는 것밖에는 대안이 없었던 것이다.

조마조마한 마음으로 미르를 기다리는데, 어느 날 정말로 엑스포 회장에 미르가 도착해 있는 것이 아닌가! 대한통운은 정말로 온갖 재주를 다 부려서 그 무겁고 커다란 우주정거장 미르를 대전 엑스포 회장에 갖다놓았다. 나중에 들어보니, 트럭들이 그 큰 미르를 싣고 오다가 육교가 나오면 논과 밭을 가로질러 여러 시간에 걸쳐 우회를 하면서 온 모양이었다. 정말 한국인은 불가능을 모르는 사람들이다.

 우리는 분해된 미르를 다시 조립해서 컬럼비아호와 함께 전시했다. 예상했던 대로 전시 기간 내내 미르의 인기는 최고였다. 작은 공간 안에 각종 첨단 장비와 샤워 시설이 오밀조밀 잘 갖추어져 신기하기 이를 데 없었다. 미르를 구경하려면 끝이 안 보일 정도로 길게 줄을 서서 기다려야 했다.

 이러한 감동은 한빛탑을 건축하면서도 똑같이 재연되었다. 한빛탑은 대전 엑스포의 상징 조형물이다. 파리의 명물인 에펠탑이 1889년 프랑스 파리 엑스포의 기념탑인 것처럼, 한빛탑은 앞으로 대전의 명물이 될 것이었다.

 한빛탑은 첨성대 모양을 바탕으로 위로 갈수록 첨탑처럼 뾰족해지는 디자인을 더해 전통과 현대 과학의 결합을 상징하고 있다. 안에는 엘리베이터를 타고 올라가서 즐길 수 있는 전망대를 만들어 관람객들에게 눈요깃거리를 제공하고, 밤마다 컴퓨터 프로그램에 따라 움직이는 화려한 조명을 내뿜으며 엑스포 전시장을 밝힐 예정이었다.

 처음에 우리는 한빛탑을 40미터 규모로 만들 생각이었다. 그런데 대전 시민들이 특별한 주문을 해왔다. 이왕이면 세계에서 가장 높은 탑을 만들어달라는 것. 하지만 세계에서 가장 높은 탑을 만들려면 200미터는 되어야 하는데, 그러려면 비용도 많이 들지만 시간이 오래 걸릴 수밖에 없다. 또한 그렇게 높은 탑을 만들면 탑은 멀리서도 잘 보이겠지만 정작 탑 안에 있는 전망대에서는 바로 아래 엑스포 행사장이 잘 안 보인다는 문제가 있었다. 이런저런 문제를 따져볼 때 200미터는 너무 심하고, '93 대전 엑스포를 상징하는 것이므로 93미터로 하는 것이 좋겠다고 결론을 내렸다.

그런데 문제가 있었다. 93미터 높이의 탑과 전망대를 지으려면 기초공사에서부터 쌓기까지 엄청난 시간이 걸려서 남은 시간 안에 공사를 마칠 수 없었다.

그때 누군가가 전망대를 지상에서 만든 뒤 탑 위로 끌어올려 설치하자는 아이디어를 냈다. 이 방법으로 한다면 시간을 대폭 단축할 수 있다는 것이었다. 굉장히 좋은 아이디어였지만, 그걸 어떻게 끌어올려 설치할 수 있다는 걸까?

한빛탑의 전망대는 직경이 32미터, 둘레는 100미터에 이르는 초특급 구조물이다. 무게만 해도 400톤에 이르렀다. 400톤을 끌어올리려면 엄청난 크레인이 필요한데, 그걸 어디서 구한단 말인가? 독일에 이 정도 무게를 끌어올릴 수 있는 크레인이 딱 하나 있는데, 빌려오는 데만 10억 원이 든다고 했다. 더구나 가져오는 데 한 달이 걸린다는 것이다. 이쯤 되면 한빛탑을 포기하든지 높이를 줄이든지 결단을 내려야 했다.

하지만 역시 한국인들은 포기하지 않았다. 누군가가 소형 화물을 들어 올릴 때 쓰는 호이스트Hoist를 사용하자는 아이디어를 냈다. 호이스트를 여러 대 걸어놓고 이것을 수백 개의 강철선으로 연결해 천천히 들어 올리면 된다는 것이었다.

정말 위험천만한 아이디어지만 마지막 남은 방법이었다. 수학자와 과학자, 건설 전문가 등이 총동원되어 호이스트를 이용해서 가장 안전하게 들어 올릴 수 있는 방법을 토론하기 시작했다. 작업에 소요되는 예상 시간은 총 20시간. 만약에 끌어 올리는 과정에서 큰 바람이 불면 한빛탑이 무너질 수도 있었다.

마침내 결전의 날이 왔다. 잘못되어 한빛탑이 무너지거나 사람이라도 다친다면 끝장이었다. 모두 경건한 마음으로 한 점의 바람도 불지 않기를 간절히 기도했다.

드디어 수백 개의 강철선에 연결된 한빛탑이 조금씩 들어 올려지기 시작했다. 조금씩 올라갈 때마다 사람들은 숨도 제대로 쉬지 못할 정도로 마음을 졸였다. 탑이 조금이라도 불안하게 흔들릴 때면 눈을 질끈 감았다. 혹시라도 작업에 방해가 될까 봐 기침도 하지 못했다.

다행히 그날 바람은 조금도 불지 않았다. 한빛탑 전망대를 무사히 올려놓고도 수만 개의 볼트를 다 조일 때까지 총 5시간이 걸렸다. 마침내 모든 작업이 끝났다는 얘기를 들었을 때, 엑스포 회장은 박수와 함성으로 떠나갈 듯했다.

한빛탑을 무사히 올리는 순간, 나는 온몸에 맥이 탁 풀렸다. 이것은 기적이었다. 우리도 정성을 다했지만 하늘이 도운 것이다.

1,400만 관람객의 물결!

엑스포가 개막하자 몰려드는 인파는 그야말로 물결 같았다. 이렇게 많이들 찾아주다니 이제 됐구나 싶은데도, 인파는 계속 몰려왔다. 하루 이틀이 지날수록 관람객 수는 점점 많아졌고, 이제 새로운 고민이 생겼다. 너무 많은 사람이 한꺼번에 우르르 몰려오는 바람에 전시장의 질서를 유지하기 어렵게 된 것이다.

내가 고민을 하자 모 기관의 책임자가 도와주겠다고 나섰다. 자신이 관람객 앞에서 질서를 잡아주겠다는 것이었다. 그는 아침 오픈을 앞두고 늠름한 모습으로 호루라기를 물고 전시회장 문 앞에 버티고 서 있었다. 마침내 문이 열리고 입에 문 호루라기에 힘을 주는 순간, 그는 뒤로 나자빠지고 말았다. 몰려드는 인파에 호루라기도 잃어버리고 한동안 땅바닥에 누워 있어야 했다.

내가 목표로 한 관람객 수는 1,000만 명이었다. 그런데 1,000만을 넘고 1,100만을 넘어, 이제 1,400만 명에 육박했다. 대전 엑스포는 유례없는 성공이었다. 휴일이면 방송국에 부탁해서 한 시간이 멀다 하고 뉴스를 내보내야 했다.

"오늘은 혼잡이 예상되므로 엑스포 회장에 오는 것을 되도록 삼가시기 바랍니다."

대선 엑스포가 끝나고 한참의 세월이 흐른 후, BIE의 갈로팡 부위원장은 역대 엑스포를 평가하는 책을 출간했다. 고맙게도 그는 저서에서 대전 엑스포의 성공 요인을 분석하고 역대 엑스포 중 가장 성공한 엑스포의 하나로 후하게 평가해주었다.

지난해 여수 엑스포 개최가 확정된 총회에서 BIE는 나에게 골드메달을 주었다. 개발도상국 최초로 엑스포를 개최하였고, 또 역대 최다 국가 참가라는 기록과 훌륭한 전시 콘텐츠로 미래 엑스포의 모델을 만들었다는 점에서 나의 공로를 높이 평가한다는 의미였다. 무려 15여 년 전에 열렸던 엑스포를 BIE가 여전히 기억하고 인정해준다는 것은 우리 모두에게 자랑스러운 일이다.

대전 엑스포는 그해 3조 원 이상의 생산 증가 효과와 20만 명 이상의 고용 증가 효과를 가져오는 등 침체된 경제에 큰 파급효과를 가져다주었다. 하지만 그보다 더 중요한 것은 많은 국민들에게 과학기술의 중요성을 알리고 기업들에게 기술 개발에 대한 새로운 인식과 의욕을 불러일으켰다는 점이다. 그때 눈앞에서 로켓이 발사되는 모습을 보고 로봇이 움직이며 말을 거는 모습을 지켜본 아이들이 지금쯤은 굉장한 과학 청년이 되어 있지 않을까 생각해본다.

그런 의미에서 나는 2012년에 열릴 여수 엑스포를 국민의 한 사람으로서 지지하고 응원한다. 대전 엑스포가 21세기 뉴밀레니

엄으로 향하는 이정표를 제시하였다면, 여수 엑스포는 또 다른 시대적 방향을 제시해줄 것이다. 특히 온 세계가 경제 위기로 희망을 잃고 침체된 상황에서 준비하는 엑스포인 만큼 우리 국민에세 새로운 희망이 되었으면 한다.

대가 백남준의 화통한 여유

대전 엑스포는 공직자인 내게 여러 분야의 다양한 사람들과 만날 기회를 선사해주었다. 그중 가장 기억에 남는 사람 가운데 한 명이 타계한 비디오 아티스트 백남준 씨다.

엑스포를 한창 준비하고 있을 때였다. '전통 기술과 현대 과학의 조화'와 '자원의 효율적 이용과 재활용'이라는 엑스포 주제에 맞는 전시 작품이 필요했다. 엑스포 회장 한가운데에 커다랗게 들어설 이 작품을 누구에게 맡기는 것이 좋을까? 관계자들은 이구동성으로 백남준 씨를 추천했다.

나는 부탁을 하기 위해 뉴욕 맨해튼 남쪽 소호에 있는 그의 작업실로 찾아갔다. 이렇게 저렇게 만들어달라고 주문을 하면 대부분의 예술가들이 "여기가 무슨 공장인 줄 아냐?"며 기분 나빠한다는 사실을 알기 때문에, 나는 예우를 갖춰 매우 조심스럽게 말을 꺼냈다.

"이왕이면 엑스포 주제에 맞게 만들어주셨으면 합니다."

"음, 좋지. 아이디어가 있는 거 같은데 한번 말씀해보세요!"

그의 얼굴을 보니 정말로 진지하게 내 아이디어를 듣고 싶어하는 것 같아서 용기를 내어 설명했다.

"엑스포의 부제는 '전통 기술과 현대 과학의 조화'입니다. 그래서 저는 TV로 우리 민족의 대표적 발명품인 거북선을 만들고 레이저광선으로 화려한 효과를 주면 좋을 것 같습니다. 그리고 엑스포의 또 다른 부제는 '자원의 효율적 이용과 재활용'이므로, 이왕이면 과거에 사용했던 나무 케이스로 된 TV를 활용하면 어떨까요?"

"다 됐네! 좋아요. 그렇게 합시다!"

그렇게 해서 탄생한 〈TV거북선〉이 엑스포 회장에서 발표되는 날, 전 세계의 유명 예술가들이 몰려들었다. 그가 유명하다는 말은 많이 들었지만 그 이상이었다. 내외신 기자들도 대거 몰렸다.

작품 설명을 하던 백남준 씨는 마지막에 이렇게 이야기했다.

"이 작품은 닥터 오의 아이디어입니다."

한번은 이런 일도 있었다. 엑스포에 전시할 작품을 협의하고 나서 그는 새로운 것을 보여주겠다며 자물쇠가 채워진 방으로 나를 안내했다. 그러고선 레이저를 이용해 현란한 빛을 내는 장치를 보여주었는데, 전자공학 박사인 나에게는 별것 아니었다.

서로 친해진 후라 나는 농담으로 한마디 했다.

"저는 실험실에서 TV와 레이저를 많이 만들어봤습니다. 제가 작품을 만들면 백 선생님 작품보다 훨씬 좋은 작품을 만들 수 있어요."

"물론 닥터 오가 훨씬 더 정밀한 작품을 만들 수 있겠지. 그래도 그건 기술자가 만든 거요. 내가 만들어야 예술 작품으로 가치가 있어서 비싸게 팔리는 거요. 하하하."

예술가로서 자신감 넘치는 이야기였다. 우리는 마주 보며 크게 웃었다.

백남준 씨는 엑스포 기간 동안 '과거와 미래를 연결하는 도로'라는 제목의 전시회도 준비했다. 그는 미국에서 자동차산업 초기에 생산된 고물 자동차 여러 대를 가져와서는 내게 물었다.

"닥터 오, 미래의 도로를 어떻게 나타내면 좋을까?"

나는 간단하게 생각하고 대답했다.

"미래의 도로는 광섬유 아닙니까? 길에다 광섬유를 깔면 좋을 것 같습니다."

백남준 씨는 이번에도 극찬을 했다.

"원더풀! 당신 최고야!"

전시회 개막일, 많은 예술가들이 엑스포 회장에 모였다. 백남준 씨에 대해 전문적으로 연구하고 책을 내는 사람까지 찾아왔을 정도였다. 그 자리에서 백남준 씨는 또 말했다.

"이번에도 전부 닥터 오의 아이디어입니다. 나는 그가 하자는 대로 했어요!"

그가 이렇게 예술가로서 손해 보는 행동을 하는 이유는, 아무리 그래도 그가 훌륭한 예술가란 사실에는 변함이 없기 때문이다. 그는 이미 정상에 올라있기 때문에 남의 이미지대로 작품을 만든다고 해도 거리낄 게 없다. 다른 사람을 칭찬한다고 해서 그의 격이 떨어지는 것도 아니다. 진정한 대가의 위치는 바로 이런 여유를 통해 굳어지는 것이 아닐까. 나는 아등바등 자신의 명성을 보호하려고 애쓰는 예술가나 지식인들을 볼 때마다 백남준 씨의 호탕한 여유를 떠올린다.

백남준 씨는 나의 경기고등학교 선배이기도 하다. 경기고 개교 100주년 기념행사가 있던 해, 나는 총동창회 회장을 맡고 있었다. 그를 초대하고 싶었으나 갑작스러운 사망으로 성사되지 못했다. 대신 그를 기리는 마음으로 경기고 출신 연극 동호회 회원들이 '장한의 몽夢'이라는 제목의 연극을 예술의 전당에서 올렸다. 무대장치를 백남준 씨 작품으로 꾸몄고, 배경음악은 역시 동문인 황병기 씨가 맡았다. 이 연극은 대성황을 이루었다. 하도 관객이 많이 몰려서 예술의 전당 대표가 공연 기간 닷새 동안 제 시간에 퇴근도 못할 정도였다.

나는 과학기술자로 예술을 잘 모른다. 나에게는 사람이 직접 그린 그림도 가치가 있고, 컴퓨터가 만들어낸 작품도 의미가 있다. 집안에서는 미술을 전공한 아내, 바이올린을 전공한 딸과 늘 논쟁을 벌인다. 아내와 딸이 나를 예술을 이해하지 못하는 기술자로 몰아버리는 것이다. 하지만 백남준 씨의 작품에는 기술과 예술의 경계가 없다. 그에게는 어떤 기술도 예술로 승화시키는 능력이 있는 것 같다.

로열패밀리의 이유 있는 승리

대전 엑스포 준비가 한창 이뤄지고 있던 때, 청와대에서 잘 아는 수석이 찾아와서 부탁을 했다.

"대통령 가족 중 한 사람이 엑스포에서 일하고 싶어합니다. 적절한 곳에 받아주셨으면 합니다."

엑스포는 국가적 행사이기 때문에 대통령 친척이 와서 일하는 것도 대외적으로 나쁘지 않았다. 나는 일단 보내보라고 말했다.

얼마 뒤, 상당한 미모를 지닌 지적인 여성이 찾아왔다. 대통령 가족이라는 얘기를 들은 바 있어 간단히 인사를 하는데, 그 여성이 명함을 내밀었다. '최소영'이었다. 그래서 나는 대통령의 사돈인 최종현 회장의 딸로 생각했다.

"최 회장님을 안 닮았군요."

"…… 아, 죄송합니다. 영어식으로 써서."

그제야 나는 그가 대통령 딸 노소영 씨라는 것을 깨달았다.

"어느 나라든 로열패밀리에 대한 예우는 있는 것으로 압니다.

그러나 그것은 대통령 재임 기간 동안에만 그렇지요. 엑스포는 다음번 대통령 임기까지 갑니다. 개인 자격으로 일하시겠습니까?"

도일패밀리 자격으로 일하는 것과 개인 자격으로 일하는 것은 천지 차이였다. 노소영 씨의 대답은 예상 밖이었다.

"예, 개인 자격으로 엑스포에서 일하겠습니다. 그래서 이력서를 써 왔습니다."

이력서를 받아 총무부에 넘겼다. 얼마 뒤 총무부에서 그에게 맡길 만한 직책을 상·중·하 3단계로 등급을 나눠 보고했다. 나는 가운데에 동그라미를 쳤고, 총무부에서는 그를 미래예술팀장으로 발령했다.

노소영 씨는 시카고대학 유학파로, 그 분야에 대해 꽤 오랫동안 전문 지식을 쌓아온 엘리트였다. 팀장 직책을 받은 노소영 씨는 직급이 낮아서 원칙에 따라 별도의 독립된 방을 배정받지 못했다. 독방을 사용할 수 있는 직급은 국장급 이상이었다.

대신 신원이 확실한 사람을 뽑아서 옆에 붙였다. 신변을 보호할 필요가 있었기 때문이다. 그는 팀장으로서 매일 출근해 성실하게 일했다. 분명히 경호원이 있을 텐데, 아무도 경호원을 본 사람이 없었다.

얼마나 지났을까. 각 팀장들이 40여 명의 간부 앞에서 자기가 추진하는 프로젝트에 대해 브리핑을 하게 되었다. 그의 경우, 미래예술의 변화 방향과 그에 따른 엑스포의 전시 방향 등을 설명하는 브리핑이었을 게다. 그가 한 브리핑은 완벽에 가까웠다. 브리핑에 대한 자신감도 그렇고, 다양한 내용 등이 포함된 좋은 프레젠테이션이었다. 그 이후에도 한 번 더 브리핑을 했는데 '미래예술과 과학기술의 만남'에 대한 폭넓은 식견을 볼 수 있었다. 하도 브리핑을 잘하기에 어떻게 준비했냐고 물어보았다. 노소영 씨는 "새벽녘까지 남편하고 앉아서 연습했습니다"라며 빙그레 웃었다.

부탁할 게 없냐고 물었더니 그는 딱 한 마디만 했다.

"결재를 받기 위해 문 앞에서 대기할 때가 제일 민망합니다. 다른 직원들이 대통령 딸이라고 수군대는 것 같아서요."

이후로 노소영 씨 결재는 사전에 비서를 통해 연락을 하여 기다리지 않도록 조치했다.

노소영 씨는 키도 크고 미인인 데다, 외국에서 유학해서 영어도 잘했다. 엑스포 기간 동안 리셉션과 디너 파티를 여러 번 열었는데, 노소영 씨가 팀장이 돼서 호스트 역할을 맡아주니 외국인들이 아주 좋아했다. 그는 팀장 이상의 역할을 해준 것이다.

노소영 씨는 대전 엑스포에서 2년 이상 팀장으로 근무했다. 나는 노소영 씨를 통해 청와대에 청탁이 들어가는 일이 없도록 철저한 조치를 했다. 대부분의 사람들은 그가 대전 엑스포 조직위에서 근무했는지도 모를 정도였다. 훗날 노태우 대통령으로부터 이런 이야기를 들었다.

"우리 아이가 가장 어려워하는 사람이 오 위원장이고, 가장 존경하는 사람도 오 위원장이랍니다."

나는 노소영 씨를 다른 직원과 똑같이 대우했다. 임무를 주었고 같은 방식으로 평가했다. 결과는 매우 만족스러웠다.

그후 그를 다시 만난 것은 최태원 씨가 SK 회장으로 취임한 이후였다. 노소영 씨가 "아트센터 '나비'를 만들었는데, 이어령 장관님과 위원장님을 고문으로 모시고 싶다"며 찾아왔던 것이다. 아트센터 나비는 노소영 씨가 대전 엑스포의 경험을 살려 미래예술 발전을 위해 운영하는 미술관이다.

엑스포 기간 동안 노소영 팀장은 많은 고생을 했다. 대통령 가족이 아닌 능력 있는 팀장으로서. 대통령의 가족이자 대그룹의 맏며느리였지만, 그는 엑스포 가족의 기억 속에 일 잘하는 미래예술 팀장 노소영으로 남아 있다.

3부 30년 후의 코리아를 꿈꿔라

공직자나 기업의 사장이나 리더로서의 역할은 기본적으로 같다.
그것은 미래를 생각하고 비전을 제시하며,
변화가 오기 전에 먼저 변화를 준비해 나가는 것이다.
모든 조직원들이 각자 맡은 일을 가치 있게 느끼게 하고,
조직의 목표 속에서 자기 개인의 목표까지 실현할 수 있는
위대한 조직을 만들어주는 것이다. 한편으로 리더는 변화를 추구하되,
그 조직을 받치고 있는 기본 정신을 잊어서는 안 된다.
어떤 조직이든 정신이 살아 있어야 한다.

또 다른 도전이
시작되다

당신, 장관 맞아요?

대전 엑스포가 끝난 뒤 잠시 쉴 틈도 없이 한국야구위원회KBO 총재가 되어 바쁜 나날을 보내고 있었다. 그러던 어느 날, 김영삼 대통령으로부터 만나자는 연락이 왔다. 나는 대전 엑스포공원의 사후 관리 문제 때문일 거라 생각하여 관련 자료를 준비해 갔다. 대통령은 엑스포 이야기를 한참 하셨다. 나도 갖고 간 자료를 바탕으로 설명을 드리면서 편하게 이야기를 했다. 그런데 대통령이 갑자기 말씀하셨다.

"내각으로 들어와서 함께 일합시다."

예상치 못한 일이라 나는 당황했다.

"아시다시피 저는 5공화국과 6공화국에서 장관을 지낸 사람입니다. 문민정부에 큰 부담이 되실 겁니다."

하지만 대통령은 이미 그런 문제까지 다 고민을 끝낸 상태였다.

"당신은 순수한 관료로서 많은 업적을 남겼습니다. 정치와는 무관한 분임을 잘 알고 있습니다."

난감했다. 나는 다시 한 번 거절할 명분을 찾았다.

"KBO 총재를 맡은 지 얼마 안 됩니다. 당분간 더 일할 수 있도록 해주십시오. 다음에 기회가 되면 그때는 모시고 일하겠습니다. 죄송합니다."

대신 나는 새 내각에 걸맞은 적임자 한 명을 추천하고 청와대를 나왔다. 대통령이 부탁을 하는데 몇 번에 걸쳐 거절을 했으니, 참으로 힘든 순간이었다.

며칠 후 개각 명단이 발표되었다. 나는 당연히 내가 추천한 사람이 내각에 포함되었을 것이라 생각했다. 그런데 놀랍게도 내 이름이 나오는 게 아닌가. 그것도 금시초문인 교통부 장관으로!

이렇게 해서 나의 KBO 총재 임기는 단 2개월 만에 끝이 났다. 5·6공화국에 이어 문민정부에서도 장관으로 일한다는 것이 결코 마음 편한 것은 아니었다.

그러나 내각에 입각하자 김영삼 대통령은 특별한 배려를 해주었다. 대통령 면담 일정도 우선적으로 잡아주었고, 건의하는 일은 모두 해결해주었다.

교통부 장관으로 1년쯤 일했을 때 정부 행정부처 개편이 이루어졌다. 경제기획원과 재무부가 통합되어 재정경제부가 되고, 교통부와 건설부가 통합되어 거대한 건설교통부로 바뀌게 되었다. 당시 건설부 장관은 김영삼 대통령의 재야 시절 비서실장 출신인 김우석 장관이었다. 나는 당연히 김우석 장관이 통합 건설교통부의 장관이 되리라 생각했다. 그래서 사무실 정리를 끝내고 퇴임 준비를 하고 있었다.

개각 발표 날, 차를 타고 이동하면서 라디오를 듣고 있었다. 그런데 통합 건설교통부의 초대 장관으로 내 이름이 나오는 것이 아닌가. 집에 가니 아내가 놀렸다.

"당신, 장관 맞아요? 어떻게 초대 건설교통부 장관이 되는 걸 당신이 모를 수가 있어요?"

알고 보니 이런 사정이 있었다. 개각 발표 일주일 전에 비서실장과 경제 수석이 대통령께 이렇게 여쭈었다고 한다.

"재정경제부와 건설교통부는 워낙 큰 부처이니 미리 장관 될 사람에게 귀띔해줘서 준비를 하도록 하는 게 좋겠습니다. 김우석 장관에게 통보할까요?"

"건교부는 워낙 큰 부처니 경험 많은 오명 장관이 맡는 것이 좋겠소. 통보를 해주시오."

그런데 지시를 받은 비서실장과 경제 수석 중 어느 누구도 내게 통보를 해주지 않았다. 비서실장은 경제 수석이 연락할 것으로 생각했고, 경제 수석은 또 비서실장이 연락할 것이라 생각했던 것이다. 희소식을 전하는 일을 서로 양보하다가 일어난 해프닝이었다.

그때 사표를 받았어야 하는데……

두 부처의 통합은 어려운 일일 수밖에 없다. 각 부처의 이해관계가 얽혀 있고 자리다툼이 벌어질 가능성이 크기 때문이다. 두 기관을 어설프게 합쳐놓으면 10년이 지나도 서로 세력 싸움을 한다는 사실을 잘 알기에, 나는 절반씩 완전히 섞어버리기로 결심했다. 물론 물리적으로 억지로 섞은 것이 아니라, 교통부의 철도와 건설부의 도로 등 서로 겹치는 유관 부분에 대해서만 인사이동을 하였다.

취임식을 끝낸 첫날, 오후 시간을 이용해 빠른 속도로 인사를 단행했다. 약 서너 시간 만에 국장부터 과장까지 모든 인사를 다 처리했다. 그래야 다음 날부터 통합의 어수선한 분위기를 털어버리고 정상 업무를 할 수 있기 때문이었다. 나는 업무의 공백을 없애는 것이 가장 중요하다고 판단했다.

결과는 괜찮았다. 재무부와 경제기획원이 통합된 재경부는 통합 후 3일 만에 인사안이 나왔는데 반발 때문에 다시 수정하는 어려움을 겪었다. 하지만 건교부는 별 문제 없었다.

통합 작업을 마친 후 과장급 이상 간부를 불러 회식 자리를 마련했다. 분위기가 좋았다. 건설부 출신과 교통부 출신이 모여서 서로 인사를 하며 술잔을 주거니 받거니 했다.

한창 분위기가 무르익는데, 한 젊은 과장이 단상 위로 올라가 마이크를 잡았다.

"오명 장관!"

못 들은 척하려니 다시 "오명 장관!"을 외쳤다. 주위 사람들이 팔을 붙잡으며 만류했지만 술이 상당히 취해서 소용이 없었다. 회식 자리는 파장 분위기로 급변했고, 결국 술 취한 과장은 동료들에게 끌려 퇴장을 당했다.

처음에는 저 친구가 나한테 무슨 불만이 있나 생각했지만, 그건 아니었다. 그보다는 술 한잔 마시고 기분도 좋고 하여, 나와 친해지고 싶어서 호기를 부린 것이었다. 그 마음을 이해하지 못하는 것은 아니지만, 있어서는 안 될 일이 일어난 것은 사실이었다.

다음 날 아침, 차관이 내 방에 찾아와 해명을 했다.

"어제 회식은 분위기 좋게 잘 끝났고, 마이크 잡고 있던 직원에게도 주의를 줬습니다."

나는 아무 말도 안했다. 차관은 내 표정을 살피더니, "과장에게 주의를 주었으나, 다른 지시가 있으면 하십시오"라고 말했다.

나는 차관에게 말했다.

"사표를 받으시오."

차관은 깜짝 놀랐다. 내가 그렇게까지 말할 줄은 예상하지 못했던 것이다.

결국 세 장의 사표가 올라왔다. 호기를 부렸던 과장, 과장의 책임자인 국장, 국장의 책임자인 차관까지 모두 사표를 제출한 것이다. 나는 이 세 장의 사표를 책상 서랍 속에 보관해두었다. 끝까지 수리하지 않을 수도 있지만 언제든 수리할 수도 있었다.

이 사건 이후 건교부에서는 술 먹고 해롱거리는 일은 완전히 사라졌다. 그런데 알고 보니 그 과장은 상당히 능력 있는 사람이었다. 장관에게 자기 존재를 알리고 싶었는데, 그만 실수를 했던 것이다. 두 달 뒤 그 과장을 국장으로 승진시키며 사표를 돌려주었다. 그때 내가 한마디 던졌다.

"자네는 지난번에 사표를 받았어야 하는데, 일을 너무 잘해서 특별히 승진을 시키네."

모두가 웃었다. "그때 사표를 받았어야 하는데……" 하는 이 말은 건교부에서 유행어가 됐다.

당시 "오명 장관!"을 호기롭게 외쳤던 사람이 철도청장을 지낸 손학래 씨다. 철도청장이 되어서 인사를 왔기에 나는 이번에도 "그때 사표를 받았어야 하는데……" 하고 농담을 했다. 손학래 씨와 같이 국장으로 승진한 사람들 중에는 추병직 건교부 장관, 채남희 철도기술원장 등 쟁쟁한 멤버들이 많았다. 그들은 5월 8일

승진했다고 '58회'를 만들어 10년이 지난 지금도 1년에 두 번씩 모임을 갖고 있다. 특히 손학래 씨는 지금 나와 절친한 사이로 자주 만나고 있다.

쌩쌩 달리는 버스를 타고 고향으로!

통합 건교부 장관이 되기 전, 교통부 장관으로 1년을 보내는 동안 기억에 남는 일 중 하나는 고속도로 버스전용차로제를 실시한 것이다.

명절 때만 되면 고향을 찾아가는 사람들이 엄청난 고생을 하고 있었다. 차로 부산까지 가는 데 10시간 이상 걸리고, 가까운 대전까지 가는 데도 대여섯 시간이 걸렸다. 해결할 방법은 없는가? 사실 해결 방법은 모두 알고 있었다. 다만 실행을 못하고 있을 뿐이었다. 버스전용차로제를 실시해서 고속버스를 타는 사람들만이라도 제시간에 갈 수 있도록 해주면 되는 것이다. 실행에 옮기자.

나는 설날에 맞춰 경부고속도로 버스전용차로제를 실시하기 위해 서울시장과 경찰청장을 만나서 협의를 했다. 모두들 좋은 일이라고 찬성했다. 특히 서울시장은 서울 시내의 도로 중 많은 부분을 버스전용차로로 지정해서 적극 협조해줬다.

그러나 정작 협조를 해줘야 할 건설부와 한국도로공사의 태도는 미온적이었다. 준비에 시간이 필요하다는 것이다. 결국 고속도로 버스전용차로제는 연기할 수밖에 없었다.

추석을 앞두고 다시 추진했다. 다행히 이번에는 도로공사가 하행선 버스전용차로제를 시범 운용하는 데 동의했다. 그런데 이번에는 경찰 인력이 부족해서 단속에 협조하기 어렵다는 입장이었다. 경찰이 없으면 다른 방법을 쓰자. 버스 앞자리에 아르바이트 학생을 하나씩 앉혀서 위반 차량을 적발, 경찰에 통보하는 방법을 쓰기로 했다.

추석날 아침, 교통부 실무자들과 고속버스조합 이사장 등 관계자들을 헬기에 태우고 경부고속도로를 따라 내려가며 상황을 살폈다. 자동차는 꽉 막혀서 좀처럼 나가지를 못하는데 버스는 쌩쌩 달렸다. 기분이 좋았다. 그런데 버스 10여 대가 한꺼번에 달리고 난 뒤에는 한참 동안 버스가 나타나지 않았다. 꽉 막힌 도로에 서 있는 차량들이 텅텅 빈 버스전용차로를 보고 얼마나 불평을 하고 있을까? 생각이 여기에 미치자 고속버스조합 측에 긴급 요청을 했다. "버스를 일정 간격으로 내려보내라." 그리하여 중부고속도로로 가는 버스까지 경부고속도로로 돌리면서 500미터 간격으로 내려가도록 조치를 취했다. 아쉽게도 상행선은 실시하지 못했지만 여론은 대단히 좋았다. 대성공이었다.

다음 날 아침, 청와대 조찬에서 김영삼 대통령의 첫마디는 다음과 같았다.

"오 장관, 어제 버스전용차로제는 참 잘됐어요."

나는 건설부의 적극적인 동참을 이끌어낼 기회라 생각하고 말씀드렸다.

"실제로는 건설부가 모든 준비를 했습니다. 건설부를 격려해주십시오."

이후로 건설부는 협조적인 분위기로 돌아섰다. 건설부와 교통부가 통합되고 내가 통합 부처의 장관이 되면서 버스전용차로제는 전국으로 확산되었다.

그때 이후로 명절 때 고속도로 버스전용차로제는 쭉 이어지고 있다. 자가용을 타고 고속도로를 가다가 꽉 막히면 답답하다. 하지만 그래도 옆 차선에서 쌩쌩 달리는 버스를 보면 기분이 좋아진다.

더 크게 생각하라

동북아의 허브 공항을 대한민국에

내가 교통부 및 건설교통부 장관을 하던 당시, 부처의 핵심 사업은 '신공항 건설'이었다. 신공항 건설이 시작된 애초의 이유는 여객 수가 급속도로 늘어나면서 포화 상태에 이른 김포공항을 대신할 수 있는 큰 국제공항이 필요했기 때문이다. 당시 김포공항은 세계에서 가장 빠르게 성장하는 공항으로, 매년 여객 성장률이 평균 19.6%에 이르렀다. 하루 평균 590여 회의 노선을 운항하고, 10만 명에 이르는 출입국 자를 소화해내는 어마어마한 규모였다. 하지만 그 좁은 땅덩어리에서 이 많은 노선을 운영하다 보니 활주로는 늘 소화불량이었다. 이 때문에 김포공항은 10~20분 연착은 기본이었고, 출발 역시 늘 20, 30분씩 늦어졌다. 이런 환경에서 외국 항공사들이 한국 노선을 기피하는 것은 당연했다. 이미 등을 돌리고 떠나버린 항공사도 적지 않았다. 초기에 신공항 사업의 목적은 단순했다. 더 큰 공항을 지어서 항공 수요에 부합하도록 하자는 것.

하지만 내가 교통부 장관이 되어서 이 일을 바라보니, 신공항 건설은 단순히 크기만의 문제가 아니었다. 여기에는 더 중요한 것들이 있었다. 세계의 중심이 아시아로 이동하고 있었다. 그중에도 동북아는 가장 역동적인 곳이다. 동북아의 경제 규모가 유럽연합EU을 앞지르고 북미 경제와 경쟁하는 것은 시간문제다. 그리고 동북아가 세계경제의 중심이 되면서 한·중·일 3국 간의 경쟁은 더욱 뜨거워질 것이다.

우리가 중국과 일본을 압도하기 위해 가장 중요한 것이 허브Hub공항이었다. 허브란 자전거의 바퀴통을 뜻하는 말로, 바퀴살이 뻗어 나가는 중심을 뜻한다. 자전거의 바퀴살이 하나의 통에서 나와 둘레로 뻗어 나가는 것처럼, 허브 공항은 전 세계를 향해 뻗어 나간다. 세상의 중심 도시는 바로 허브 공항이 있는 도시가 될 것이 틀림없다.

유럽과 북미에서 비행기를 타고 오는 손님들이 주로 내리는 공항이 어느 곳이 될 것인가. 허브 공항이 되기 위해서는 24시간 비행기가 뜨고 내리는 공항이 되어야 한다. 김포공항처럼 야간에 비행기가 뜨고 내리지 못하는 공항이라면, 비행기 스케줄을 마음대로 조정할 수 없는데 어느 항공사가 주요 노선을 투입할 수 있겠는가.

우리가 인천에 허브 공항을 잘 만든다면 서양에서 오는 많은 여객들이 인천공항에 내릴 것이고, 여기서 근거리를 왕복하는 셔틀 비행기를 타고 일본, 중국 등에 갈 것이다. 자연히 인천은 동북아의 중심 도시가 될 것이다. 주요 국제회의가 인천에서 열릴 것이고, 관광과 금융의 중심으로 부상하게 될 것이다.

그런데 우리보다 일본이 먼저 동북아 허브를 겨냥한 공항 건설에 착수했다. 오사카 앞바다를 메워서 그 위에 활주로를 건설하고 공항을 지은 것이다. 나는 안타까웠다. '우리는 왜 항상 일본한테 뒤지는가' 하는 생각이 들었다.

나는 오사카의 간사이공항을 직접 가보기로 했다. 비행기에서 공항을 내려다보니 정말 아름다웠다. 공항 건물은 이탈리아 건축가가 디자인했다고 하는데, 비행기 날개를 본떠서 만든 아름다운 건물이었다.

그런데 공항 내부를 다녀보니 모든 시설이 첨단으로 되어 있어 편리하기는 한데, 무언가 안정되지 못한 듯했다. 걸을 때마다 통통 소리가 나는 것이 마치 철공장에 들어선 느낌이었다. 담당자에게 물어보니 "바닥을 대부분 철판을 깔아서 만들었기 때문"이라고 대답했다.

"왜 그렇게 했습니까?"

"공항을 건설한 인공 섬이 조금씩 가라앉고 있어서 건물을 가볍게 지었습니다."

"아니, 섬이 가라앉는 문제를 어떻게 해결하죠?"

그러자 나를 건물 지하로 안내해주었다. 건물 각 기둥마다 센서를 붙여놓고 컴퓨터로 모니터링하면서 내려가는 곳이 있으면 철판을 고이고 있었다. 그것을 보면서 일본인의 치밀하고 정성 어린 운영에 우선 감동을 받았다. 그러나 한편으로는 간사이국제공항과의 경쟁에서 우리가 이길 수 있다는 확신을 가지게 되었다. 나는 도착했을 때와는 달리 가벼운 마음으로 귀국할 수 있었다.

돌아와서 인천국제공항 마스터플랜을 근본적으로 다시 검토하면서 동북아 허브 공항의 위치를 확고히 하기로 했다. 24시간 비행기가 뜨고 내리는 공항, 북미와 유럽의 모든 비행기가 거점을 두는 공항을 만들자. 그러기 위해서는 공항에 몇 시간 쉴 수 있는 호텔도 만들어야 하고 사우나, 이발소, 미장원도 만들어야 한다. 한두 시간 사우나에서 쉬는 동안 옷 세탁과 다림질 서비스도 받고, 이발도 하고, 화장도 할 수 있도록 만들자. 인천공항에서 재충전해서 일본과 중국에 도착하는 대로 활기찬 비즈니스를 할 수 있도록 하자. 또 공항 내는 물론, 인근 용유도와 무의도 일대에 카지노를 비롯한 각종 위락 시설을 만들어 귀국하는 아시아 사람들이 며칠 묵어가고 싶어할 만한 곳을 만들자.

천혜의 자연조건을 가진 영종도 신공항

내가 오사카 간사이공항을 직접 보고 "우리에게 승산이 있다!"고 판단한 데는 이유가 있었다. 간사이공항처럼 우리도 바다를 메워서 공항을 짓는 것은 똑같았다. 하지만 우리가 공항을 짓는 영종도는 간사이와는 차원이 달랐다. 이곳은 하늘이 내린 천혜의 조건, 공항을 짓기에 최적의 조건을 갖추고 있었다.

간사이공항은 여러 가지 불리한 여건을 감수하면서 지은 공항이다. 수심 18미터의 바다, 그리고 그 밑에 20여 미터의 연약한 지반 위에 지어진 섬이라는 점이 그것이다. 깊은 바다를 메우기 위해 수없이 모래와 돌을 부어야 했다. 건설 비용으로 무려 12조 원이 들었다. 그럼에도 불구하고 아직도 안정되지 못했다. 일본 정부가 간사이공항을 더 넓혀 활주로를 추가 건설하겠다고 했지만, 과연 가능할지 의문이다.

공항 건설에 많은 비용이 들어갔으므로 당연히 비행기 착륙료도 싱가포르나 홍콩보다 비싸고, 공항 사무실 임대료도 비쌀 수밖에 없다.

간사이에 비하면 영종도는 공항으로서 천혜의 조건을 지녔다. 이곳은 어차피 썰물 때는 바닥이 드러나는 곳이다. 영종도와 용유도의 두 끝을 방파제로 연결만 하면 공항으로 쓸 수 있는 것이다. 지반을 다지기 위해서 산 하나만 허물어 메우면 된다. 간사이공항의 절반도 안 되는 예산으로 18배가 넘는 공항 부지를 만들 수 있었다.

또 인천국제공항은 많은 이점을 가지고 있다. 우선 김포공항의 최대 약점인 안개도 인천에는 거의 없다. 게다가 영종도는 사시사철 바람이 남북으로만 불기 때문에 다른 국제공항처럼 십자十字 활주로를 만들 필요가 없다.

영종도永宗島와 용유도龍遊島의 한자 뜻이 각각 '긴 마루'와 '용이 노는 곳'이라는 사실을 깨닫고 무릎을 쳤다. '긴 마루'는 활주로를 뜻하는 것이고 '용이 노는 곳'은 비행기가 하늘로 올라가는 곳을 뜻하는 것이 아니겠는가. 우리 선조들이 이곳이 국제공항이 될 것을 알고 미리부터 좋은 이름을 지어주신 것이 아닌가 하는 생각이 든다.

나는 기술 분야에서 일해왔기 때문에 일본과의 격차를 잘 알고 있다. 기술에 있어서 우리는 항상 일본에 20~30년씩 뒤져왔다. 10년 가까이 따라왔다고 하면 그나마 대단히 발전했다는 표현이다. 그런데 1980년대에 내가 이끌었던 정보통신 분야에서 우리는 일본을 앞질렀다. 이제 국제공항에서도 일본을 앞지를 기회가 온 것이다. 공직자로서 보람 있는 일이고, 개인적으로도 더없이 영광스러운 일이었다.

몇 년 후 인천국제공항이 문을 열었을 때 일본 사람들이 얼마나 부러워했는지 모른다. 얼마 전 일본에서 나를 찾아온 손님들은 인사차 이렇게 말했다.

"당신이 간사이공항보다 2배나 큰 공항을 만드는 데 기여한 것에 경의를 표합니다."

나는 빙그레 웃으며 대답했다.

"2배가 아니라 18배랍니다."

안타깝게 사라진 '세계자유도시'

허브 공항 건설에 박차를 가하면서 더 많은 생각들이 우르르 밀려왔다. 이왕이면 신공항이 들어서는 영종도를 세계 최고의 비즈니스 자유 도시로 만들어보는 건 어떨까? 홍콩을 능가하는 세계 최고 수준의 자유 도시!

내가 구상한 '세계자유도시'는 홍콩이나 싱가포르보다 더 자유로운, 금융·무역·투자·사업 등 모든 비즈니스 활동이 자유로운 곳을 뜻한다. 일종의 '도시국가' 개념이었다. 국내법의 제한에서 벗어나 자유롭게 비즈니스를 하고, 특정 금액을 투자한 사람에게 영주권을 주며, 누구나 비자 없이 자유롭게 여행할 수 있는 곳. 영어와 한국어가 공용어가 되고, 세계인 누구나 공무원이 될 수 있는 곳. 한국의 한 도시가 아닌 세계의 도시를 만들자는 것이다.

시기도 좋았다. 홍콩의 중국 반환을 앞두고, 홍콩에 거점을 두고 있던 다국적기업들이 대이동을 준비하고 있었다. 어디로든 옮겨야 하는 이들에게 영종도는 아주 매력적인 곳이 될 것이 분명했다. 어마어마한 허브 공항이 들어서는 데다가 세계적인 항구가 있다. 게다가 통신 서비스를 완벽히 제공해줄 수 있는 곳이 아닌가. 소위 에어포트Airport, 시포트Seaport, 텔레포트Teleport의 기능을 모두 갖춘 '트라이포트'Triport가 되는 것이다. 지리적으로 일본, 중국과 가까우면서 규제가 없는 자유 도시를 만든다면 모든 기업이 관심을 갖지 않을 수 없을 것이다.

영종도 일대에 세계자유도시를 만든다는 계획은 점차 무르익어갔다. 우리는 '영종도 세계자유도시 플랜'이라는 보고서를 만들어 세계 6개 대학에 가서 프레젠테이션을 했다. 세계 전문가들로부터 부러움 섞인 격려를 받았다.

"폐쇄적인 한국이 이러한 과감한 계획을 만들다니 놀랍다. 세계에 투자하려고 대기하고 있는 자금들이 엄청나게 많은데, 그 계획을 발표하기만 하면 모두가 관심을 가지고 투자할 것이다. 한국 예산을 쓸 필요도 없이 해외 투자 유치만으로도 건설하고 남는다."

또한 미국, 일본, 프랑스 등에도 방문해 기업인들을 대상으로 설명회를 가졌다. 반응은 대단했다. "한국에 그런 도시가 생긴다면 직접 투자하겠다. 한국은 돈 걱정할 필요가 없을 것이다"라며 반겼다.

우리는 일본 노무라연구소에 의뢰해 다국적기업 150곳에 대한 설문 조사도 벌였다. 상당수의 기업이 관심을 보였다. 이제 영종도가 세계 비즈니스와 국제 외교의 중심이 되는 것은 시간문제였다.

나는 김영삼 대통령이 중국을 다녀온 다음 날 아침, '영종도 세계자유도시 계획'을 보고했다. 중국, 특히 상하이와 푸동 지구의 눈부신 발전상을 보고 깊은 감명을 받고 돌아온 대통령은 그 구상을 전폭적으로 지지해주었다. '단군 이래 가장 중요한 사업'이라며 경제 수석에게 적극 지원하라는 지시를 했다. 이제 일사천리로 진행하는 일만 남았다.

그렇게 준비를 하며 공식 발표를 앞두고 있는데, 갑자기 청와대 쪽에서 잠시 보류해달라는 요청이 왔다. 그동안 경제기획원의 일부 관료들과 경제학자들은 예산이 없다는 이유로 세계자유도시 건설을 반대해왔다. 그런데 이제 외자로 해결할 수 있다고 하니, 영종도에 외자가 너무 많이 들어오면 국내에 인플레이션이 생겨서 안 된다는 주장을 하기 시작한 것이다. 속이 터질 노릇이었다.

얼마 후 대통령의 차남 김현철 씨가 구속되는 뜻밖의 사건이 일어났다. 그리고 곧이어 우리는 외환 위기를 맞았다. 공은 김대중 대통령에게 넘어간 것이다.

국민의 정부 인수위원회에서도 이 문제를 다루고, 새로 임명된 건교부 장관도 이 계획을 추진하겠다고 발표했다. 하지만 당시에는 온 나라가 허리띠를 졸라매고 구조 조정으로 홍역을 겪고 있던 터라, 이런 대규모 프로젝트는 감히 추진할 수 없는 상황이었다. 그러는 사이에 영종도에 관심을 갖던 기업들은 밴쿠버나 싱가포르로 자리를 옮겼다. 동북아의 주도권을 장악할 절호의 기회를 놓쳐버린 것이다. 공직 생활 중에서 내가 가장 아쉬워하는 일이다.

외환 위기를 겪으면서 나는 당시에 "외자가 많이 들어오면 인플레이션이 생긴다"며 반대했던 사람들에게 한마디 했다. "그때 세계자유도시 프로젝트를 추진했으면 우리나라가 외환 위기를 겪지 않았을지도 모른다"라고.

세계자유도시가 성공적으로 건설되었더라면 우리나라의 위상은 상당히 높아졌을 것이고, 개방화와 국제화도 급물살을 탔을 것이다. 우리는 영종도에서 우리나라의 미래를 경험해볼 수 있었을 것이다.

2003년, 내가 아주대 총장으로 일하고 있을 때 '인천경제자유지역'이 선포되었다. 무척 반가워하며 그 내용을 들여다보았는데, 오히려 내가 구상했던 것보다 후퇴했다는 느낌을 받았다. 내가 구상했던 것은 국내법과는 다른 체계로 운영되는 완전한 자유 도시국가였다. 인천경제자유지역은 입주하는 기업에게 여러 혜택을 주긴 하지만 여전히 각종 규제에 묶여 있다.

충분히 큰 그림을 그리고 키울 수 있는 아이디어가 부처 간의 이해관계 때문에 축소되는 경우가 많다. 비록 많은 시간이 흘렀지만 세계자유도시 구상은 지금도 여전히 유효하다. 우리에게는 이미 큰 청사진이 있고 과거와는 달리 해낼 만한 힘도 있다. 지금이라도 정부와 인천시가 대화를 나누어 과감한 계획으로 발전시켰으면 한다.

# 살아 있는 조직을
만들어라

리더십이 살아 숨 쉬게 하라

동북아 최대의 허브 공항을 준비하며 신공항 건설 사업을 검토해 보니 문제가 있었다. 건설비가 수조 원에 이르는 '단군 이래 최대 사업'을 한국공항관리공단의 일개 부서가 맡고 있었던 것이다. 공항관리공단은 국내 13개 공항을 관리하는 조직이고, 이들의 주 관심사는 현재 관리하는 공항을 원활하게 운영하는 일이다. 게다가 일개 부서 차원에서 건설을 진행하고 있어서 정부 부처나 기업에 협조를 구하는 것도 쉽지 않았다. 건설이 몇 년째 진행되고 있는

데 영종도까지 다리를 놓는 아주 기초적인 문제도 해결하지 못해서 건설자재를 배로 실어 나르는 상황이었다. 혼신의 노력을 다해 뛰어야 할 이시잠은 13개 공항에 일일 우열에 매달려 신공항 건설에 시간을 할애하기 어려웠다.

나는 확실히 책임질 조직을 만들고 법적 뒷받침을 하는 일이 급선무라고 생각했다. 그래서 법안을 올리고 결과를 기다리는데, 경제 부총리는 상정조차 해주지 않았다. 결국 책상을 치고 싸워가며 겨우 법안을 통과시켰다. 이렇게 해서 '인천국제공항건설공단' 완공 후에는 인천국제공항관리공단으로 개명되었다이 설립되었다.

이렇게까지 한 이유는 책임 소재를 분명히 하고 리더십을 살리기 위해서였다. 어떤 일을 추진할 때는 수많은 저항이 예상되는데, 조직을 맡은 사람의 리더십이 살아 있지 않으면 그것을 뛰어넘기 힘들다. 전전자교환기를 개발할 때 내가 'TDX개발단'과 'TDX사업단'을 만들어 양측 모두에게 예산 집행권과 인사권 등 모든 권한을 준 것이 그 대표적인 예이다.

어떤 프로젝트든 성공하기 위해서는 반드시 확실한 책임자가 있어야 하고, 그 책임자에게 분명한 권한을 주어야 한다. 똑같은 프로젝트라도 어느 부서에서 어떤 형식으로 담당하느냐에 따라, 그리고 조직을 맡은 사람에게 어느 정도의 권한을 부여하느냐에 따라 그 결과는 달라진다. 조직의 짜임새가 프로젝트의 성패를 좌우한다 해도 과언이 아니다.

이제 법안이 통과되었으니, 다음으로 중요한 것은 초대 사장의 선임이었다. 나는 많은 사람들의 의견을 물어 강동석 씨를 내정했다. 그는 교통부 기획관리실장과 해운항만청장을 역임하고 교통안전진흥공단 이사장으로 비교적 편하게 지내고 있었다.

그에게 사장을 맡아주도록 권했으나 수락하지 않았다. 얼마나 힘든 일인지 잘 알기 때문이다. 더구나 공항 건설은 다음 정권까지 이어지기 때문에 어떤 변을 당할는지 알 수 없는 일이기도 했다.

나는 그에게 말했다.

"어려운 일인 줄 압니다. 그러나 사나이로 태어나 한번 도전해볼 가치가 있는 일입니다. 나라의 미래가 걸린 일입니다."

그는 끝까지 대답을 하지 않았다. 하지만 놓치기에는 너무 아쉬운 사람이라 나는 "일주일 후에 다시 만납시다" 하고 시간을 벌었다.

일주일 후에 다시 찾아온 그는 고마운 이야기를 했다.

"장관님이 모처럼 말씀하셨는데 제가 받아들이지 못해 며칠 잠을 못 잤습니다. 고생이 되겠지만 보람으로 알고 해보겠습니다."

이렇게 시작한 강동석 씨는 기대했던 대로 빈틈없이 일을 해 나갔다. 공사가 본격적으로 시작되자 그는 영종도의 컨테이너 집에 살면서 작업을 진두지휘했다. 몇 년 동안 그의 고생은 말할 수 없이 컸다. 워낙 강직한 그는 각종 청탁을 듣지 않고 원칙대로 밀고 나갔다. 그 때문에 정권 실세들에게 밉보여 온갖 시달림을 당했다.

영종도 신공항 건설 공사가 한창일 무렵, 나는 동아일보 사장이 되어 있었다. 나는 강동석 사장이 모함으로 경질 위기에 몰릴 때마다 대통령 비서실장 또는 정권 실세들과 만나서 담판을 했다.

"누구의 청탁을 들어주지 않아서 물러나는지 나는 안다. 기자들이 가만히 있겠는가."

이 말은 효과를 내기에 충분했다.

"강동석 사장은 청탁이 통하지 않는 사람"이라는 소문이 나자, 문제가 나에게 생겼다. "강동석 사장을 움직일 수 있는 유일한 사람이 오명 동아일보 사장"이라는 소문이 나면서 나에게 청탁이 들어오기 시작한 것이다. 물론 나는 모두 거절했다.

인천국제공항이 성공적으로 개항한 후, 강동석 씨는 건설교통부 장관 물망에 올랐다. 하지만 그는 "적어도 사계절이 모두 지나는 동안 운영해보고 떠나고 싶다. 1년만 더 하게 해달라"고 말했다. 진심으로 신공항을 사랑하기에 하는 말이었다. 실제로 그는 정확히 1년을 운영하고 공단 사장직을 그만두었다. 그후 한국전력공사 사장이 되어 많은 일을 했다.

세월이 흘러 내가 참여정부의 과학기술 부총리로 입각하게 되었을 때, 노무현 대통령이 물었다.

"건교부 장관으로 누가 가장 좋겠습니까? 강동석 씨에게 제안을 했는데 본인이 고사하고 있습니다."

노 대통령은 가능하면 강동석 씨를 설득해서 함께 내각에 들어와 달라고 부탁했다.

나는 이번에도 어렵사리 강동석 씨를 설득할 수 있었다. 내각 명단이 발표되자 언론이 호의적인 평을 썼다. 그전까지는 개각할 때마다 평가가 좋지 않았는데 이번에는 괜찮았다.

나는 지금도, 인천공항 건설 현장에 찾아갈 때마다 작업복에 안전화를 신고 진흙 더미 위를 뛰어 다니던 강동석 씨의 모습이 떠오른다. 그의 끈기와 추진력, 그리고 강직함이 없었다면 오늘의 인천국제공항은 모습을 달리했을 것이다.

문제의 핵심을 파악하라

인천국제공항의 개항 준비가 한창일 때, 언론에는 연일 개항 준비가 미흡하다는 기사가 실리고 있었다. 이것저것 문제점을 지적하는데, 이대로 개항하면 국제적 망신을 당할 거라는 극단적인 표현까지 있었다.

나는 걱정이 되어 강동석 사장에게 전화를 했다. 그는 "이대로 개항할 겁니다. 자신 있습니다"라고 망설임 없이 말했다. 그는 빈 말을 하는 사람이 아니었다.

하지만 언론의 힘은 컸다. 멀쩡하게 잘되고 있는 일도 언론이 공격을 시작하면 당해내기 힘들다. 이유가 뭔지 알 것 같았다. 당시에 언론사 세무조사가 시작되어 신문들이 정부에 부정적인 기사를 연일 쏟아내고 있었던 것이다. 인천국제공항은 그 희생양이었다. 개항 일자를 연기해야 한다는 기사가 계속 실리자, 이제 정부와 여당에서도 개항일을 1년 연기하는 문제가 거론되기 시작했다. 이 문제를 어떻게 풀어 나갈 것인가?

나는 도대체 신문에 실린 그 모든 불만이 어디서 나오는지를 찾아보았다. 쉽게 파악할 수 있었다. 바로 인천공항건설공단의 직원들과 항공사 직원들이었다.

이들이 자신이 몸담고 있는 직장에 대해 안 좋은 말을 흘리는 이유는 간단했다. 김포공항에서 영종도로 옮겨간 직원들은 출근 거리도 멀어지고, 밥을 사 먹을 곳도 마땅치 않았다. 이런 열악한 환경에 비싼 고속도로 요금까지 내야 하니 불만이 쌓일 수밖에 없었다. 통행료로 매달 100여만 원 가까이 나오니 견디기 힘들었을 것이다. 이래저래 불만이 쌓인 직원들은 기자들을 만날 때마다 문제점을 이야기했고, 그것이 부풀려져 매일 신문에 보도되고 있었던 것이다.

나는 우선 출퇴근시 고속도로 요금을 낮춰주는 일이 급선무라고 판단했다. 건교부 장차관에게 전화를 걸어 요금을 낮춰주도록 설득했지만 예산을 만들어낼 수 없다는 답변을 들었다. 나는 여당의 정책위 의장에게 전화를 해서 넌지시 말했다.

"당신네 당의 표 떨어지는 소리가 들리는군요. 정책위 의장이 가만 있으면 되겠습니까? 긴급 예산을 투입해서라도 문제를 해결해보세요."

다음에는 청와대 경제 수석에게 전화를 걸었다. 역시 청와대는 달랐다.

"미처 파악하지 못한 일을 알려줘서 고맙습니다."

곧바로 부총리를 중심으로 하는 대책 회의가 소집되었다. 내용을 전해 들은 진념 부총리는 내게 전화를 해왔다.

"오 선배, 그런 일이 있으면 진작 나한테 말씀하시지. 곧 해결할게요."

인천국제공항고속도로 요금이 대폭 낮아지자 불만을 쏟아내던 보도가 거짓말처럼 사라졌다. 물론 그후에도 진념 부총리는 강동석 사장과 상의해서 불만 요인을 많이 해결해주었다.

소란이 가라앉은 후, 나는 동료가 된 주요 신문사 사장들과 함께 영종도를 방문했다. 강동석 사장이 직접 안내하며 그동안 제기되었던 문제들에 대해 완벽하게 해명을 했다. 감명을 받은 신문사 사장들은 완전히 달라졌다. "가서 보니 정말 잘하고 있더라", "더 이상 완벽할 수 없을 정도다." 그후 신문의 비판 기사는 찾아볼 수 없게 되었다.

꼬여 있는 문제일수록 단순하게 보면 정답이 보인다. 문제를 해결할 때 중요한 것은, 문제가 시작된 출발점을 찾는 것이다. 언론이 부정적인 기사를 싣는다고 해서 언론을 상대로 항의를 하는 것은 좋은 방법이 아니다. 어째서 그런 기사가 실리는지, 누가 그 출처인지를 찾아서 대응하면 훨씬 편하게 해결할 수 있다. 다른 문제도 마찬가지라고 생각한다.

빈 가방이 만들어준 자부심

수많은 우여곡절을 겪으며 드디어 개항 날이 다가왔다. 나는 장관 시절 세계의 공항을 많이 다니면서 공부를 한 덕에 개항 초기의 문제점을 파악하고 있었다. 수하물 자동 처리 시스템이 항상 말썽이었다. 미국이 자랑하는 덴버공항도 모든 시설이 훌륭했지만 수하물 자동 처리 시스템만은 1년이 넘도록 제 기능을 못했다. 홍콩의 첵랍콕공항도 몇 달 동안 어려움을 겪었다. 인천공항보다 조금 빨리 개항했던 그리스 아테네공항은 더 큰 어려움을 겪었다. 문제는 수하물 처리 시스템인 것이다.

강동석 사장과 만난 나는 "수하물 처리 시스템 하나만은 완벽하게 만들어냅시다" 하고 다짐했다. 물론 쉬운 일은 아니었다. 그러나 우리는 올림픽과 대전 엑스포에서 세계가 놀란 완벽한 전산 시스템을 운영한 저력을 가지고 있었다.

수하물 처리 시스템을 시험 운영하는 데 빈 가방이 많이 필요하다고 해서 나도 힘닿는 데까지 구해 보냈다. 강동석 사장은 많은 가방을 실제로 이용하여 계속 테스트하면서 문제점을 보완하고 있었다.

마침내 단장을 마친 인천국제공항이 개항을 했다. 언론의 그 요란한 비판이 무색하게도 인천공항은 첫날부터 아무런 사고 없이, 마치 오래 운영해 안정된 공항처럼 완벽하게 굴러갔다. 관제 업무, 출입국 업무, 수하물 처리 시스템까지 어느 하나 문제없이 완벽했다.

인천국제공항의 완벽한 개항은 국제사회에서 굉장한 뉴스가 되었다. 근래 많은 공항들이 개항 때 문제를 일으켰지만, 인천국제공항만은 완벽한 개항을 했기 때문이다.

나는 지금도 인천국제공항을 드나들 때면 자부심으로 가슴이 뛴다. 해외 어디에 가서도 자랑을 한다. 가장 쾌적하고 아름다운 공항, 가장 서비스가 좋은 공항, 천혜의 조건을 가진 아시아 최고의 공항, 그것이 바로 인천국제공항인 것이다.

인천공항에서는 짐 조사도 거의 하지 않는다. 과거 김포공항 시절에 세관을 통과할 때면 늘 길게 줄을 서야 했다. 무거운 가방을 겨우 들어 검색대 위에 올려놓으면 세관 직원은 여인의 속옷까지 꺼내가며 샅샅이 뒤졌다. 내국인도 내국인이지만 외국인들은 얼마나 불쾌했겠는가. 1994년 '한국 방문의 해' 행사를 할 때 주무장관이었던 나는 과감히 짐 조사를 줄였다. 이를 위해 공항 내부 구조와 검색대도 바꾸고 고속 엑스레이도 설치했다. 신고하는 짐에 대해서만 세금을 매기고 나머지는 원칙적으로 그냥 통과시켰다. 입국 절차가 엄청나게 간소화되어 이용객들이 무척 좋아했다. 이러한 원칙은 신공항에도 그대로 적용되었다. 그 혜택을 지금 모든 국민이 보고 있는 것이다.

해외의 수많은 공항을 다녀봤지만, 우리 인천국제공항보다 나은 공항을 보지 못했다. 인천국제공항은 '노 에러, 노 다운'의 완벽한 시스템을 가진 세계 유일의 공항이다. 더욱이 최근에는 3년 연속으로 국제공항협의회ACF와 국제항공운송협회IATA가 꼽은 '세계 최고의 공항'으로 선정되었다. 인천국제공항은 이제 국제 화물 운송 세계 2위, 국제 여객 운송 세계 10위로 나날이 성장하고 있다.

누가 뭐래도 인천국제공항은 나의 자부심이다. 세계가 엄지손가락을 추켜세우며 칭찬하는 최고 공항인 데다가, 이 공항이 완성되기까지 흘린 우리의 피와 땀을 기억하기 때문이다. 사무실 바닥에 매트리스를 깔고 자면서 총 8년의 공사 기간 동안 혼을 바쳐 일했던 공사 근로자들, 흔들림 없는 강직한 리더십으로 끝까지 책임을 완수한 강동석 사장, 텅 빈 갯벌에 땅을 다지고 길을 만들고 건물을 세우고 풀 한 포기 나무 한 그루에 책임과 정성을 다했던 모든 사람들. 그들 모두에게 인천국제공항은 자부심이다. 세계 최고의 공항을 건설했다는 자부심, 그 일부가 될 수 있었다는 자부심, 그리고 우리 국민들에게 어깨 펴고 당당히 자랑할 수 있는 세계 제일의 공항을 만들어주었다는 자부심이다.

새벽의 소리 없는 행군

인천국제공항과 관련된 재미난 에피소드가 있다. 우리 국민의 저력을 보여주는 조그만 사건이다.

개항 전날 밤이었다. 김포공항에서 마지막 업무를 끝내고 모든 짐을 싣고 인천국제공항으로 이동이 시작되었다. 화물을 실은 차량 5,000대가 짧은 시간 안에 인천공항으로 이동하여 새벽녘에는 모두 제자리에서 업무를 재개해야 했다.

1998년 홍콩의 첵랍콕공항이 문을 열었을 때는 화물차들이 뒤엉키면서 엄청난 혼란이 있었다. 신공항을 개항한 대부분의 나라들이 이동하던 날 크고 작은 혼란을 겪어야 했다. 이건 단순히 사무실을 옮기는 차원이 아니다. 비행기를 안전하게 이착륙시키고 방문객을 맞이하고 승객을 안전하게 떠나보내는 일로, 그야말로 신중해야 한다.

공항공단 측은 처음에는 이러한 대이동을 전문으로 하는 독일 업체에게 이 일을 의뢰했다. 그런데 그들이 내놓은 이동 계획을 들여다보고는 한 임원이 고개를 흔들었다.

"이대로는 안 됩니다. 제게 맡겨주십시오."

그는 예비역 소령으로, 군에서 차량 행군을 많이 지휘해본 사람이었다. 그는 며칠을 고민해서 이동 계획을 다시 세웠다. 새로 만들어진 계획은 완전히 군대식이었다. 전쟁 때의 차량 행군과 군수

물자 수송에 쓰이는 공식을 그대로 적용하여 체크포인트 1, 체크포인트 2 등을 정하고, 이동하는 중간 중간 점검 계획을 세우는 등 치밀하고 조직적인 이동 계획을 만들어 온 것이다.

마침내 김포공항에서의 마지막 업무가 끝나고, 그의 지휘 아래 공항의 모든 직원들과 화물차 운전사들이 이동을 시작했다. 5,000대의 화물 차량이 새벽 어스름 속에서 하나 둘 차례대로 출발했다. 인천공항에는 미리 도착한 직원들이 화물차가 들어오는 즉시 장비를 제자리에 옮기기 위해 대기하고 있었다. 화물차 한 대가 도착할 때마다 차곡차곡 일이 진행되었다. 그렇게 5,000대의 마지막 화물차가 도착할 때까지, 우리의 이동은 한 치의 오차도 없이 무사히 끝이 났다.

새벽 4시경 첫 비행기가 이륙을 준비하고 있을 때, 공항의 모든 직원들은 예정대로 제자리에서 업무를 수행하고 있었다. 개항 첫날 아침, 사람들이 몰려와 공항을 가득 메울 즈음에는 밤사이 있었던 대이동의 흔적은 그 어디서도 찾아볼 수 없었다. 우리가 또다시 해낸 것이다!

그날 현장에 있던 사람들은 화물차 5,000대가 일사분란하게 움직였던 그날 밤의 장관에 대해 이렇게 말한다.

"캄캄한 한밤중에 보이는 것은 헤드라이트의 불빛뿐이었다. 화물차의 행렬이 꼬리에 꼬리를 물고 이어졌다. 모두들 아무 말 없이 무전기 소리에 귀를 기울이며 긴장의 고삐를 놓지 않았다. 우리 모두 역사의 대이동에 동참하고 있다는 책임 의식과 사명감을 느꼈다. 마치 군 복무 시절로 돌아간 것 같았다."

 이 사건은 세계적인 화제가 되었다. 어느 나라도 이렇게 완벽한 이동을 한 나라는 없었기 때문이다.

윗사람에게 의리와 충성을 다하라

1995년 가을, 대통령과의 독대

30여 년간의 공직 생활 중에서 가장 어려웠던 때를 꼽으라면 아마도 1995년 가을이었을 것이다. 총선을 앞둔 때였다.

어느 날 갑자기 김영삼 대통령이 나를 청와대로 불렀다. 장관이 대통령과 면담할 때는 담당 수석 비서관이 배석하는 것이 상례이다. 그런데 그날은 대통령과 나, 단둘뿐이었다.

이런저런 이야기를 나누던 끝에 대통령이 본론을 이야기했다.

"이번 선거에 출마하시지요."

전혀 예상치 못했던 일이라, 순간적으로 답변할 말을 찾을 수가 없었다. 내 머릿속에는 어떻게 거절할까 하는 생각뿐이었다. 하지만 그 자리에서 거절할 수는 없으니 "생각해볼 시간을 주십시오"라고 말하고 청와대를 나왔다.

공직에 들어선 지 15년이 된 시점이었지만 정치 쪽으로는 단 한 번도 관심을 둔 적이 없었다. 관직에 있다가 정계로 나간 사람이 수없이 많지만, 내가 내린 결론은 행정과 정치는 완전히 다른 세상이라는 것이었다. 행정가는 원칙에 따라야 하고 과묵해야 하며 주목을 받기보다 보이지 않는 곳에서 묵묵히 일하는 것을 즐겨야 한다. 이에 반해 정치가는 논쟁을 좋아하고 스포트라이트를 즐기며 화려한 생활을 해야 한다. 관직에 있으면서 많은 정치가들을 만났지만, 그들을 볼 때마다 나와는 길이 다르다는 것을 확인했을 뿐이었다.

그런데 참으로 난감했다. 그동안 주변 사람들이 출마의 '출' 자라도 꺼낼 때면 그런 일은 없을 거라며 일축해왔다. 그런데 이번에는 대통령이 직접 나를 불러 간곡히 부탁하는 것이 아닌가. 김영삼 대통령은 문민정부를 열면서 5·6공 인사를 절대로 등용하지 않겠다고 공약을 했었다. 그런데 그것을 번복하면서까지 나를 장관에 앉혔다. 몇 번이나 사양했는데도 불구하고 기어코 내각 명단에 내 이름을 집어넣었던 것이다. 또한 교통부와 건설부가 통합될 때에도 굳이 나를 앉힐 필요가 없는데도 통합 부처의 장관으로 나를 임명하셨다. 덕분에 나는 인천국제공항 건설 같은 엄청난 역사적 사업을 진두에서 지휘하는 영광을 누렸다. 그러니 대통령이 어려운 시국을 만나서 총선에 출마해달라고 간곡히 청하는데 이를 마다하는 것은 아무래도 도리가 아니었다. 개인 입장만 생각하는 의리 없는 사람이 되는 것이었다.

당시에는 여당의 인기가 추락하고 있는 상황이라, 어느 지역에서도 표를 얻기가 힘들었다. 대통령은 그래도 과천 지역만큼은 절대로 빼앗길 수 없다는 생각을 갖고 계셨다. 과천은 공무원이 가장 많은 곳인데, 그곳을 야당에 빼앗긴다면 정부의 체면이 말이 아니기 때문이었다. 그래서 과천 지역에서 여론조사를 하면서 가장 당선 가능성이 많은 후보를 알아보니, 그게 바로 나였던 것이다.

결국 나는 출마를 하기로 마음먹었다. 대통령에 대한 의리를 지키자. 단, 정치는 이번에 딱 한 번만 하고 다시는 하지 않을 생각이었다. 정치인들이 문제가 생기는 것은 자꾸만 계속 정치를 하려고 하기 때문이다. 나는 그런 욕심이 전혀 없기 때문에 짧고 굵게 일하고 미련 없이 정계를 떠날 생각이었다.

그렇게 마음을 굳히고 있는데, 예상치 못한 사건이 터졌다. 노태우 대통령의 비자금 사건이 터지고 불과 몇 주 만에 그가 구속된 것이었다. 이런 상황에서 6공화국에서 장관을 지낸 내가 출마하는 것이 옳은가 고민하게 되었다. 그런데 얼마 후 전두환 대통령도 구속이 되었다.

며칠 동안 잠을 이룰 수가 없었다. 고민 끝에 나는 대통령에게 독대를 요청했다. 오랜 공직 생활 중 내가 대통령에게 독대를 요청한 것은 그때가 처음이자 마지막이었다.

나는 김영삼 대통령께 어려운 말씀을 드려야 했다.

"정말 죄송하지만 출마를 다시 생각해봐야겠습니다. 어려서부터 군사부일체君師父一體라고 배워왔습니다. 대통령은 아버지와 같은 것입니다. 제가 모시던 두 분 대통령이 구속되었는데, 어떻게 출마할 수 있겠습니까? 이번 출마는 도저히 할 수가 없습니다. 부디 양해해주시기 바랍니다."

대통령은 나를 설득하려고 애썼다.

"당신은 이미 문민정부에서 장관으로 일하면서 완전히 검증을 받은 사람입니다. 물론 출마에도 아무런 하자가 없습니다."

그는 내가 출마하면 틀림없이 당선될 것이라고 했다.

하지만 문제는 그것이 아니었다.

"출마하면 어쩔 수 없이 과거 정부에 대한 이야기를 하지 않을 수 없는 경우도 생기는데, 제가 모시던 대통령을 제가 어떻게 비난할 수 있겠습니까? 다른 건 몰라도 제가 모시던 대통령들께 돌을 던질 수는 없습니다."

결국 김영삼 대통령도 더 이상 권하지 못했다. 의리의 정치인인 그가 신의와 충성을 모를 리가 없었다. 그는 나의 입장을 충분히 이해했고, 더 이상 강요하지 않았다.

나는 출마하는 일 외에는 직급에 관계없이 어떤 일이라도 돕겠다고 약속을 드렸다. 그렇게 해서 나는 15대 총선에서 신한국당의 정책공약위원장으로 봉사하게 되었다. 내 인생에서 유익무이한 정치 생활이 시작된 것이다.

나는 신한국당의 선거 공약을 만들고 각 지구당의 공약을 검토했다. 또 당시는 정보화 운동이 한창 무르익고 있을 때여서 젊은 이들에게 내가 인기가 있다고 해서 당의 안내 멘트 등도 내 목소리로 녹음하였다. 다행히 선거 결과는 만족할 만했다.

선거가 끝난 후 나는 홀가분한 마음으로 정부와 정치권을 떠났다. 물론 그후로 정치 쪽은 다시 돌아보지 않았다.

한번 모신 윗사람은 영원한 스승이다

윗사람에게 예를 다해야 한다는 생각에는 지금도 변함이 없다. 이건 공직 사회에만 해당하는 것이 아니다. 어떤 조직에서든 윗사람은 나의 스승이자 아버지이다. 그들은 내가 더 나은 사람이 될 수 있도록 가르쳐주었고, 더 발전할 수 있도록 키워주었다. 그들에게 충성을 다하는 것은 그 은혜에 대한 당연한 보답이다.

김재익 수석은 공직의 기초도 잘 몰랐던 나를 청와대로 불렀고 일 잘하는 법의 대부분을 가르쳐주었다. 내가 체신부 차관으로 가게 되었을 때, 그는 자기 일처럼 기뻐하며 나를 보내주었다. 공직자의 마음 자세를 가르쳐준 최광수 장관, 집념을 가르쳐준 최순달 장관, 그리고 김성진 장관, 이자헌 장관, 이대순 장관 등, 내가 체신부에서 모셨던 모든 장관들이 내게 전적인 신뢰와 격려를 주었다. 하던 일을 끝까지 하라며 무려 8년의 기간을 체신부에 있게 해준 전두환 대통령, 대전 엑스포 조직위원장이라는 내 생애 최고의 영광을 준 노태우 대통령, 그리고 5·6공 인사라는 부담에도 불구하고 나를 기용해준 김영삼 대통령, 내게 최초의 과학기술 부총리라는 명예를 준 노무현 대통령 역시 나의 스승이다.

내가 어디에 있건, 얼마나 높은 자리에 올라가건 절대로 잊지 말아야 할 것은, 그들이 없었다면 현재의 나도 없다는 것이다. 내가 누리는 모든 명예와 보람은 모두 그들의 덕이다.

요즘은 윗사람에 대한 충성을 구시대의 유물로 생각하는 사람이 너무나 많다. 시키는 대로 일하고, 월급 받는 만큼만 일하면 윗사람에 대한 도리는 다했다고 생각하는 식이다. 하지만 이들이 꼭 알아야 할 것은, 정작 스스로가 리더가 되어 조직을 이끌게 되면 아랫사람들의 충성심이 너무도 아쉬워질 것이라는 점이다. 오직 충성하는 사람만이 리더가 될 자격이 있다. 그 이유는 진심으로 충성하는 자만이 조직의 목표를 자신의 목표로 여기고 주인 의식을 갖고 최선을 다해 일할 줄 알기 때문이다.

내가 말하는 충성은 출세를 위한 아부나 계산적 줄서기와는 다르다. 충성은 말 그대로 충성忠誠이다. 이것은 진실과 정성으로 윗사람을 섬기고 공경하는 순수한 마음이다. 윗사람이 기침이라도 하면 얼른 약국으로 뛰어가 약 한 첩을 지어 올리는 마음, 아침 일찍 뜨거운 곰탕이 먹고 싶다고 하면 단골집으로 뛰어가 사 와서 아침상에 올릴 수 있는 그런 마음가짐이 필요하다. 윗사람이 되어 보면 아랫사람들의 마음쯤이야 훤히 들여다보인다. 누가 거짓으로 위하는 척하는지, 누가 진심인지 보이는 것이다. 그러니 아부를 충성으로 포장하는 건 괜한 헛수고다.

아랫사람으로서 우리가 충성할 수밖에 없는 것은, 위에서 베푼 사랑이 무척 크기 때문이다. 아직도 자기가 잘나서 혼자 컸다고 착각하고 있는가? 그 어떤 사람도 리더의 도움 없이 혼자서 성장할 수는 없다.

한편, 윗사람에게 받은 사랑을 갚아 나가는 가장 옳은 방법은 아랫사람에게 사랑을 베푸는 것이다. 내 윗사람이 나에게 했듯이 아랫사람에게 똑같이 베푸는 것이다. 그들에게 믿음과 격려를 주고, 그들이 잘하는 전문 분야가 무엇인지, 업무 스타일은 어떤지, 대인 관계와 리더십은 어떤지 평소에 잘 눈여겨보았다가 더 능력을 발휘할 수 있는 기회가 오면 축하하며 떠나보내는 것이다. 힘들 때 곁에 있어주고, 집안에 어려운 일이 생겼을 때 도움을 주는 것, 함께 일하든 그렇지 않든 보고 싶을 때나 도움이 필요할 때면 언제든 찾아오라고 말해주는 것. 그것이 윗사람의 은혜를 갚기 위해 내가 아랫사람들에게 해야 할 일이다.

　문민정부 시절 5공 청문회를 거쳐 전두환 대통령이 기피 인물로 몰리던 때, 그의 막내아들이 조촐한 결혼식을 올렸다. 나는 그를 모셨던 아랫사람으로서 당연히 결혼식에 참석했다. 식장에 도착해서 승용차 문을 열고 나오니 대기하던 모든 카메라가 일제히 나를 향해 플래시를 터트렸다. 문민정부의 장관이 된 5공 인사가 문민정부에 의해 배척된 전직 대통령의 아들 결혼식에 참석했다는 것은 신문의 헤드라인을 장식하기에 아주 좋은 소재였다. 하지만 나는 개의치 않았다. 한번 모신 윗사람은 영원한 스승이다. 내가 모신 대통령 댁에 경사가 났는데 주위의 눈이 두려워 가지 않는다는 것은 말이 되지 않는다. 그때 현직 각료 중에 결혼식에 참석한 사람은 내가 유일했다.

　때마침 대구 지하철 가스폭발 사고가 있었다. 수뇌부에서는 겸사겸사 관련 부처 장관인 나를 경질하자는 의견이 있었지만, 나는 신경 쓰지 않았다. 만일 그때 나를 경질했더라면 속 좁은 정권이라는 이야기를 들었을 것이다.

　나는 지금도 내가 모셨던 모든 대통령과 장관들을 한결같은 마음 자세로 모시고 있다. 정치적인 문제는 잘 알지 못한다. 나에겐 그들 모두 똑같은 스승이다.

기품 있는 공직자의 모습

내가 모신 여러 스승 중에서 아픈 기억으로 남아 있는 분이 있다. 바로 체신부 시절 모셨던 김성진 장관이다. 그는 전두환 대통령과 같은 육사 11기로, 중앙정보부 차장과 국방과학연구소 소장을 역임한 분이다.

그에게는 많은 일화가 있다. 그는 최고의 수재였고, 경쟁자가 없는 일등이었다. 당시 육사에는 미국인 고문관이 있었다. 한번은 미국 고문관과 같이 영어 시험을 보았는데, 김성진 씨의 성적이 더 좋았다. 또 그는 서울대학교 사학과를 졸업했는데, 육사에 와서는 수학과 교수가 부족하다고 수학을 강의하도록 했다. 뿐만 아니라 물리학이 어려워 미국에 공부하러 보낸 사람들이 고전을 한다는 보고를 받은 참모총장이 "머리 좋은 김성진을 보내라"고 특별 지시를 해 미국에서 물리학 석사학위를 받게 되었다. 그후 다시 장학금을 받고 미국 대학에서 공부하여 기계공학 박사가 되었다. 귀국 후에는 국방과학연구소에서 일했다. 4·19혁명 당시, 계엄사령관이었던 송요찬 장군이 상황을 잘 파악하고 적절한 조치를 취하여 좋은 평을 받았는데, 당시 그의 부관이 김성진 씨였다.

그는 항상 정의의 편에 섰고, 후배들은 그를 믿었다. 전두환 대통령도 동기생이지만 김성진 씨를 높이 평가하고 어려워했다. 어려운 시절에 그를 중앙정보부 차장으로 영입했던 것도 그가 가진

정의로운 이미지 때문이었을 것이다. 그는 모든 사람들이 존경하고 어려워하는 분이었다. 청렴하고 강직한 분, 겸손하게 살면서 늘 국가의 장래를 걱정하는 분으로, 함께 일했던 모든 사람들이 마음에서 우러나오는 존경심을 가졌다.

하루는 청와대에서 연락이 왔다. 차기 장관 선정을 놓고 고민하고 있는데 김성진 국방과학연구소 소장이 어떨까 생각하고 있다는 내용이었다. 체신부라는 곳이 이권이 많은 곳이라, 김성진 소장처럼 강직한 분이 필요하다며 그를 꼭 체신부 장관으로 모시고 싶다고 했다.

그런데 문제가 있었다. 그가 건강이 좋지 않다는 소문이 있었다. 청와대는 내가 직접 가서 그의 건강이 어느 정도인지 알아봐 달라고 부탁했다. 내려가서 보니 생각보다 건강이 괜찮아 보이셨다. 같이 식사를 하면서 이런저런 얘기를 나누는데, 혈색도 괜찮고 거동에도 큰 불편이 없어 보였다. 나는 건강에 이상이 없다고 보고했다.

장관으로 부임한 후, 그는 가장 먼저 이 말씀부터 하셨다.

"자네 강연록을 내가 좀 봐도 되겠는가?"

당시 나는 정보화사회에 대해 강연을 하며 이곳저곳을 다녔는데, 바로 그 파일을 보고 싶다고 하신 것이다. 꽤 두툼한 강연록을 드렸더니, 그걸 일주일 만에 마스터해서 내가 주장하는 것을 줄줄 읊으실 정도였다. 그후로는 어딜 가든 스스로 정보화사회를 알리고 다니셨다.

정보화사회를 위한 플랜을 제대로 만들자며 2000년까지의 장기 계획을 제인힌 분도 김성진 장관이었다 편지 나르고 전화 놓는 일이나 하던 체신부가 2000년까지의 장기 계획을 세우다니, 공직 사회에서 이것은 아주 충격적인 일이었다. 이후로 장기 계획을 세우는 것이 모든 부처의 기본 업무가 되었다.

당시 체신부는 전전자교환기 개발 사업과 반도체 개발 사업, 행정전산망 사업 등 여러 대규모 사업을 추진하고 있어서 기업들의 청탁과 로비가 극심했다. 하지만 폭풍의 한가운데 앉아 있으면서도 김성진 장관은 전혀 미동이 없었다. 그는 돈을 멀리하는 분이었다. 심지어 장관에게 주어지는 판공비까지도 나에게 쓰라고 챙겨주셨다.

"장관이 판공비가 무슨 필요가 있어. 일은 차관이 다 하니까 차관이 쓰게."

연말이 되면 남은 판공비를 국장들에게 나눠 주시기도 했다. 정말이지 하나부터 열까지 너무나 모범적인 분이었기에 우리는 그저 고개를 숙일 수밖에 없었다.

그런데 가까이서 지켜보니, 처음 생각과는 달리 역시 건강이 안 좋으셨다. 평소에는 건강해 보였지만 조금만 과로하면 힘들어하시는 걸 옆에서 느낄 수 있었다. 그래서 나는 적어도 체신부에 계시는 동안은 과로하시지 않도록 최대한 보필해드렸다. 오전에는 편히 쉬시게 하고 중요한 보고는 오후에만 드렸다. 덕분에 체신부에 있는 동안 장관님은 큰 탈 없이 건강히 잘 지내실 수 있었다.

그렇게 1년쯤 지날 무렵, 청와대가 이분을 과학기술처로 보냈다. 그때 전두환 대통령이 과학기술처를 획기적으로 발전시키겠다는 구상을 하셨는데, 김성진 장관이 그 적임자라 판단했던 것이다. 축하해드리며 보내드렸지만, 나는 내심 그의 건강이 걱정되었다. 과로와 스트레스는 금물이니 일은 다 아랫사람에게 시키시라고 신신당부를 하는 수밖에 없었다.

하지만 우려가 현실이 되고 말았다. 과기처에 가신 후 몸소 여러 중소기업을 찾아다니며 의욕적으로 일하셨는데, 몇 달 만에 건강이 나빠진 것이었다. 결국 장관직을 그만두셔야 했다.

그후로 장관님과의 연락이 완전히 끊겼다. 나뿐만 아니라 공직에 함께 있던 지인들 중에 장관님 소식을 아는 사람이 아무도 없었다. 공직에서 떠나는 그 순간부터 장관님은 우리에게 부담이 될까 봐 모든 연락을 끊으신 것이었다.

세월이 오래 흘러, 후배 한 명으로부터 김성진 장관의 소식을 전해 들을 수 있었다. 건강이 많이 나빠지셔서 강원도 속초 부근의 산골에 살고 계신데, 그 오랜 세월을 공직에 계셨으면서도 쌓아둔 부 재산이 하나도 없어서 오직 연금에만 의존하며 지내신다는 것이었다. 모처럼 후배가 방문을 하자 장관님은 속초 시내로 데려가 불고기를 사주셨다고 한다. 그런데 그날 밤 장관님 부부가 다투는 소리를 우연히 듣게 되었다. 생활비가 모자란데 불고기를 먹었으니 앞으로 어떻게 사느냐며 사모님이 우시고 장관님이 달래는 소리였다. 이 얘기를 들으니, 감히 찾아뵐 수조차 없었다.

얼마 후 장관님이 암에 걸렸다는 소식이 들려왔다. 병이 확인된 후 과기처가 원자력병원에 입원실을 마련하고 그렇게 오시라고 권했건만, 장관님은 당신이 계셨던 부처에 폐를 끼칠 수는 없다며 한사코 사양하셨다. 결국 다른 병원에 입원하셨고, 그곳에서 돌아가셨다.

장례식장에 가보니, 마음이 너무 아팠다. 그토록 훌륭한 인품으로 많은 사람의 존경을 받은 분인데 공직에서 떠난 후 갖은 고생을 하고 암에 걸려 쓸쓸하게 돌아가시다니……. 게다가 장례 지낼 돈조차 없어서 유족들이 고민을 할 정도였다. 분향소 앞에서 절을 하자니 나도 모르게 줄줄 눈물이 흘렀다. 내가 받은 가르침에 비해 해드린 것이 아무것도 없었다.

공직자가 걸어야 할 길을 누구보다도 잘 알고 계셨던 김성진 장관님. 청렴을 위해 가난을 자청하고 지인들과의 인연까지 끊으셨던 분. 최후까지 공직자로서의 기품을 잃지 않고 꼿꼿하게 사셨던 분. 그분을 기억하는 사람들이 많았으면 한다.

변화의 선두에 서라

리더의 진정한 용기

잠시 쉬고 있을 때 동아일보 김병관 회장으로부터 만나자는 연락이 왔다. 동아일보 사장으로 와달라는 것이었다. 뜻밖의 제안이었다. 5·6공 장관 출신을, 그것도 육사 출신을 군부독재와 싸워온 대표 신문사인 동아일보에서 사장으로 영입한다는 것은 생각하기 어려운 일이었다.

김병관 회장은 그렇게 독특한 분이었다. 어눌한 말씨 뒤에는 세상 전체를 한눈에 꿰뚫어 보는 혜안이 있었다. 정치판 돌아가는 흐름을 누구보다 정확히 읽고 있었고, 대통령에게 서슴없이 직설적인 충고를 했다. 술에 취해 인사불성이 되었다가도 다음 날 술자리에서 있었던 대화를 토씨 하나 틀리지 않고 그대로 이야기하는 분이었다. 김병관 회장은 나를 미래를 내다볼 줄 알고 의리가 있는 사람으로 평가해주었다. 내가 동아일보 사장이 되었을 때, 당시 김대중 총재는 이렇게 말했다.

"김병관 회장은 머리가 대단히 좋은 분이요. 세간에 알려진 것과는 다르오. 지내보면 내 말이 맞다는 걸 알게 될 거요."

처음 동아일보를 맡았을 때, 주변에서는 과연 내가 언론사 경영도 잘할 수 있을까 우려하는 시선이 많았다. 게다가 신문사는 기업 중에서도 가장 역동적인 조직에 속했다. 직원들의 요구 사항도 많고 사회적 책임도 높으며, 그러면서도 경쟁이 엄청난 시장에서 이윤을 추구해야 하는 생리도 무시할 수 없었다. 무엇보다도 그동안 쭉 정부 일을 해왔던 내가 신문사 중에서도 가장 정부에 비판적인 동아일보에 들어왔으니, 사람들의 우려에도 일리는 있었다.

부임 초기에 제일 급한 것은 동아일보가 나아갈 기본 계획을 수립하는 것이었다. 나는 청와대 시절부터 건교부 시절까지 늘 장기 계획을 수립하는 일에 익숙해져 있었다. 어느 조직이든 장기적인 계획 없이는 제대로 굴러가지 않는다. 특히 날마다 신문을 찍어내기에 급급한 일간지들이 오히려 이 부분을 놓쳐버리기 쉬웠다. IT 혁명이 서서히 확산되고 있고 뉴밀레니엄과 함께 정보화 사회가 다가오고 있는데, 동아일보는 이에 대해 어떤 준비가 되어 있는가? 고민 끝에 나는 간부 회의에서 컨설팅을 받자고 제안했다. 모두들 눈이 동그래졌다. 아무 문제 없이 잘 굴러가고 있는 회사를 왜 컨설팅 회사에 맡기느냐는 반응이었다.

사실 그때까지만 해도 한국의 기업들은 컨설팅이란 말에 익숙하지 않았다. 거의 갈 데까지 가서 망할 지경에 이르러서야 받는 것이 컨설팅이라 생각했던 것이다. 나름대로 좋은 경영을 해왔다고 자부하는 경영자라면 컨설팅을 받기로 결정하는 것 자체가 자존심 상하는 일이 아닐 수 없었다.

그러나 컨설팅은 결코 경영자의 무능력을 의미하는 것이 아니다. 《포춘》이 선정한 세계 400대 기업들 중 컨설팅을 받지 않은 회사는 거의 없다. 심지어 미국과 유럽의 몇몇 나라들은 국가 행정조직까지도 컨설팅 업체에 맡길 정도다. 수수료는 거액이지만, 일단 한번 컨설팅을 받고 나면 비용 절감 효과가 나타나 그만큼 국민 세금이 절약되기 때문이다.

나는 컨설팅의 장점을 조목조목 열거하며 임원들을 설득했다. 무엇보다도 구조 조정을 통해 조직 전체의 소통이 원활해질 것이며, 비용의 절감으로 경영 이익을 극대화할 수 있다. 업무 방식을 체계화하여 직원들의 근무 환경 수준을 높이는 데도 기여한다.

하지만 무엇보다 컨설팅의 백미는 결과보다도 그 과정에 있었다. 컨설팅을 하다 보면 그동안 쌓였던 모든 문제점들이 하나 둘씩 드러나게 된다. 그중에는 경영적 모순이나 잘못된 관행 등 분명한 것도 있겠지만, 전혀 인식하지 못했던 사소한 불만들, 이를테면 데스크와 기자들의 인간관계와 같은 미묘한 문제도 있다. 너무 사소해서 그냥 덮어두려고 했던 문제까지도 도마 위에 오르게 되고, 서로 치사할 정도로 솔직하게 얘기하지 않을 수 없게 된다.

물론 그것은 기업에 엄청난 타격이 될 수도 있다. 하지만 이것을 잘 극복하면 새로운 아이디어가 봇물처럼 터져 나오게 될 것이고, 조직의 원활한 의사소통으로 이어질 것이다. 아픈 만큼 성숙하게 되는 것이다.

이런 이유에서 나는 컨설팅을 꼭 해야 한다고 간부들을 설득했고, 마침내 좋은 컨설팅 팀을 하나 찾아내 의뢰를 하게 되었다. 얼마 후, 30여 명의 컨설턴트들이 소리 소문 없이 동아일보로 출근을 시작했다. 이들은 보통 생각했던 컨설턴트의 이미지, 즉 말쑥한 정장에 넥타이를 매고 금테 안경을 낀 엘리트처럼 굴지 않았다. 그보다는 마치 아무것도 모르는 신입 사원 같은 얼굴을 하고 부서 곳곳의 업무를 배우기만 했다. 컨설팅을 잘하려면 먼저 그 회사의 사원이 되어야 한다는 것이 이 컨설팅 팀의 주장이었다.

한 보름쯤 지난 후부터 컨설턴트들은 직원들과 본격적으로 대화를 하기 시작했다. 너희들은 불만이 무엇이냐, 어떻게 바뀌었으면 좋겠느냐, 그렇게 되기 위해서는 앞으로 어떻게 해야 하겠냐. 이런 질문들을 직원들에게 던지고 사소한 일 하나까지 꼬치꼬치

캐물었다. 같은 질문 공세를 간부들에게도 했다. 물론 간부들의 의견과 직원들의 의견은 차이가 많았다. 문제는 이걸 어떻게 좁혀 나가느냐하는 데 있었다.

그후 컨설팅 팀은 긴급 제안을 했다. 간부와 직원들이 함께 2박 3일로 합숙 훈련을 가자는 것이었다. 그 2박 3일 동안 우리는 잠도 자지 않고 열띤 토론을 벌였다. 쌓였던 불만들이 폭발했고 새로운 아이디어들이 쏟아져 나왔다. 그동안 컨설턴트들은 뒤에서 뒷짐 지고 구경만 하였다.

결국 그 자리에서 우리도 모르는 사이에 새로운 마스터플랜이 탄생했다. 컨설팅 팀은 우리가 두서없이 내놓은 아이디어를 모아서 A4 50장 분량의 보고서를 만들어주었다. 여기에는 전체 운영안과 개선 방안, 인사관리 등 신문사 운영에 대한 모든 계획이 정리돼 있었다.

이 계획에 따라 조직을 개편한 후, 기사 작성에서 마감, 편집, 인쇄까지 모든 경로가 단축되었다. 경로가 단축되니 취재부와 편집부, 광고부의 관계도 훨씬 매끄러워졌다.

컨설팅 팀은 경영 효율성을 위해 몇몇 시스템의 아웃소싱out-sourcing을 권유했다. 그 결과 식당 운영과 수송 업무 등을 외부 전문 업체에 위탁했고, 곧이어 전산 업무까지 위탁하게 되었다. 전산 업무를 아웃소싱하는 데는 논란이 많았다. 어떻게 보면 신문사가 가진 가장 큰 재산이 정보인데, 이것을 외부 업체에 맡긴다는 것은 신문사의 금고를 남에게 맡기는 것과 다름없었기 때문이다.

하지만 조금만 뒤집어 생각하면 그것이 훨씬 효율적이라는 것을 알게 된다. 전산용 컴퓨터와 소프트웨어는 해가 멀다 하고 버전이 바뀐다. 컴퓨터와 소프트웨어 구입비는 물론, 이에 따른 직원들 교육에만도 매년 수십억 원이 들어간다. 반면 아웃소싱을 하게 되면 소프트웨어 업그레이드 및 직원 교육이 모두 동아일보가 아닌 위탁 업체의 책임이 된다. 우리는 가만히 앉아서 알뜰한 비용으로 최첨단 전산 시스템의 혜택을 누리게 되는 것이다.

논란 끝에 결국 전산 업무를 아웃소싱하게 되었는데, 그 결과는 놀라웠다. 1996년에 아웃소싱을 시작한 이후로 2000년까지 시스템 업그레이드가 다섯 차례나 이루어진 것이다. 모두 우리가 요구한 것도 아니고 업체에서 알아서 해주었다.

이렇게 하나하나 바뀌 나가고 새로운 시스템에 적응하고 있을 무렵, 외환 위기가 닥쳐왔다. 기업의 대대적인 구조 조정과 감원 바람은 신문사라고 예외가 아니었다. 기자들이 머리에 띠를 두르고 '생존권 보장'을 외쳐야 했다.

하지만 동아일보는 그럴 필요가 없었다. 이미 구조 조정을 통해 비효율적인 부분을 모두 제거했기 때문에 위기에 대처할 준비가 되어 있었던 것이다. 물론 동아일보도 약간의 인원 감축을 했지만 직원들이 큰 불만 없이 받아들일 수 있는 수준이었다. 그때 노조 위원장이 찾아와 이렇게 말했다.

"오 사장님이 오신 이후로 조직에 피가 돌기 시작했습니다. 제발 오래 있어주십시오."

덕분에 얼마 있지 못할 것이라는 주위의 우려를 뒤로하고 나는 동아일보에서 무려 5년이나 사장으로 일했다. 그후에 동아일보 회장이 되어 몇 개월 더 일했으니, 웬만한 전문 경영인들보다도 더 오래 일한 셈이다.

조직의 리더들은 대부분 자신이 매우 똑똑하다는 착각에 빠져 살기 때문에 컨설턴트의 도움을 받는다는 사실 자체에 거부감을 갖는다. 하지만 사주社主에게는 자신이 이끄는 조직을 객관적으로 볼 수 있는 눈이 없는 법이다. 몸이 아플 때 의사를 찾는 것처럼, 기업도 아플 때는 의사를 찾아가야 한다. 전문가에게 도움을 요청하는 것 역시 리더의 용기이자 능력이다.

정보화의 결실, 읽을거리 풍부한 신문

1996년부터 2002년까지, 내가 동아일보에서 일했던 시기는 신문 역사에서 가장 역동적인 시기, 가장 변화의 요구가 많았던 시기였다. 이 무렵 휴대전화 시대가 본격적으로 열렸고, 인터넷 수요가 폭발적으로 늘어났으며, IT 혁명이 본격화되어 벤처 열풍이 온 나라를 뜨겁게 달구었다. 기업·기관·대학·가정 등 온 나라가 정보화, 정보화였다.

1980년대부터 우리나라의 정보통신 혁명을 준비해온 사람으로서, 그 혁명이 결실을 맺는 시기에 신문사에 있게 된 것은 대단한 축복이었다. 신문은 정보를 수집하고 그것을 가공해 생산해내는 기업이다. 과거에는 기자들의 발품과 노동력에만 의존해야 했지만, 이제는 컴퓨터라는 새로운 매개체 덕분에 책상 앞에 앉아만 있어도 전 세계 수백만 건의 뉴스를 찾아낼 수 있게 되었다. 정보가 쏟아지는 만큼 신문사들의 지면 경쟁도 첨예해졌다. 1980년대 후반 16면에 불과했던 지면이 24면, 32면, 48면으로 늘어났고, 주간지에서나 볼 수 있던 심층 기사, 월간지에서나 볼 수 있던 재밌는 정보·연예 기사 등이 신문을 장식하기 시작한 것이다.

이 시기에 신문사를 경영하게 된 사장으로서 나는 동아일보 안팎의 정보화에 관심을 기울였다. 신문의 정보화는 물론이고, 동아일보라는 조직까지 정보화하기로 한 것이다. 사실 신문사는 정보의 최전선에서 일하는 가장 개혁적인 조직이면서도, 한편으로는 기존의 방식을 그대로 고수하려고 하는 보수적인 조직이기도 했다. 정보화 사회가 빠르게 진행 중인데도 임원들 중에는 컴퓨터를 가까이하지 않는 사람이 있었다. 인터넷 서버를 구축하고 디지털 신문을 만들어도 직원들의 마인드가 정보화되지 않으면 무슨 소용이겠는가.

'전국 대학 및 정부 부처 정보화 랭킹 조사'도 기억에 남는 정보화 사업이다. 결과적으로 동아일보의 시도가 대학과 정부 기관의 정보화를 촉진하게 되었다.

1997년 1월 동아일보가 오랜 경쟁지인 조선일보와 손잡고 '전 국민 정보화 캠페인'을 전개한 것 역시 생생하게 기억한다. 그해에 동아일보와 조선일보는 나란히 창간 77주년을 맞이했다. 두 신문이 그동안 알게 모르게 취재 현장에서 치열한 경쟁을 벌였던 역사는 대한민국 국민이라면 모르는 이가 없을 것이다. 이런 배경 때문에 동아일보와 조선일보가 내용이 똑같은 정보화 캠페인 특집 기획 기사를 10회에 걸쳐 공동 연재한다는 것은 상식적으로는 꿈도 꿀 수 없던 일이었다. 평소 '공업화와 산업화에서는 뒤졌지만 정보화에서는 앞서 나가자'고 외쳤던 나의 소신과 의지가 적지 않은 역할을 한 것이 아닌가 싶다.

동아일보와 조선일보는 공동으로 정보화 캠페인을 준비하기 위해 1996년 말부터 공동 취재팀을 가동했다. 두 신문사의 취재팀은 대한민국의 정보화 촉진에 방해가 되는 요소들을 찾아내고 전문가들과 토론을 벌여 정보 혁명을 준비하기 위한 방향을 가다듬었다. 이처럼 한국을 대표하는 두 신문사가 협력한 것은 우리나라 언론사에서 전례를 찾아보기 힘든 혁신적인 사례일 것이다.

또한 1920년 창간 이후 77년 동안 지속돼 오던 동아일보의 지면 체제를 혁신한 일은 신문 산업에 대해 잘 몰랐던 점이 오히려 강력한 추동력으로 작용했다. 동아일보는 1998년 신년호부터 전면 가로쓰기를 채택했다. 종합 섹션과 '굿모닝 스포츠', '굿모닝 이코노미' 등 3개 섹션을 발행한 것도 이때부터였다. 이 두 가지는 동아일보가 과거의 찬란한 역사만을 내세우지 않고 젊은 한글세대 독자들에게 다가가기 위한 하나의 결단이었다.

동아일보는 뉴 밀레니엄을 맞아 광화문 사거리에 준공된 동아미디어센터에 입주하면서 새로운 광화문 시대를 맞이했다. 때맞춰 신문 제작도 신 정보 시스템을 도입해 편집 조판을 하기 시작했다. 동아일보가 인프라스트럭처infrastructure에서도, 신문 제작 시스템에서도 모두 정보화의 최첨단에 서게 된 것은 1996년 사장 취임 이후 가장 보람된 일 중 하나였다. 동아일보가 창간 100주년을 맞이하기 위한 튼튼한 토대를 갖추는 데 나의 활동이 어느 정도 기여했다고 믿기 때문이다.

진검 승부로 가자!

동아일보에서 일했던 시기를 되돌아볼 때 한 가지 더 흐뭇한 것은, 내가 일했던 6년에 가까운 시간 동안 신문사 건물 로비에 대자보가 걸린 적이 단 한 번도 없다는 사실이다.

기자들은 우리 사회에서 비판의식이 가장 강한 사람들이다. 어떤 문제든 부조리하다고 느끼는 순간, 이들은 절대로 가만 있지 않는다. 더 파고들어 문제를 들춰내고 그걸 활자화하여 신문에 싣는다. 이슈를 생산해내어 사회의 문제를 개선하려고 애쓰는 사람들이다. 그것은 신문사 내부의 문제도 예외는 아니다.

이런 그들이 내가 재임했던 기간만큼은 유난히 조용했다. 컨설팅을 통해 대부분의 문제점이 개선되었고, 각 부서 간 소통의 채널을 원활하게 뚫어둔 덕분이었다. 또한 신문사라는 것이 하던 것을 바꾸기가 쉽지 않은 보수적인 조직이지만, 나는 좋은 아이디어라면 즉시 받아서 실행하게 해주었다. 내가 있는 동안에 신문 편집이 세로쓰기에서 가로쓰기로 바뀌었고, 정보화와 IT 관련 기사가 늘어났으며, 밝고 가벼운 연예 기사도 한결 강화되었다. 이 때문에 보수적 성향의 독자들에게 거센 항의를 받기도 했지만, 한편으로는 더욱 많은 새로운 독자들에게 환영을 받았다.

동아일보는 정통 테크노크라트로 알려진 내가 기업이라는 사조직에서 진검 승부를 펼치는 최초의 기회였다. 신문사 생리도 모르는 사람이 어떻게 신문사를 경영하느냐는 우려가 있었지만, 나는 오히려 재밌게 일했다. 정부에 있을 때는 업무와 관련 있는 한 분야에만 집중했지만 동아일보에서는 나라의 흐름을 전체적으로 조망할 수 있는 기회를 얻었다. 신문사에는 다양한 정보가 모이기 때문에 정치권의 움직임이나 뒷얘기까지 소상하게 파악할 수 있었다. 그뿐만 아니라 동아일보는 동아음악콩쿠르, 동아무용콩쿠르, 동아미술제, 동아공예대전, 동아연극상 등 다채로운 문화예술 사업을 주최했고, 덕분에 나는 문화예술계의 수많은 인사들과 폭넓게 교류할 수 있었다.

특히 김병관 회장은 생전에 국악에 조예가 깊었다. 안숙선 명창이 김병관 회장의 흥타령을 두고 "속멋이 배어 있다"라고 평할 정도였다. 김 회장의 도움으로 나는 국악인들과도 만날 수 있었다. 고교 졸업 후 국립국악원에서 시조를 공부하면서 국악에 관심을 가진 적이 있는데, 동아일보에서 일하면서 국악의 세계를 다시 접하는 뜻밖의 수확까지 거둔 셈이다.

공직자나 기업의 사장이나 리더로서의 역할은 기본적으로 같다. 그것은 미래를 생각하고 비전을 제시하며, 변화가 오기 전에 먼저 변화를 준비해 나가는 것이다. 모든 조직원들이 각자 맡은 일을 가치 있게 느끼게 하고, 조직의 목표 속에서 자기 개인의 목표까지 실현할 수 있는 위대한 조직을 만들어주는 것이다.

한편으로 리더는 변화를 추구하되, 그 조직을 받치고 있는 기본 정신을 잊어서는 안 된다. 이윤 추구라는 거대 목표에 매몰되어 정직도, 도덕도, 사회적 책임도 다 던져버리고 결국에는 비참한 말로를 맞이하게 된 기업들의 사례는 수없이 많다. 어떤 조직이든 정신이 살아 있어야 한다. 그것을 버리면 죽는다는 자세로 소중히 지켜야 한다.

칭찬은 비판보다 강하다

조직을 움직이는 에너지, 칭찬

아주대학교 총장 때의 일이다. 학교에 부임해보니, 이곳은 그동안 내가 몸담았던 조직들과는 분위기가 사뭇 달랐다. 취임하기 전부터 대학 관계자들이 나를 찾아와 서로를 비난하기에 바빴다.

"아무개와 아무개는 당신이 총장으로 오는 것을 반대한 사람이다. 그들을 경계하셔야 한다."

"아무개는 이러이러한 짓을 계속해왔다. 아무개 때문에 학내 갈등이 더 심해지고 있다. 조치를 취하셔야 한다."

취임식도 하기 전에 계속 부정적인 소리만 들으니 머리가 아팠다. 당시 아주대의 상황은 최악이었다. 외환 위기로 대우그룹이 무너지고, 그와 더불어 학교가 진행하던 사업들이 어려움에 봉착해 있었다. 학교 재정 역시 좋지 않은 상황이었다. 재단에 대한 교수와 학생들의 불신도 커졌고, 교수들 간의 갈등도 심화되고 있었다.

이미 나는 오래전부터 대학 총장직을 제안 받은 적이 여러 번 있었다. 동아일보에 가기 전에도 두어 군데 대학에서 총장으로 와달라는 제의를 받았는데, 1년 정도는 쉬고 싶은 마음에 거절했다. 그후 6년 동안 동아일보에서 일하다가 좀 쉬려고 하는 차에 아주대에서 와달라는 제안을 받은 것이다.

아주대학교는 명문 대학으로 공과대학이 유명한 곳이다. 특히 전자공학부가 강한 대학이어서, 전자공학을 전공한 나는 전부터 관심을 가지고 있었다. 그러나 주변에서는 대학이야말로 정부 조직이나 기업보다 더 어려운 조직이라며 걱정을 많이 했다. 대학은 인신공격도 많고 학내 문제도 복잡하며, 특히 정부에 부탁해야 할 일이 많아서 예전 부하 직원에게 가서 머리를 숙여야 할 일이 생길 수도 있다는 것이었다.

취임을 앞두고 나는 아주대를 글로벌 캠퍼스로 도약시킬 비전과 전략을 구상하고 있었는데, 연일 찾아오는 사람마다 남 헐뜯기에 급급하니 마음이 좋지 않았다. 이런 분위기 속에서 비전을 제시해봐야 무슨 소용이 있겠는가.

나는 우선 이 끝없는 불평불만과 비판의 소리를 멈추게 하는 일부터 시작해야겠다고 판단했다. 그래서 취임사를 마칠 무렵 원고에도 없던 이야기를 하였다.

"우리 서로 칭찬을 합시다. 서로 좋은 점을 먼저 봅시다. 당부하고 싶은 말은, 총장실에 와서 누굴 욕하는 말은 절대로 하지 말아달라는 것입니다. 누구는 총장이 오는 것을 반대한 사람이라는 말은 하지 마십시오. 그런 말은 듣고 싶지 않습니다. 대신 칭찬을 해주세요. 어떤 교수가 '강의를 열심히 하고 논문을 많이 쓰며 인품도 좋다. 그러니 발탁해서 써달라' 하는 말만 해주기를 당부합니다."

말이 끝나자 우레와 같은 박수가 나왔다.

이것이 그냥 하는 말이 아님을 알리기 위해 나는 '칭찬합시다' 캠페인을 제안했다. 이를 위해 '칭찬합시다' 홈페이지를 만들고 교내 곳곳에 칭찬 문화를 만들자는 현수막을 부착하였다. 학내 분규로 상할 대로 상한 교직원의 마음, 학생들의 불신을 달래줄 것은 오직 긍정적인 마음, 그것 하나밖에 없었다. 남의 좋은 점을 먼저 보고 칭찬하는 것은 그만큼 스스로 너그럽고 편안해지는 것이다. 칭찬은 어떤 비평의 말보다도 더 큰 격려와 책임 의식을 준다. 조직을 움직이는 에너지가 되는 것이다.

캠페인을 시작하고 며칠이 지나자 인터넷에서 조금씩 반응이 오기 시작했다. 처음에는 망설이던 사람들도 하나 둘 글이 올라오자 적극적으로 변했다. 그후로는 칭찬의 글들이 꼬리에 꼬리를 물고 이어졌다. 교수가 학생을, 학생이 교수를, 교수가 교수를 칭찬하는 글이 하루에도 수십 건씩 생겨났다. 이제 총장실에 와서 남을 비난하는 사람은 없어졌다. 다들 칭찬, 칭찬 일색이었다. 더불어 학내 분규로 빚어진 상처들도 급속도로 아물어갔다. 그리고 대학 발전을 위한 좋은 제안들도 봇물처럼 쏟아졌다.

칭찬에도 노하우가 필요하다

칭찬에 대한 많은 기억 중에 내가 소중히 간직하고 있는 일화가 있다. 건교부 장관 시절, 나와 함께 일하던 총무과장이 글솜씨가 무척 뛰어났다. 보고서도 잘 쓰고, 일상생활에 대한 얘기도 아주 잘 썼다. 문장을 보니 그냥 아마추어라고 하기에는 아까울 정도로 정교했다. 나는 그의 앞에서는 물론이고, 다른 사람들과 이야기를 나누다가도 그의 글솜씨를 칭찬했다.

"그 사람은 문장이 대단해요. 시인이나 소설가가 되었다면 정말 훌륭한 작가가 되었을 것입니다."

그리고 세월이 한참 흘러 내가 건국대 총장으로 일하고 있을 때, 그에게서 책 한 권과 함께 편지가 왔다.

"그때 장관님이 제 글솜씨에 대해 칭찬을 많이 해주셔서 몸 둘 바를 몰랐습니다. 덕분에 시를 쓰기 시작했고, 이렇게 첫 시집을 내게 되었습니다."

얼마 전에는 교수 한 분이 정년퇴임을 하면서 내게 인사를 하러 왔다. 나는 떠나는 분에게 덕담 삼아 한마디를 했다.

"교수가 참 좋은 직업이지요. 교수로 정년퇴직을 할 수 있다니, 얼마나 행복합니까."

내 말에 그는 정색을 하며 말했다.

"제가 교수로 정년퇴직을 할 수 있게 된 건 단순한 행운이 아닙니다. 3대가 덕을 쌓았기에 가능한 일입니다. 할아버지와 아버지가 평생 남을 도우며 덕을 쌓으셨고, 저도 그분들의 이름에 누가 되지 않도록 봉사하며 살았습니다. 덕분에 오늘 제가 이런 영광을 누릴 수 있는 것입니다."

그러면서 그는 자신이 건국대에서 오랜 시간을 보내게 된 사연을 들려주었다. 사실 처음 건국대에 왔을 때는 서울대나 연세대에 가지 못하고 건국대에 온 것이 못내 아쉬웠다고 한다. 부임 첫해에 총장 비서를 하고 있었는데, 어느 날 머리가 희끗희끗한 노인이 총장실에 와서 그를 보더니 대뜸 이렇게 말했다는 것이다.

"자네, 참 준수하게 잘생겼구먼. 자네가 총장을 잘 보좌하면 우리 학교가 잘될 것 같아. 자네만 믿겠네."

알고 보니 그는 건국대의 창립자였다. 역사적 인물이 건넨 칭찬의 말 한마디가 그의 마음을 사로잡았다. 이후로 그는 건국대를 누구보다도 사랑하게 되었고, 학교의 미래가 자신에게 달렸다는 생각으로 열심히 일했다는 것이다.

　사람들은 내게 어떻게 하면 사람을 잘 다룰 수 있느냐는 질문을 많이 한다. 하지만 나는 한 번도 사람을 다루려고 한 적이 없다. 그런 생각 자체가 잘못이다. 사람은 각자 한 사람 한 사람이 모두 우주이고 세계여서, 다들 똑똑하고 대단하다. 나보다 똑똑한 사람들을 어떻게 다룰 수 있겠는가. 교묘한 기술로 조종하고 움직이려 하는 것은 리더십이 아니다.

　리더는 그저 베풀 뿐이다. 칭찬을, 사랑과 관심을, 격려를. 리더십이라는 것은 진심을 나누고 사랑을 베푸는 것이다. 상대방을 진정한 친구로 대해줄 때, 그들을 진심으로 좋아해줄 때, 그들의 마음속에도 나를 좋아하는 마음이 싹트게 되고 그것이 나의 리더십이 되는 것이다.

　모든 사랑이 위에서 아래로 흐르듯이, 리더와 아랫사람의 관계도 마찬가지다. 체신부 시절부터 나는 지방에 내려갈 때마다 절대로 대접을 받고 오지 않았다. 반대로 꼭 내가 밥을 사주고 돌아왔다. 또한 아랫사람들에게 선물을 받는 것도 일절 삼갔다. 나는 판공비가 넉넉하게 있으므로 얼마든지 베풀 수 있다. 하지만 아랫사람들은 윗사람에게 선물을 하려면 자기 월급을 털어야 한다. 윗사람이 선물을 마다하지 않고 척척 받으면 그 자체가 아랫사람에겐 부담이 된다. 그래서 나는 어느 조직이든 처음 부임했을 때부터 분명하게 못을 박았다.

"앞으로 선물은 위에서 밑으로 내려가는 것밖에 없습니다. 밑에서 위로 올라가는 건 용납하지 않겠습니다."

시간이 흐르자 나는 선물을 받지 않는 사람으로 소문이 나서 더 이상 이 문제에 신경 쓸 필요조차 없어졌다. 그건 건국대에서 일하고 있는 지금도 마찬가지다.

나는 한 번이라도 나와 함께 일한 사람은 평생 내 사람이라는 생각으로 대했다. 좋은 점을 먼저 보고 그것을 극대화할 수 있도록 아낌없이 칭찬해주었다. 이들은 내 칭찬을 먹으며 무럭무럭 자랐고, 다들 그 분야의 일등 전문가가 되었다. 나와 함께 일했던 과장, 국장들 중 많은 사람들이 차관이나 장관을 지냈고, 기업으로 나가 경영자로서도 능력을 발휘했다. 그리고 그들은 지금도 내게 와서 이런저런 조언을 구하기도 하고 반대로 내게 도움을 주기도 한다. 능력 있는 사람을 내 사람으로 만드는 방법은 간단하다. 칭찬을 베풀면 된다. 그러면 평생 나를 잊지 않고 찾아줄 것이다.

물론 칭찬을 할 때는 아무렇게나 해서는 안 된다. 상대방의 장점을 잘 파악하여 칭찬할 만한 것을 정확히 찾아 칭찬해주어야 한다. 그래야 리더로서 실없는 사람이 되지 않는다. 또한 정확한 칭찬은 아랫사람에게 격려와 채찍의 메시지가 된다. 잘하는 부분을 정확히 칭찬해주면 몇 년 후 그 사람이 그 분야의 전문가로 자라 있는 것을 볼 수 있을 것이다.

'한 지붕 두 가족' 하나로 만들기

아주대에는 골치 아픈 문제가 하나 있었다. 공과대학에 전자공학부가 있는데 정보통신대학을 새로 만든 것이 문제의 발단이었다. 두 군데 모두 학생이 200명이 넘는 대단히 큰 규모였다. 비슷한 전공이 두 개나 있다 보니 과목을 개설할 때도 서로 다투고, 교수를 뽑을 때도 어느 쪽에서 뽑느냐를 두고 다투고, 프로젝트를 하나 할 때도 서로 자기 것이라고 우기며 다투었다.

나는 그러지 말고 하나로 합치자고 제안했다. 두 조직을 합치면 교수 수도 많아지고, 학생도 많아지고, 연구 프로젝트도 더 체계적으로 할 수 있으니 시너지 효과가 날 것이라고 판단했던 것이다. 무엇보다 '한 지붕 두 가족'은 다툼을 낳을 수밖에 없는 구조이니 하나로 합치는 것이 옳았다.

하지만 교수들은 모두 단호하게 안 된다고 말했다. 몇 년 동안 서로 싸우면서 감정의 골이 깊어질 대로 깊어졌는데 어떻게 합치느냐는 것이었다. 한 교수는 이렇게 말했다.

"총장님이 대학의 생리를 잘 몰라서 하시는 말씀입니다. 대학에서는 조직을 나눌 수는 있지만 합치는 것은 불가능합니다."

하지만 결론부터 말하자면, 나는 6개월 만에 이 두 조직을 합치는 데 성공하였다. 전자공학부를 정보통신대학 소속으로 통합한 것이다. 이로 인해 정보통신대학은 무려 55명의 교수가 있는 초대형 대학으로 재탄생했다.

사람들은 "교수들이 순순히 통합에 동의하다니, 오명 총장은 운이 참 좋다"고 말했지만 사실 이 두 조직을 통합하기 위해 반년 여 동안 내가 해온 노력은 아무도 모른다. 나는 이번에도 칭찬 기법을 사용했다. 이쪽 교수와 밥을 먹으며 저쪽 교수를 칭찬하고, 또 저쪽 교수와 밥을 먹으며 이쪽 교수를 칭찬한 것이다. 이렇게 칭찬할 만큼 칭찬한 후에 자연스럽게 양쪽 교수들을 함께 불러 저녁 식사 자리를 마련했다. 전공이 비슷한 사람들이니 일단 마음의 문을 열면 친구 되기가 결코 어려운 것이 아니었다.

또 통합 과정에서 서로 상처받지 않도록 나는 충분한 논리도 제공하였다. 누가 누구의 밑으로 들어가는 것이 아니라, 분리되어 있던 정보통신 학문의 소프트웨어 분야와 하드웨어 분야를 한 단과대학으로 통합하는 것이라고 설득했다. 그리고 통합 대학의 첫 번째 학장은 전자공학부 출신이 맡도록 했다.

그렇게 심하게 반목하던 두 조직이었지만, 통합 이후 거짓말처럼 아무 문제 없이 자리를 잡았다. 오히려 당연히 있어야 할 분야가 더해지면서 강좌 개설도 원활해지고 연구도 활기를 띠게 되었다. 이로써 아주대 정보통신대학은 국내에서 가장 경쟁력 있는 대학이 되었다.

과학기술의 힘,
미래의 힘

한국 최초의 과학기술 부총리 체제

아주대 총장으로 일한 지 2년이 지날 무렵, 노무현 대통령이 청와대로 나를 불러 한국 최초의 과학기술 부총리를 맡아달라고 제의했다. 노무현 대통령은 참여정부를 출범시키면서 이미 나에게 교육부총리 자리를 제의한 적이 있었다. 그때 여러 가지 사정으로 정중히 거절했었는데, 이번에 다시 과학기술 부총리를 제의한 것이다.

  나는 공직에 있으면서 오랫동안 국회를 드나들었기 때문에 대부분의 국회의원들과 가까이 지냈다. 그러나 '노무현 국회의원'은 한 번도 만난 적이 없었다. 일면식도 없는 사람에게 두 번이나 과분한 직책을 제안한 것은, 내가 1948년 정부 수립 이후 '한국을 이끈 관료 베스트 10'에 뽑힐 정도로 능력이 뛰어나면서도 '공무원 여론조사에서 특별히 높은 평가를 받고 있는 사람'이기 때문이었다고 한다. 좋은 인재를 찾으려는 대통령의 노력을 읽을 수 있었다.

"어떻게 한 사람의 차관이 그 많은 예산이 들어가는 TDX 같은 엄청난 사업을 성공시킬 수 있었는지, 참으로 존경스럽습니다. 우리나라 모든 과학기술 프로젝트를 그렇게 운영해주십시오. 이제 우리가 20~30년 후 어떻게 먹고살 것인가를 고민할 때입니다. 과학기술 부총리 체제에 우리의 미래가 달려 있습니다."

그동안 정부 일은 더 이상 하지 않기로 마음먹고 있었지만, 이 제의만큼은 받아들이지 않을 수 없었다. 과학기술에 대한 노무현 대통령의 새로운 구상이 내가 평소 생각하던 것과 너무나 같았기 때문이다. 고맙게도 입각 발표를 할 때는 "대통령이 삼고초려를 해서 모셔왔다"는 표현을 곁들여 예를 표해주었다. 다행히 입각에 대한 여론도 좋아서 의욕적인 출발을 하게 되었다.

우리 경제는 풍부한 노동력과 해외에서 조달한 자본을 바탕으로 세계에 유례없는 고속 성장을 거듭해왔다. 그러나 1995년 이후 10년째 국민소득이 1만 달러대 수준에 머물고, 후발국들의 추격도 거세지고 있었다. 이러한 위기 상황을 극복하기 위해서는 기존의 노동과 자본이 아니라, 첨단 기술과 지식을 바탕으로 한 새로운 국가 성장 전략이 무엇보다 절실히 필요했다.

당시 정부에서는 중·장기 국가 연구개발 계획들이 부처별로 분산 수행되고 있을 뿐 아니라, 연구개발 사업들 간의 중복 투자와 예산 낭비, 부처 간 비협조 등의 문제들도 꾸준히 제기되고 있었다. 따라서 기존의 행정 체제로는 과학기술과 혁신에 기반을 둔 새로운 성장 정책을 펼치기 어렵고, 어떠한 형태로든 과기부·산자부·정통부 등 주요 R&D 담당 부처들 간의 상호 협조와 효율적인 역할 분담이 있어야 한다는 공감대가 형성되었다.

이러한 배경 속에서 과학기술부를 부총리 부처로 승격시켜 국가 혁신의 중심이 되도록 하는 새로운 과학기술 행정 체제가 탄생하게 되었다.

이는 전 세계적으로 우리나라가 처음으로 시도해보는 획기적인 체제였다. 그동안 많은 선진국들은 과학기술과 교육을 하나로 통합하는 행정 체제를 시도해왔다. 일본은 과학기술과 교육, 문화, 체육을 하나로 묶어 '문부과학성'으로 개편하였고, 영국·아일랜드·호주·네덜란드 등도 과학기술과 교육, 혹은 과학기술과 문화를 한 부처로 통합해 정책을 추진하고 있었다. 이런 방식에도 장점이 있긴 하지만 국민적 관심사인 교육 현안에 밀려 과학기술 문제가 소홀히 다루어지거나, 조직이 너무 방대해져 막대한 행정 비용이 드는 것은 물론, 급변하는 21세기 지식 기반 경제에 신속하고 유연하게 대응하기 어렵다는 문제점들이 있었다.

과학기술 부문은 이제 하나의 독립된 부처가 담당하기 어려울 정도로 범부처적인 일이 되었다. 그래서 우리는 부처 간의 '물리적 통합'이 아니라 관련 부처의 사업과 정책을 연계해 종합적인 관점에서 기획·평가·관리하는 '유기적 연계'를 모색했다. 과학기술부를 부총리 부처로 승격시켜 19개 각 부처마다 독자적으로 추진해오던 연구개발 사업들을 종합 조정함으로써 국가 전체의 과학기술 발전 전략을 체계적으로 수립하도록 한 것이다. 특히 과학기술 예산을 편성·배분하고 조정·평가하는 강력한 권한을 모두 과학기술 부총리에게 일임하여 과학기술 정책이 실질적으로 추진될 수 있도록 하였다. 그뿐 아니라 연구개발을 통해 확보한 첨단 기술들을 빨리 상용화하고 수출할 수 있도록 지원하는 일을 비롯해, 우수 과학기술 인력 양성, 지역 혁신 정책, 산업 정책, 과학 문화 확산 등의 업무도 과학기술부에서 함께 담당하게 하였다.

한마디로 우리나라 경제 전체의 방향을 이끌어 나가는 거시 경제정책은 재정경제 부총리가, 실제로 기업과 대학, 정부 출연 연구소 등을 지원하여 미래의 먹을거리를 만드는 미시 경제정책은 과학기술 부총리가 맡는 투톱Two Top 체제로 국가 경제 운영의 틀을 획기적으로 바꾼 것이다.

이러한 다양한 기능들을 효율적으로 뒷받침하기 위해 과학기술 부총리 산하에 관련 부처 공무원들과 민간 전문가들이 참여하는 새로운 전담 조직인 '과학기술혁신본부'를 설립하였다.

이러한 새로운 체제는 당시 행정부는 물론이고, 국회에서도 큰 환영을 받았다. 그 덕분에 부총리 체제 도입을 위한 정부조직법 개정안이 단기간에 국회를 통과할 수 있었다.

나는 우리나라 과학기술 역사에서 커다란 사건으로 기록될 과학기술 부총리 체제의 도입과, 과학기술 혁신에 기반을 둔 새로운 국가 경제의 도약이 국민과 나라를 위해 나에게 주어진 새로운 역할이라고 생각했다.

이렇게 해서 나는 2004년 말, 공직을 떠난 지 8년 만에 다시 정부로 돌아왔다.

전 세계, 한국의 과학기술 행정 체제를 벤치마킹하다

세계과학기술장관회의에 참석했을 때였다. 내가 한국의 새로운 과학기술 부총리 체제에 대해 설명하자 다들 박수를 쳤다. 미국의 관리들도 내 말을 듣고는 부러워했다. 미국도 과학기술 예산이 방만하게 집행되고 있어 걱정이 많다는 것이었다. 국가 경쟁력이 세계에서 가장 뛰어나다는 핀란드와 스웨덴도 조사단까지 파견하여 우리의 과학기술 행정 체제를 벤치마킹했다.

스위스 국제경영대학원IMD이 발표한 우리나라의 과학 경쟁력과 기술 경쟁력은 2003년 각각 14위와 24위에 머물렀다. 하지만 내가 과학기술 부총리를 맡은 이후에는 운 좋게 계속 상승하여, 2007년에는 각각 7위와 6위로 껑충 뛰어올랐다. 핀란드 국가기술청이 "향후 한국이 세계 연구개발의 선두 주자 중 하나로 부상할 것이며, 과학기술 행정 체제 개편이 중요한 역할을 할 것"이라는 전망을 내놓을 정도였다.

OECD 역시 2004년 6월, "한국의 과학기술 부총리 및 과학기술혁신본부 체제는 회원국 중 가장 선진화된 시스템"이라고 평가했다. 또한 아시아 태평양 지역 13개국이 참여하여 2005년 4월에 개최된 '아시아태평양경제사회위원회ESCAP 국가기술혁신체계고위정책포럼'에서도 회원국들은 한국의 사례에 높은 관심을 보였으며, 영국·미국·일본 등 선진국들도 한국의 과학기술 혁신 정책에 주목했다.

세계적인 리더십 권위자인 스티븐 코비 박사는 "과학기술은 더 중요하고 덜 긴급한 일"이라고 말한 바 있다. 긴급하다고 느끼지 않기 때문에 멈칫거릴 확률이 높은 것이 과학기술 정책인 것이다. 하지만 코비 박사의 말대로 과학기술은 다른 어떤 사안보다도 '더 중요하다.' 당장은 중요하지 않아 보일지 몰라도 미래에 어떻게 먹고살 것인가를 결정하는 일이기 때문에 지금 돌아보지 않으면 안 된다.

이러한 고민 속에서 이루어진 과학기술 행정 체제의 개편은 여러 정부 부처와 산·학·연 전문가 등 다양한 이해관계자가 참여한 커다란 작업이자, 지구상의 그 어느 나라도 시도하지 못했던 혁신적인 전환이었다.

미래 성장 동력을 육성하라

새로운 과학기술 행정 체제는 공직 사회 전반에 희망의 바람을 불어넣었다. 부처 간 협조가 이루어지지 않아 쌓여 있던 현안들을 이제는 풀 수 있게 된 것이다. 그동안은 문제를 전체적인 틀 안에서 바라볼 수 있는 리더가 없었고, 갈등과 충돌을 차근차근 하나씩 풀어서 해결해 나갈 수 있는 리더십도 없었다.

나는 과학기술관계장관회의를 엄격하게 주재했다. 보통 부총리가 주재하는 관계장관회의에는 장관들이 잘 참석하지 않는다. 그래서 나는 장관들에게 회의에 참석하지 않으면 아무 이견이 없는 것으로 알고 그대로 진행하겠다고 미리 다짐을 해두었다. 그 덕분에 과학기술관계장관회의는 장관 참석률이 가장 높은 회의라고 언론에 보도되기도 하였다.

특히 보람 있게 생각하는 것은 이전까지 교류가 드물었던 국방부 장관을 자주 만날 수 있었다는 점이다. 나는 육사 출신인 데다 국방과학연구소에서 일했던 만큼, 우리의 과학기술이 군수산업의 발전으로 연결되어야 한다고 생각해왔다. 그래서 국방 R&D 예산을 대폭 늘렸고, 이공계 박사 장교 제도를 확대하여 R&D 인력 보충 문제도 해결하도록 노력했다.

　2년 동안 과학기술 부총리로 일하면서 차세대 성장 동력 사업을 추진하였고, 이를 위해 범부처 태스크포스Task Force 팀도 운영했다. 또 대형 국가 연구개발 사업의 실용화도 추진하였다. 기술 개발에 성공했는데도 수요가 부족해서 실용화하지 못한 경우, 자금이 부족해 더 이상 추진하지 못하고 멈춰 있는 경우, 제도가 미비해서 막혀 있는 경우를 찾아내 과학기술혁신본부를 통해 빠르게 추진하도록 했다. 특히 자기부상열차, 한국형 고속 열차, 해수 담수화용 원자로, 대형 위그선 등 여섯 가지는 우선 추진 대상 과제로 선정하여 실용화의 문을 열었다.

　과학기술 부총리 체제가 필요한 대표적인 사례로 자기부상열차 개발 사업을 들 수 있다. 이 사업의 시작은 무려 15년을 거슬러 올라간다. 과학기술처가 연구를 지원하였고, 상공부가 실용화 연구를 추진해 어느 정도 성과를 얻었다. 그런데도 자기부상열차는 아직까지 우리 앞에 모습을 나타내지 않고 있다. 그 이유는 수요 부처인 건설교통부가 참여하지 않았기 때문이다. 진작 과학기술 부총리가 있었다면 처음부터 과기부·상공부·건교부 등을 함께 참여시켜 장기 개발 계획을 세우면서 건교부의 활용 계획을 넣었을 것이고, 그랬다면 아마 지금쯤 자기부상열차는 실용화되었을 것이다.

　과학기술 부총리 체제가 가동되면서 자기부상열차 사업도 급물살을 탔다. 건교부가 주무 부처가 되면서 곧 활용 방안이 마련되었다. 대전·대구·인천 등이 경합한 끝에 인천시가 우선 사업을 맡으면서 인천국제공항에 여객 터미널과 국제 구역 및 용유도를 잇는 자기부상열차를 건설하기로 한 것이다.

독일의 경우, 자기부상열차를 10여 년 전에 개발해놓고도 독일 철도청의 외면으로 아직까지 실용화하지 못하고 있다. 독일이 자기부상열차를 해외에 팔려고 혈안이 된 것은 바로 국내에서 판로를 찾지 못했기 때문이다. 만약 독일에 과학기술 부총리 같은 제도가 있었다면 벌써 실용화되지 않았을까?

국가 R&D 사업을 계획할 때 꼭 염두에 두어야 할 것은, 기술 개발에 성공하는 것뿐만 아니라 성공 후에 그것을 누가 쓰게 하느냐 하는 점이다. TDX가 성공할 수 있었던 것은 개발만 하면 당시의 통신공사현 KT가 전량 구매하도록 구도를 짜두었기 때문이다. 반도체 역시 개발만 하면 정부가 구매하는 것은 물론, 기업 자체적으로도 수요가 발생할 것이 틀림없는 상황이었기에 성공할 수 있었다. 한쪽에서는 열심히 개발하는데 다른 쪽에서는 써줄 생각을 하지 않는다면 개발의 의미가 없다. 따라서 정부가 대규모의 R&D 사업을 계획할 때는 반드시 개발 계획과 더불어 실용화 계획도 같이 세워야 한다.

오래전 내가 대전 엑스포 조직위원장을 맡았을 때, 한국 최초의 우주인을 만들어보자는 계획을 갖고 러시아를 방문한 적이 있다.

그때 러시아의 한 국영 기업을 방문할 기회가 있었는데, 첨단 반도체 기술이 그곳에 다 있었지만 정작 그것을 사용할 만한 수요처는 없었다. 수요를 고려하지 않은 채 개발에만 몰두했던 것이나. 어차피 연구원들 월급이나 개발 비용은 모두 국가가 대주기 때문에, 사장은 그렇게 방만하게 운영하면서도 전혀 문제의식이 없었다. 해외에서 저렴한 비용에 구입할 수 있는 시시콜콜한 부품까지 모두 직접 개발하면서도 정작 그것을 경제적 이익으로 연결시키지 못했던 것이다.

과학기술 부총리 체제는 바로 이런 일을 막기 위한 체제였다. 그 첫 서막을 내가 직접 열 수 있었던 건 축복 중에서도 축복이었다.

준비하는 자만이
미래의 주인이 된다

꿈이 꽃피는 과학기술의 미래를 팝니다

현재 한국은 세계적인 첨단 기술 경쟁의 한가운데에 서 있다. 선진국들은 기술 보호 조치를 강화하여 우리를 견제하고, 중국은 무서운 속도로 우리를 추격하고 있다. 한때 '세계의 공장'으로 불리던 중국은 이제 '세계의 연구개발 기지'로 탈바꿈하는 중이다.

그동안 정부와 민간이 지속적으로 과학기술 투자를 늘려온 결과, 현재 한국의 R&D 투자 규모는 세계 8위를 기록하고 있다. 하지만 절대 규모에서 보면 아직도 멀었다. 미국의 15분의 1, 일본의

7분의 1 수준에 불과하다. 정부 투자 비율도 미국 35%, 독일 28%, 프랑스는 40%에 이르지만 우리나라는 24% 수준에 그치고 있다.

선진국들과의 경쟁에서 이기기 위해서는 R&D 투자를 더 늘려야 한다. 하지만 정부의 재정 여건을 감안할 때 일시에 대폭적으로 늘리는 건 불가능하다. 게다가 요즘의 중요한 프로젝트는 보통 예산 1,000억 원을 훌쩍 넘는다.

이렇게 어마어마한 예산을 어떻게 하면 효율적으로 조달할 수 있을까? 과학기술 채권을 발행하자!

나는 전화를 놓으려면 1년을 기다려야 했던 체신부 시절에 전화 설비비 제도를 도입해 활용한 적이 있다. 전화 적체를 해소하기 위해서는 외국에서 비싼 교환기를 수입해 와야 했는데 그 비용을 충당할 재원이 없었다. 그래서 전화 1대당 20만 원의 설비비를 적립하게 하는 방안을 도입했다. 이렇게 확보한 재원으로 전화 사업을 과감하게 확장할 수 있었다.

나는 유사한 개념으로 과학기술부도 채권을 발행하자고 주장했다. 우리가 선정한 10대 성장 동력 사업이나, 대형 국가 R&D 사업은 모두 5,000억 원대 이상의 투자가 필요한 사업들이다. 지금 당장 돈을 벌지는 못하지만 멀리 보면 수십 배, 아니 수백 배의 수익으로 되돌아온다. 이걸 알면서도 미래에 대한 투자를 하지 않는 것은 후세대에 대한 책무를 저버리는 것이다. 그렇다고 이 많은 비용을 우리 세대가 모두 부담 할 수는 없는 것이다. 이러한 고민을 모두 해결하는 방안으로 떠올린 것이 과학기술 채권이었다. 채권을 발행하여 그 재원으로 다음 세대를 위한 대규모 연구개발 사업을 추진하는 것이다. 투자액이 몇십 배 되는 혜택을 가져다주자. 그리고 혜택을 보는 세대가 채권을 갚으면 되는 것이다.

  나의 이런 제안은 강한 반대에 부딪쳤다. 특히 기획예산처가 국채 발행에 강하게 반대했다. 하지만 나는 포기하지 않고 국가과학기술위원회 회의가 열릴 때마다 대통령은 물론 각 부처 장관들과 차관, 실장들 앞에서 채권을 발행하자고 주장했다. 대통령께는, 부담을 드리고 싶지 않으니 내가 모든 부처를 설득할 때까지 기다려달라는 당부도 해두었다. 그렇게 1년을 설득했더니 조금씩 내 의견에 동조하기 시작했다. 강하게 반대하던 기획예산처도 마침내 동의하기에 이르렀다. 이렇게 해서 마침내 2006년 약 2,700억 원 규모의 1차 국채가 발행되었다. 노무현 대통령이 "그렇게 오랫동안 소신껏 밀어붙이시더니 드디어 해내셨군요!" 하며 기뻐해주었다.

  임기 중에 국채 발행의 뜻을 이루긴 했지만, 사실 더 중요한 것은 앞으로 국채로 마련된 기금을 과학기술 분야에 얼마나 효율적으로 배분하여 투자하느냐 하는 점일 것이다. 그리고 국민들에게 과학기술 채권 발행의 의미를 제대로 알리고 가장 필요한 일에 효율적으로 투자되었다는 것을 투명하게 공개하려는 노력이 중요하다.

드디어 우주인이 탄생하다!

과학기술의 발전을 위해 우주인을 배출하려는 나의 계획은 아주 오래전에 시작되었다. 나는 이미 1993년 대전 엑스포를 준비하면서 우주인을 탄생시키려고 갖은 노력을 했다. 그때 소련의 전문가들과 협상해서 세부 계획과 소요 예산까지 모두 합의를 보았으나, 마지막에 정부의 보증이 이루어지지 않아 안타깝게 소망을 이루지 못했다. 만약 그때 우리가 한국 최초의 우주인을 배출할 수 있었다면 우리의 우주 과학기술은 지금보다 훨씬 앞서 있을 것이다.

영국은 최초의 우주인을 배출하기 위해 온 국민을 상대로 신청을 받아 총 1만 3,000여 명의 지원자 중에 1차로 4명을 뽑는 선발 과정을 거쳤다. 그리고 그중 28세의 미혼 여성 한 사람만이 최종적으로 우주선에 탑승할 수 있었다. 이 여성은 강연료를 1만 달러씩 받는 영국의 영웅이 되었고, 이후 과학기술 분야에서 저명인사가 되었다.

프랑스의 최초 우주인 역시 여성이었다. 그는 1996년 미르 우주정거장에 탑승하여 프랑스 최초의 우주인이 되었고, 이후 훈련 과정을 거쳐 우주선 조종사가 되었다. 이 여성은 우주인으로서의 경험을 바탕으로 프랑스의 각종 과학기술 활동을 홍보하고 독려하는 일을 맡아 하였으며, 후에는 과학기술부 장관이 되었다. 나의 재임 기간 중 그가 직접 부총리실을 방문한 적이 있었다. 악수를 했는데 손힘이 무척 강한 것이 인상적이었다. 그는 우주복을 입고 우주에서 찍은 자신의 사진을 선물로 주었다. 이 여성이 TV에 나오면서부터 프랑스 젊은이들이 과학기술에 대한 관심이 크게 높아졌다고 한다.

2004년까지 세계 각지에서 배출된 우주인은 34개국, 421명이나 된다. 웬만한 선진국과 동유럽 국가들은 물론이고 몽골, 베트남 등 우리보다 경제 사정이 좋지 않은 나라들도 이미 우주인을 배출한 바 있었다. 나는 시기가 다소 늦었다 해도 우주인이 갖는 상징적 의미가 더 크다고 생각했다. 우주인을 키운다는 것은 우리나라도 우주개발에 동참하고 있다는 커다란 의미가 있는 일이다. 동시에 국민들에게 우주 과학에 대한 관심을 불러일으킬 수 있는 다시없는 기회이기도 했다. 그래서 일부의 반대와 우려의 목소리에도 불구하고 우주인 선발 사업을 시작하였다.

나는 이 행사를 월드컵이나 올림픽보다 더 의미 있는 국민의 축제로 만들고 싶었다. 하지만 과학기술인들이 행사 기획을 하다 보니 아무래도 진행 과정이나 관련 행사 등의 흥미 요소가 반감되는 것은 어쩔 수 없었다. 어쨌든 3차에 이르는 선발 과정 끝에 최종 2명의 후보가 결정되었다. 공학 박사인 고산 씨와 이학 박사인 이소연 씨였다. 고산 씨가 소유즈 우주선에 탑승할 것으로 예상하고 있었는데, 마지막 단계에서 러시아 측이 이소연 씨로 해달라고 요청해 바꾸게 되었다. 우리도 여성이 최초의 우주인이 된 것이다.

마침내 이소연 씨가 소유즈 우주선에 탑승하는 날, 대통령이 시청 앞에 직접 나와 축하를 하는 등 우리 국민 모두가 큰 관심을 보였다. 당시 나도 시청 앞에 서서 기도하는 마음으로 우주선 발사 모습을 지켜보았다.

이소연 씨는 잘해주었다. 시종일관 침착하게 행동했고, 귀환할 때는 목표 지점에서 멀리 떨어져 착륙하는 바람에 충격을 많이 받았을 텐데도 의연함을 잃지 않았다. 지구로 귀환한 뒤 언론과 대화할 때도 한국 여성의 자긍심과 아름다움을 끝까지 지켜주어 무엇보다도 대견하다는 생각이 들었다.

이소연 씨가 우주에서 보낸 체험들이 자세히 보도되면서 우리 국민들은 지금까지 어디에서도 경험해볼 수 없던 우주 과학 교육을 생생하게 받을 수 있었다. 공중에 뿌린 오렌지 주스가 동그랗게 방울방울 떠 있는 것을 먹는 장면은 매우 신기했다. 무중력 상태이기 때문에 액체인 주스가 동그랗게 되고, 또 공중에 떠 있는 것이다. 키가 3cm 커졌다는 이야기도 흥미를 끌기에 충분했다. 우주에서는 중력을 받지 않기 때문에 키가 늘어나고, 반면에 허리둘레는 작아지는 것이다. 혈압도 머리에서 다리까지 같아진다. 이소연 씨는 인형을 던져 공중에서 떠다니는 장면도 연출했다.

그는 이밖에도 아이들을 위해 많은 실험을 해주었다. 초파리와 식물이 우주에서도 계속 활동하고 성장할 수 있는지, 우주에서 세포 배양과 우주인의 얼굴 변화, 펜으로 글씨 쓰기 등 많은 실험을 했다. 특히 당시 그가 대통령과 나눈 대화가 인상 깊었다.

"이소연 씨의 우주 탐사를 계기로 대한민국이 세계 우주 강국이 될 수 있도록 우리 함께 노력합시다."

"다른 분들도 다 같이 우주에 올 수 있게 우리의 과학기술이 발전했으면 좋겠습니다. 대통령님, 도와주세요. 4월 21일 과학의 날에만 과학이 중요하다고 말하실 게 아니라 1년 365일 내내 과학기술 발전을 위해 많은 도움을 주셔서 우리 국민들이 우주를 왔다 갔다 할 수 있도록 해주세요."

대통령뿐만 아니라 5천만 국민들이 모두 그의 말을 관심 있게 들었다. 한 우주인의 탄생은 우리 과학기술 진보에 지대한 영향을 끼친다. 당장은 잘 모르겠지만 10~20년 후 그 결과는 엄청날 것이다.

이소연 씨가 우주로 향할 무렵, 나는 이미 과기부를 떠나 있었다. 그러나 내가 15년 전부터 꿈꾸어왔던 소망을 잘 실현시켜달라는 뜻에서 이소연 씨와 고산 씨를 초대하였다. 그리고 이소연 씨가 성공적으로 지구로 귀환하여 귀국한 후 고마운 마음에서 다시 한 번 뜻 깊은 모임을 만들었다. 앞으로도 우주인이 해야 할 일은 너무나도 많다.

꿈의 에너지를 찾아서

최근 에너지·자원 위기와 기후변화 문제가 전 세계의 최대 현안으로 떠오르고 있다. 1998년 배럴당 10달러 정도였던 석유 가격이 2008년에는 110달러 선까지 폭등하며 전 세계를 공황 상태로 몰아넣은 바 있다. 그뿐 아니라 석유, 석탄을 비롯한 기존의 화석연료는 오래지 않아 고갈될 상황에 놓여 있다. 앞으로 인류가 사용할 수 있는 석유의 매장량은 약 40년 분량이라고 한다. 천연가스는 약 60년 분량, 석탄은 230년 분량이 남아 있다. 화석연료에만 의존했다가는 인류는 약 200년밖에 생존할 수 없다는 결론이 나온다.

뿐만 아니라 지구온난화가 심화됨에 따라 폭염·가뭄·홍수와 같은 자연재해가 빈번해지고, 이는 생태계·산업·경제·생활양식 전반에 걸쳐 광범위한 파급력을 미치고 있다. EU와 일본을 비롯한 세계 각국은 이러한 기후변화 문제의 심각성을 인식하여 2008년 7월 일본 도야코에서 개최된 G8 정상회담에서 전 세계의 온실가스 배출량을 2050년까지 50% 감축하기로 선언하기에 이르렀다.

이러한 에너지·자원 고갈 위기와 기후변화 문제는 에너지 소비 세계 10위라는 에너지 과다 소비형 경제구조를 갖고 있고, 국내 에너지 수요의 97%를 수입에 의존하고 있는 우리나라에게는 커다란 부담이 아닐 수 없다.

이 같은 문제를 해결하기 위한 궁극의 대안이 바로 핵융합 에너지의 개발이다. 태양에너지 발생 원리를 이용한 핵융합 에너지는 핵분열을 이용하는 원자력 에너지와는 달리 가벼운 원자핵들이 융합하여 무거운 원자핵으로 바뀌는 과정에서 생성된다.

핵융합 에너지는 온실가스를 배출하지 않을 뿐 아니라, 핵융합 기술이 상용화될 경우 바닷물 1리터로 휘발유 300리터에 버금가는 에너지를 얻을 수 있을 만큼 효율이 높다. 또 핵융합의 원료인 중수소바닷물와 리튬은 전 세계에 무한대로 산재해 있어 자원의 지역 편재와 그에 따른 자원 분쟁의 우려도 없다. 더욱이 고준위 방사선 폐기물이 발생하지 않고 사고 걱정이 없어 꿈의 에너지로 불리고 있다.

물론 핵융합 에너지를 개발, 상용화하기까지는 많은 난제들이 쌓여 있다. 기술적으로는 초고온, 극저온의 극한 환경에서도 견딜 수 있는 신뢰성 있는 재료를 만들어내야 하고, 에너지 증폭률을 높여 경제성도 확보해야 한다. 재정적으로도 오랜 기간 동안 대규모 투자가 필요하다는 어려움이 있다.

세계 각국은 이러한 난제들을 해결하기 위해 공동의 노력을 기울이기로 하고 '국제핵융합실험로' ITER, International Thermonuclear Experimental Reactor 공동 개발 사업을 추진하기에 이르렀다. ITER 개발 사업은 1988년 당시 소련의 고르바초프 대통령의 제안으로 시작되었고, 참가국은 미국과 EU, 일본, 소련 등 4개국이었다. 우리나라는 1995년 국가핵융합연구개발사업단을 신설하고, 2008년까지 총 3,090억 원을 투자하여 핵융합 연구 장치KSTAR, Korea Superconducting Tokamak Advanced Research를 개발하며 자체 기술력을 쌓아오고 있었다. 이러한 경험을 바탕으로 우리는 2003년 6월, 미국·일본·EU·러시아·중국과 함께 향후 10년간 건설, 20년간 운영, 5년간 해체하는 데 총 50억 유로가 투자되는 ITER 개발 사업에 정식 회원국으로 참여하게 되었다.

당시 가장 큰 이슈는 핵융합 실험로를 어느 나라에 건설할 것인가 하는 문제였다. EU는 프랑스에 설치하길 희망하였고, 일본은 자국에 설치하길 바랐다. 이때 러시아와 중국은 EU를 지지했고, 미국과 한국은 일본을 지지했다. 의견이 3대 3으로 팽팽하게 나뉘어 있어 오랫동안 결정을 내리지 못하고 있었다.

그때 프랑스 장관을 비롯한 EU 측 대표단이 나를 찾아왔다. 일본 지지를 철회하고 핵융합 실험로를 프랑스에 건설하는 데 동의해주면 한국에 장비 납품 등 여러 가지 참여권을 주겠다는 것이었다. 솔깃한 제안이었지만, 이미 일본 지지를 선언한 마당에 쉽게 입장을 바꿀 수는 없었다. 우리는 일본에 대한 의리를 지켜야 하기 때문에 EU를 지지할 수 없다고 정중히 거절했다. 그때 EU는 "어차피 일본은 막판에 우리에게 양보하게 될 것이다. 나중에 후회하지 말고 지금 마음을 바꿔라"라며 압박했다. 하지만 우리는 그럴 리가 없다는 생각에 일본 지지를 철회하지 않았다. 그때까지만 해도 일본은 실험로를 유치하는 일에 필사적으로 매달리고 있었기 때문이다.

그런데 그 무렵 한국원자력연구소현 한국원자력연구원에서 사건이 터졌다. 2000년에 낯낯 연구원들이 호기심 치원에서 소규모의 우라늄 분리 실험을 했는데, 그걸 뒤늦게 국제원자력기구IAEA에 신고하는 과정에서 국제사회가 이를 문제 삼고 들고일어난 것이었다. 이것은 내가 과학기술 부총리로서 책임을 지고 해결해야 할 일이었다. 나는 모든 책임을 내가 지겠으니 창구를 과기부로 일원화해달라고 요청하고 원자력국 국장과 원자력연구소 소장만을 대화 창구로 지정했다. 이 일은 어느 모로 봐도 별로 문제 삼을 일이 아니었다. IAEA가 문제 삼지 않고 충분히 넘어갈 만한 일인데도 세계 언론들이 유난히 공격적으로 나오는 데는 분명히 까닭이 있었다.

그런데 여기에 일본도 합세를 하는 것이 아닌가. 일본의 주요 언론들은 물론이고, 정부까지도 우리를 맹비난하고 있었다. 나는 더 이상 참을 수가 없어서 직접 일본에 가서 항의를 했다. 문부과학성 장관에게 강한 톤으로 말했다.

"지금 한국 정부는 일본의 핵융합 실험로 유치를 돕기 위해 EU와 프랑스의 유혹도 거절하고 당신네 나라를 지지하고 있습니다. 그런데 당신들은 과학자들이 실험실에서 잠깐 실험한 것을 가지고 우리나라를 그렇게 몰아붙일 수 있습니까? 이런 식으로 한다면 ITER의 일본 유치 지지를 철회하겠습니다."

그러자 일본 장관의 얼굴에 긴장한 표정이 역력했다.

"원만하게 해결할 테니 시간을 주십시오."

그러면서 분위기를 바꾸고 싶었는지 갑자기 한류 이야기를 꺼냈다.

"지금 일본인들은 온통 '욘사마'에 빠져 있습니다. 하지만 나는 욘사마보다 함께 나온 박용하 씨를 더 좋아합니다."

박용하 씨를 좋아한다는 말에 나는 무턱대고 고개를 끄덕였다. '욘사마'는 누군지 알겠는데 '박용하'는 알 듯 모를 듯한 이름이었기 때문이다. 어쨌든 누군지 모른다고 말할 수는 없어서 "한국에서도 인기가 상당히 많습니다"라고 맞장구를 쳐주었다. 이 대화로 긴장된 분위기가 많이 풀렸다.

이후로 일본은 더 이상 한국의 우라늄 분리 실험 문제를 유엔 안전보장이사회에서 다루어야 한다는 말을 하지 않았다. IAEA에서도 3차에 이르는 사찰단의 조사 결과 별일 아닌 것으로 결론을 내렸다.

그런데 설마 하던 일이 일어났다. EU 대표단의 말대로 정말로 일본이 막판에 마음을 바꿔 핵융합 실험로를 프랑스에 양보하겠다고 선언한 것이다. 알고 보니 핵융합 실험로를 프랑스에 건설하는 대신, 총괄 책임자를 일본이 맡기로 서로 거래를 한 것이었다. 물론 건설 장비 납품을 비롯한 수많은 이권도 일본이 챙겼다. 나는 다시 한 번 일본에 항의를 했다.

"한국이 당신네 나라를 끝까지 지지한 덕택에 얻은 전리품이니,

당신들이 다 가지면 안 됩니다. 당연히 우리와 나눠야 합니다."

그러나 일본의 반응은 뻔뻔했다.

"우리가 EU와의 협상 끝에 매우 어렵게 얻어낸 것이니 한국과 나눌 이유가 없습니다."

나는 싸늘하게 경고했다.

"좋습니다. 일본이 그런 식으로 하면 크게 낭패를 당하고 말 거요. 두고 보겠습니다."

나는 일본 측이 내세운 ITER 사업 총괄 책임자에 대해 소문을 흘렸다.

"한국 과학기술 부총리가 일본 측이 추천한 책임자를 받아들일 수 없다고 했다더라."

"그 사람 안 된다고 미국 측에도 이야기했다더라."

며칠 만에 일본 측에서 당황해하며 뛰어왔다.

"한국의 요구를 상당 부분 수용하겠습니다."

아무 일도 없었던 듯 선심 쓰는 표정이었지만 속으로는 식은땀을 흘렸을 것이다.

그 결과 우리나라도 실험로 건설에 큰 몫을 담당하게 되었다. 우리가 12년 동안 노력해서 만든 KSTAR, 이른바 인공 태양의 핵심 기술이 모두 ITER에 활용될 계획이다. 또 ITER 건설에 사용될 진공 용기 본체의 20%, 초전도체의 20% 등 10여 개의 주요 조달 품목들을 국내 유수의 기업들이 공동으로 제작하고 있다.

선진 7개국이 참가하는 인류 공동의 사업에 우리가 참여한다는 것은 무척 자랑스러운 일이다. 꾸준한 투자를 통해 세계 10위권 내의 과학기술 경쟁력을 확보했기에 가능한 일이었다. 선분가늘은 50년 후 상업용 핵융합 발전소 관련 시장이 극동 지역에서만도 최소 1,000억 달러 규모에 이를 것으로 전망하고 있다. 우리나라는 KSTAR에서 얻은 앞선 기술과, ITER 공동 개발 사업 참여를 통해 얻은 경험과 노하우로 이 시장에서 적어도 100억 달러 이상을 점유할 수 있을 것으로 기대하고 있다.

4부 내 안의 청년 정신을 일깨워라

우리나라의 잠재력은 아직도 무궁무진하다.
우리가 세계에 보여준 성장 모델은 전 세계 어디서도 볼 수 없던 기적이었고,
그 자체가 신화로 남아 있다. 우리에게 남을 도울 힘이 있다는 것은,
우리 스스로 더 잘할 수 있는 능력이 있다는 것이다.
우리는 기적을 이루었다.
그리고 이제 그 이상의 저력을 보여줄 차례다.

세상은 넓고
고수는 많다

비결 아닌 비결

1980년 청와대 경제 비서관으로 공직에 들어선 이후로 나는 체신부에서 7년 8개월을 일했고, 대전 엑스포 조직위원장, 교통부 장관, 건설교통부 초대 장관, 과학기술 부총리 등으로 5대 정권에 걸쳐 총 30년 가까운 세월을 공직에서 일했다. 지금은 건국대 총장으로 일하면서 다른 길을 걷고 있지만, 아직도 정부에 도움이 될 만한 일이라면 내 직책의 테두리 내에서 최선을 다해 돕고 있다.

많은 사람들이 내가 공직에 이렇게 오래 있을 수 있었던 이유를 무척 알고 싶어한다. 이토록 오랜 시기에 걸쳐 여러 정권과 함께 일한 공직자는 진념 전 부총리와 내가 거의 유일하기 때문이다.

또한 나는 여러 조사에서 공무원들이 좋아하는 공직자로 뽑혔다. 2002년 〈매일경제신문〉과 〈이슈투데이〉가 공무원을 대상으로 벌인 조사에 따르면, 1948년 정부 수립 이후 '한국을 이끈 관료 베스트 10' 중에서 나는 4위를 차지했다. 1위는 고건 전 총리이고 5위는 진념 전 부총리였다.

1993년 《월간조선》이 23개 부처 국장급 300명을 대상으로 각 부처의 역대 최고 장관을 묻는 설문 조사에서도 나는 '최고의 체신부 장관'으로 꼽혔다. 2001년 《신동아》의 조사에서 6공화국 말에서 국민의 정부 초기까지의 장관 187명 중에서 홍순영 외교부 장관, 이어령 문화부 장관 등과 함께 성공한 장관 4인으로 꼽혔다.

사람들은 내게 어떤 비법이 있어서 이렇게 오랜 세월을 넘나들며 여러 조직을 관리하고 성공적인 평가까지 받을 수 있느냐고 묻는다. 나는 고시에 합격한 정통 관료 출신도 아니고 육사를 나왔으며, 전공도 공무원 사회의 비주류인 공학이니 모든 면에서 궁금증이 증폭되는 듯하다.

공직에 오래 있을 수 있었던 나의 비결은 무엇인가. 한마디로 비결 따원 생각하지 않고 소신껏 일한 것이 비결이라면 비결이다. 나는 단 한 번도 공직에 오래 있을 생각을 해본 적이 없다. 재임 중에는 내가 할 수 있는 목표를 이루는 데 온 에너지를 집중했을 뿐, 퇴임 이후에 대해서는 아무런 고민도 하지 않았다.

또한 나는 현재 주변에서 어떤 평가를 받는가 하는 것보다는 나중에 역사가 나를 어떻게 평가할 것인가를 더 무섭게 생각했다. 세월이 흐른 후에 전문가들로부터, 그리고 국민들로부터 어떤 평가를 받을 것인가 하는 점이 두려웠을 뿐, 그 이외의 세간의 평가에는 크게 신경 쓰지 않았다. 그래서 윗사람이든 옆 사람이든 눈치 보지 않고 소신껏 일할 수 있었다. 함께 일하는 모든 사람을 내 사람이라 여기고 좋은 관계를 맺었을 뿐, 연줄이나 파벌을 만들지도 않았다.

사람들은 전자공학을 전공한 교수였던 내가 어떻게 전공과 관계없는 여러 영역을 성공적으로 넘나들 수 있었는지 묻는다. 하지만 나에게 이 모든 일은 똑같았다. 내가 해온 일은 언제나 조직 관리였다. 전문적인 일은 아랫사람들이 알아서 해주었고, 나는 조직이 나아가야 할 방향과 조직을 통해 가장 효율적으로 일을 추진하는 방법을 찾아내고, 아랫사람들이 편하게 일하도록 타 부처와 시민 단체·언론 등을 설득하는 일을 도맡았을 뿐이다.

내가 체신부에서 여러 가지 사업을 성공시켰을 때 사람들은 "전자공학을 전공한 기술 관료라서 정보통신 혁명을 잘 이끌어냈다"고 평가했다. 이 말도 일리가 있긴 하지만, 장관에게 정말 중요한 것은 전문 지식보다도 행정 능력이다. 조직을 관리해내는 리더십이야말로 장관직 수행의 성패를 가르는 중요한 요소이다.

장관 하기, 참 쉽다

오래전 어느 모임의 저녁 식사 자리에서 한 장관이 자기가 했던 미국과의 협상에 대해 자랑했다. 미국이 여러 가지를 요구하면서 압박했지만 절대 양보하지 않고 싸웠다는 무용담이었다. 사람들은 대단하다며 그를 칭찬했지만, 나는 마음이 불편했다. 여러 번 장관을 해본 사람으로서, 그것은 그다지 옳은 방법이 아니라는 걸 잘 알고 있었기 때문이다.

외국과의 협상이 있을 때 장관이 하는 일이 무엇인가? 우선 상대를 편안하게 해주고 한국에 대해 좋은 인상을 심어주어야 한다. 당장의 협상뿐만 아니라 앞으로 두 나라의 외교 관계 등을 모두 고려해야 하는 것이다.

나는 장관을 하면서 부득이한 경우를 제외하고는 협상 테이블에 직접 앉은 적이 없다. 협상은 실무자들이 나보다 더 잘한다. 해당 문제에 대해 오랫동안 연구해온 전문가들인 데다가 협상의 방향이며 세세한 내용을 더 잘 알기 때문이다. 대신 나는 외국 대표단에게 좋은 인상을 주고 분위기를 좋게 만드는 일에 최선을 다했다.

내가 체신부에 있던 시절, 한미통신협상이 있었다. 이미 일본이 미일통신협약을 체결할 때 미국 대표단에게 호되게 당한 적이 있었기에 우리는 긴장하지 않을 수 없었다. 실무자들이 연일 회의를 하면서 협상안을 만들었다. 미국 측에 끌려다니지 않기 위해서는 우리가 미리 협상안을 만들어 그것을 토대로 협상을 펼쳐 나가는 것이 유리하다고 판단했다.

협상 전날 밤, 나는 미국 측 대표를 불러냈다. 한국에 왔으니 편안하게 술이나 한잔하자며 주점으로 데리고 갔다. 협상과 관련된 얘기는 일절 꺼내지 않고 재미있는 얘기만 하면서 즐거운 시간을 보냈다. 나는 대표에게 준비해 갔던 원앙새 한 쌍을 선물로 주면서 농담을 했다.

"한국에서 원앙새 한 쌍은 금슬이 좋은 부부를 의미한다. 이걸 침대 머리맡에 두고 사랑을 나누고 싶은 날 아내에게 신호를 보내라. 아내가 좋아할 것이다."

미국 대표는 무척 좋아했다.

다음 날 협상이 순조롭게 진행되었다. 약간의 밀고 당기기가 있었지만 험한 말 한 번 나오지 않고 서로 조금씩 양보하면서 원만하게 협상이 성사되었다. 미국 대표단은 즐거운 얼굴로 웃으면서 돌아갔다.

이후로도 나는 여러 부처에서 장관을 했지만 늘 같은 방식으로 일했다. 외국 장관과 회의를 할 때도 상대편 장관과 덕담을 주고받고 큰 틀에서의 이야기만 했을 뿐, 세세한 부분은 모두 실무자들에게 맡겼다. 장관끼리 얼굴을 붉혀가며 협상을 해봐야 서로 감정만 상하고 양국 간의 관계에 좋지 않은 영향을 줄 뿐이기 때문이다.

나는 장관 시절, 일본 총리가 회담을 하는 모습을 본 적이 있다.

이때 일본 총리가 담당 부처의 국장을 배석시켜 내용을 확인하면서 회담을 하는 것이 무척 인상적이었다. 사람들은 총리가 그것도 몰라서 일개 부처의 국장에게 물어보면서 회담을 하느냐고 말하겠지만, 그건 당연한 것이다. 그 문제에 대해 제일 잘 아는 사람은 실무자이다. 윗사람들은 실무자의 판단에 전적으로 따라주어야 한다.

간혹 의욕이 넘치는 장관이 직접 협상 테이블에 앉아 상대편 대표와 입씨름 하는 경우를 보곤 한다. 실무자들의 의견을 귀담아듣지 않고 자신이 생각하는 바를 고집스럽게 주장하는 경우도 없지 않다. 이런 모습이 의로워 보이고 멋있어 보일 수도 있지만, 큰 테두리에서 볼 때 옳은 판단이 아니다. 아직 경험이 부족해서라고 생각한다.

장관은 아랫사람들이 만든 안을 밀어주고 그것이 성사될 수 있도록 최대한 분위기를 만들어주는 역할을 해야 한다. 협상을 하는 과정에서 무엇을 양보하고 무엇을 받아낼지 세부 사항은 실무자가 더 잘 안다. 상대편 대표와의 만남에서 어떤 얘기를 해야 할지까지도 실무자들이 고심해서 준비한 내용은 그대로 받아들이는 것이 좋다. 그런 의미에서 장관직 수행은 굉장히 쉽다. 아랫사람들이 하라는 대로 하면 되기 때문이다. 하지만 장관은 굉장히 어렵기도 하다. 전체의 흐름을 한눈에 파악하고 있어야 하기 때문이다.

회담을 위해 해외에 나갈 때면 나는 늘 긴장했다. 무엇보다도 언론들이 모두 내 입만 쳐다보고 있기 때문에 말 한마디도 조심했다.

보통 10시간이 넘는 비행시간 동안 다른 사람들은 잠도 자고 독서도 하고 하지만, 나는 그럴 수가 없었다. 비행시간 내내 실무자들로부터 회담에 대해 보고를 받고, 자료도 꼼꼼히 읽고, 발언 내용도 준비해야 하기 때문이다. 비행기가 도착할 즈음이면 다른 사람들이 다 쉬고 있는 시간에 미리 일어나서 세수와 면도를 하고 옷도 단정하게 갈아입는다. 비행기에서 내리면 상대국의 의전 요원과 기자들 그리고 카메라맨이 대기하고 있을 것이다. 나는 한 나라를 대표하는 장관으로서 항상 마음을 정갈히 하고 만반의 준비를 했다.

장관은 전문 지식만으로 하는 것이 아니다. 장관은 지혜를 모으는 사람이다. 실무자들의 지혜, 전문가들의 지혜를 모두 모아서 그들이 생각하는 최선의 방향을 지지해주어야 한다. 장관이 아무리 머리가 좋아도 수많은 전문가들이 모은 지혜와는 비교가 되지 않는다. 나는 차관, 장관을 지내는 후배들에게 늘 말한다. 장관이란 직책이 무척 어렵지만, 아랫사람들을 믿고 일을 맡기면 그 다음부터 모든 것이 쉬워진다고.

말하기, 참 어렵다

공직자에게 말은 생명과도 같다. 말 한마디 잘해서 영웅이 되기도 하지만, 말 한마디 잘못해서 추락하기도 한다. 특히 요즘은 공직자가 무심코 던진 말 한마디가 걸러지지 않은 채 그대로 인터넷과 신문, TV 등에 보도되기 때문에 매사에 조심해야 한다.

나는 지금껏 공직에 있으면서 특별히 말 때문에 곤욕을 치른 적이 없다. 언론에 보도되는 걸 별로 좋아하지 않아서 기자들과의 만남도 적은 편이고, 또 공적인 자리에서는 준비된 말 외에는 거의 하지 않기 때문이다.

하지만 그럼에도 지난 과학기술 부총리 시절에 말 때문에 작은 말썽이 일어난 적이 있다. 우주인 사업을 준비할 때였는데, 부산에 있는 주부들 모임에 초대되어 이런 이야기를 했다.

"영국의 첫 우주인도 28세의 아가씨였고, 프랑스의 첫 우주인도 여성으로 지금은 과학기술부 장관이 되었다. 한국도 여성이 첫 우주인이 되면 좋지 않겠는가."

여성들 모임이기에 할 수 있는 이야기였다. 그런데 불과 몇 시간 후 "과학기술 부총리가 첫 우주인으로 여자를 선발한다고 했다"는 엉뚱한 뉴스가 올라왔다. 당시는 한창 우주인 신청을 받고 있던 때라 항의에 해명하느라 애를 먹었다.

공직자의 말은 무게감에 있어서 차원이 다르다. 그만큼 말 한마디 할 때마다 신중에 신중을 기해야 한다. 되도록 긴 얘기를 피하고 간략하게 말하되, 오해가 생기지 않도록 요점을 잘 추려서 정확하게 얘기해야 한다. 예기치 못한 질문을 받았을 때도 즉흥적으로 자기 생각을 말해서는 안 된다. 공직자의 말은 그 자체로 정부의 정책으로 받아들여지기 때문에 개인의 목소리를 내어서도, 결정되지 않은 사항을 함부로 말해서도 안 된다. 공직자라면 이런 훈련이 되어 있어야 한다.

그 오랜 세월을 일하면서 어떻게 구설수 한 번 없었냐고 묻는데, 앞에서 말했던 것처럼 나는 언론을 가까이하지 않았다. 공직자로서 언론에 자주 오르내리는 건 좋은 일이 못 된다고 생각했기 때문이다. 사람은 당연히 실수를 한다. 평소 진중한 사람도 언론 노출이 잦다 보면 실수하는 장면이 포착될 수밖에 없다. 이것이 여러 각도로 보도가 되고 그 과정에서 이상한 방향으로 왜곡되면 문제가 아닌 것도 문제로 둔갑한다. 공직자 개인의 일이면 그나마 괜찮은데, 이 일 때문에 추진하던 정책 자체에 제동이 걸릴 수도 있다. 그래서 되도록 **언론에 오르내리지 않고** 조용히 일을 추진한다는 것이 내 기본 원칙이다.

부득이하게 기자들과 인터뷰를 해야 할 때도, 나는 미리 인터뷰의 목적과 질문 내용을 완벽하게 파악한 후에만 인터뷰에 임했다. 물론 답변 내용도 혼자서 준비한 것이 아니라 아랫사람들이 준비한 것을 토대로 했다. 아랫사람들이 나보다 더 잘 알기 때문이었다.

장관이 되면 여러 공식 석상에서 연설할 기회가 많은데, 이때에도 나는 아랫사람들이 써준 원고를 그대로 읽었다. 리더들을 보면 두 갈래로 나뉜다. 아랫사람이 만든 원고를 그대로 읽는 부류와, 아랫사람들이 준비한 원고가 마음에 안 들어 즉흥적으로 원고를 고쳐 읽는 사람들이다. 물론 나도 간혹 원고가 미흡하다고 느낄 때가 있다. 하지만 아랫사람들이 얼마나 고심해서 쓴 것인지를 잘 알고 그들이 옳다는 걸 믿기에 토씨 하나 바꾸지 않고 그대로 읽었다. 내가 늘 원고를 100% 수용해주자 아랫사람들도 정성을 다해 연설문을 작성해주었다.

이와 같은 원칙은 타 부처와의 회의 석상이나 공적 만남에서도 마찬가지였다. 나는 내가 할 수 있는 말의 범위를 아랫사람들과 상의하여 미리 준비하였고 딱 그만큼만 말했다.

내가 공직자라서 더 신중한 면이 있었지만, 나는 이러한 원칙이 사회생활을 하는 모든 사람들에게 그대로 적용될 수 있다고 생각한다. 모임에서 보면 분위기를 주도하면서 말을 많이 하는 사람들이 있는데, 나는 하고 싶은 말의 10분의 1만 한다는 원칙을 세우고 늘 그렇게 했다. 잘 아는 분야의 주제라도 가급적 말을 삼가고 남의 말을 경청했다. 남들이 틀린 말을 할 때도 지적하고 고쳐주며 잘난 척을 하기보다는 그냥 고개를 끄덕이며 앉아 있었다. 내가 굳이 지적하지 않아도 언젠가는 알게 되기 때문이다.

뛰어난 말솜씨로 모임을 주도하는 사람들이 무척 멋져 보일 수 있다. 이런 사람들이 대인 관계도 넓고 친구도 잘 사귀기 때문에 부러울 수도 있다. 하지만 말은 참으로 허무하고 부질없다. 특히 진심이 담겨 있지 않은 말은 오래가지 못한다. 정말로 오래 좋은 관계를 맺고 싶다면 말이 아니라 마음을 주어야 한다. 단 몇 마디를 나누더라도 진심으로 대하고 마음이 통해야 한다.

　무엇보다도 말을 많이 하면 실수를 할 수밖에 없다. 말은 한번 뱉으면 주워 담을 수가 없다. 본인은 잊어버릴지 몰라도 상처를 받은 사람은 영원히 기억한다. 그래서 사람들이 많은 자리에서는 화제를 주도하며 분위기를 이끄는 사람보다는 주변인이 되는 것이 낫다. 10명이 한자리에 앉아 한 시간 동안 대화를 나눈다면 내가 말할 몫은 10분의 1인 6분의 시간이 전부다. 그 이상을 말하는 건 남이 말할 몫을 빼앗는 것이다.

　한 가지 더. 요즘은 해외에서 유학을 한 덕에 영어에 능통한 장관들이 많다. 그러다 보니 해외 출장을 나가서 통역 없이 직접 영어로 대화하는 경우가 있다. 리더가 영어를 잘하면 상대편과 친구가 되기도 쉽고 분위기를 훨씬 부드럽게 만들 수도 있다. 하지만 아무리 영어를 잘한다 해도, 공식 교섭이나 외교석상에서 필요한 영어는 일반 영어와 다르다. 전문 통역사만큼 잘한다면 더할 나위 없이 좋겠지만, 그렇지 않으면 공식 석상에서는 가급적 통역사를 쓰는 것이 바람직하다.

　실제로 어느 공식 협상에서 장관이 외교상 있을 수 없는 강한 표현을 한마디 한 것이 돌이킬 수 없는 결과를 가져온 적이 있다. 미국에서 박사학위를 받은 장관이었지만 외교관들이 좀처럼 쓰지 않는 용어를 잘못 선택했던 것이다. 통역사의 경우라면 통역의 실수라고 정정이라도 할 수 있을 텐데, 장관이 직접 한 말이라 정정할 수도 없었다.

물론 사석에서 개인적인 이야기를 주고받을 때는 직접 영어로 이야기하는 것이 분위기를 좋게 만드는 데 도움이 된다.

계영배戒盈杯, 지나침보다 모자람이 낫다

계영배戒盈杯라는 술잔이 있다. 술을 많이 마셔서 취하지 않도록 하기 위해 만든 잔으로, 술이 어느 정도 차오르면 술잔 옆의 구멍으로 모두 새도록 만든 '생각이 깊은' 술잔이다. 이름 그대로 경계할 계戒, 찰 영盈, 잔 배杯. 잔이 차는 것을 경계한다는 의미가 담겨 있다. 술에 취했을 때 자칫 범할 수 있는 인간의 어리석음과 욕심을 경계하라는 말처럼 들린다.

계영배에 술을 70% 이상 따르면 술이 전부 빠져나간다고 한다. '넘치고, 지나침'을 경계하는 술잔이다. 계영배는 원래 고대 중국에서 제천의식 때 사용하던 의기儀器였다고 한다. 제나라 환공桓公, 공자 등이 이 술잔을 욕심, 사욕을 경계하라는 의미로 해석하면서 널리 확산됐다. 환공은 '마음을 적당히 가지기 위해 곁에 두고 보는 그릇'이란 의미로 이를 '유좌지기'宥坐之器라고 불렀고, 공자 역시 계영배를 항상 곁에 두고 스스로를 가다듬으며 과욕과 지나침을 경계했다고 한다.

나는 인생도 계영배처럼 살아야 한다고 생각한다. 말하고 싶은 것의 70%만 말하고, 행동하고 싶은 것의 70%만 하는 것이 바람직하다. 갖고 싶은 것도 70%만 갖는 것으로 만족해야 한다. 과유불급過猶不及이라, 넘치는 것은 모자라는 것만 못하다.

공직에 있으면서 이 간단한 진리를 깨닫지 못해 망신을 당하는 사람들을 많이 보았다. 더 많이 아는 척, 더 많이 해본 척을 하다가 화를 자초하는 것이다.

한번은 여러 사람이 모인 자리에서 어느 군 출신 인사가 경제에 대해 장황하게 얘기한 일이 있었다. 그는 화제를 거의 독점하다시피 하면서 큰 목소리로 주장을 폈다. 그런데 내가 듣기에도 영 논리가 맞지 않았다. 그가 한참을 얘기하는데, 저쪽에서 누군가가 조용한 톤으로 그의 잘못된 논리를 지적했다. 알고 보니 그는 상당히 유명한 경제 전문가였다.

세상은 이렇게 무서운 곳이다. 어디에 고수가 숨어 있는지 알 수 없다. 어수룩해 보이는 장안의 거지가 알고 보면 대단한 고수일 수 있다. 이런 무협지 같은 이야기가 실제로 사회에서도 일어나고 있다.

사람들은 본인이 대단히 뛰어난 고수라고 생각한다. 특히 많이 배운 사람, 높은 직책에 있는 사람일수록 이런 자만심이 강해질 수밖에 없다. 하지만 본인이 아무리 고수라 해도 더 뛰어난 재야의 고수들이 사방에 있다. 나보다 어리고 경험이 적은 아랫사람들이 어느 면에서는 나보다 고수일 수도 있다.

그래서 사람은 항상 겸손해야 한다. 내가 틀릴 수 있다는 생각으로 남의 말에 귀를 기울이고 그들의 생각에서 배워야 한다. 좋은 의견은 반영하고 성공했을 경우 공을 나눠야 한다.

계영배는 넘치지 말기를 바라는 선인들의 지혜를 담고 있다. 술 한잔을 마시면서도 마음가짐을 고민하게 하는 술잔. 계영배가 주는 겸손의 의미를 오늘도 되새겨본다.

세계 속의
자랑스러운 한국인

노벨과학상을 향해 쏴라

스웨덴 노벨위원회의 자료에 따르면 2008년까지 노벨과학상 수상자를 낸 나라는 모두 50개국이다. 미국이 229명을 배출하여 단연 1위이고, 그 다음이 영국 99명, 독일 77명, 프랑스 54명 순이다. 이웃나라인 일본도 16명이나 된다.

과학기술 부총리 시절, 나는 우주인과 더불어 노벨과학상 수상자를 배출하기 위해 많은 노력을 했다. 그럼에도 우리가 아직까지 노벨과학상 수상자를 내지 못한 이유는 무엇일까. 우리나라 과학기술 수준으로 볼 때 노벨과학상을 타지 못할 이유가 없다. 《네이처Nature》나 《더 셀The Cell》 등과 같은 세계적인 국제 학술지에 최고 수준의 논문을 발표하거나 원천 기술 분야에서 획기적인 연구 성과를 내는 과학자들이 늘어나고 있는 것을 보아도 알 수 있다.

노벨상을 타는 것은 굉장히 어려운 일이지만, 이 역시 사람이 하는 일이다. 뛰어난 한국 과학자의 업적을 적극적으로 홍보하려는 노력이 필요하다. 일본은 이런 일에 굉장히 조직적이다. 노벨과학상 수상자를 16명이나 배출한 것은 그만한 노력이 뒤따랐기에 가능했을 것이다.

노벨과학상 수상자를 선정하는 곳은 카롤린스카대학생리의학상과 스웨덴 왕립과학아카데미물리학상, 화학상, 경제학상이다. 다행히 나는 스웨덴의 여러 인사들과 친분이 있는데, 이들 중에는 노벨과학상을 선정하는 일에 직접적으로 관여하는 사람들도 있다. 과학기술 부총리로 있을 때, 당장은 힘들지 모르지만 가까운 장래에 한국인 노벨과학상 수상자를 배출한다는 목표를 갖고 다양한 방법으로 노력을 기울였다. 그리고 그런 노력은 정부를 떠나 건국대 총장으로 있는 지금도 계속되고 있다.

외교적 노력뿐만 아니라 정책적 노력도 필요하다. 과학의 흐름을 바꿀 창의적인 연구를 하고 있는 기초과학자들에게 충분한 연구비를 지원하고, 국가 전략 차원에서 과학 영재도 발굴해야 한다. 무엇보다도 과학에 대한 국민의 관심을 증폭시켜야 한다. 국민 모두가 과학적 마인드를 갖추고 과학자를 존경하는 사회 분위기를 만들어야 한다.

또한 과학교육 방식도 바꾸어야 한다. 우리의 과학교육은 늘 어려운 이론 위주, 암기 위주이다. 중·고등학교 과학 교과서를 보면 내용이 대학 교재에 버금갈 정도로 어렵다. 많은 지식이 들어 있기는 하지만, 추상적으로 기술되어 있는 경우가 많다.

대학을 나온 사람들 중에 '100볼트, 200와트 전구'와 '100와트, 200볼트 전구'의 차이를 정확히 설명할 수 있는 사람은 절반도 안 될 것이다. 볼트와 와트를 구분하지 못하는 것, 아니 볼트와 와트의 차이를 제대로 이해시키지 못하는 것이 바로 우리 과학교육의 현실이다. 시험은 잘 보지만 과학을 실생활로 연결하지 못하는 것이다.

호주는 노벨과학상 수상자를 3명이나 배출했지만, 정작 교육과정은 굉장히 편안하다. 시험을 보긴 하지만 등수를 매기지 않는다. 오후에는 공부를 하지 않고 자연 탐구, 공놀이 등을 하면서 신나게 보낸다. 과학 수업은 따분한 이론을 가르치기보다는 생활 과학 위주로 진행한다.

노벨상을 떠나서, 과학이 미래의 희망이라는 사실을 우리는 잘 알고 있다. 미래의 희망을 키우기 위해서는 시험 점수 위주의 과학교육을 실용적인 교육으로 바꾸어야 한다. 온 국민의 마인드가 과학화된다면 사고력도 향상되어 나라 전체가 훨씬 효율적으로 바뀔 것이다.

21세기 지식 기반 경제에서 과학기술은 국가 경쟁력의 핵심 원천이다. 학자들은 '과학 문화'도 한 사회의 성장을 결정하는 중요한 요인이라고 말한다. 즉, 올바른 과학 문화와 과학 지식의 향유가 국민소득 2만 달러 달성의 중요한 관건이라는 것이다.

과학기술 부총리 시절, 나는 이런 의미에서 '사이언스 코리아' 운동을 추진하였다. 이 운동은 일종의 문화 운동으로, 경제·사회·문화·언론 등 각계각층이 자유롭게 참여하여 온 국민에게 과학기술 마인드를 심어주자는 캠페인이었다. 지역 단위의 '생활과학교실' 개설, '과학문화도시' 선정, '대한민국과학축전' 개최, '사이언스 북 스타트Science Book Start' 운동 등 다양한 프로그램이 시도되었다. 크리스마스에 맞춰 '과학콘서트'를 열고, '과학과 국회의 만남'을 개최하고, KBS를 통해 〈과학 강연〉 등의 프로그램을 방영하기도 했다. 우주인 프로젝트 역시 이 운동의 일환이었다.

아무리 어려워도 과학기술에 대한 투자는 늘려야 한다. 일본은 10년이 넘는 장기 불황에도 불구하고 계속해서 연구개발 예산을 늘려왔다. 다행히 우리도 과학기술 투자를 계속 늘리고 있다. 지금대로만 간다면 우리의 앞날은 밝을 것이다. 노벨상을 위해서, 그리고 미래를 위해서!

국제 무대에서 한국인 키우기

요즘 유엔에 대한 뉴스를 들을 때마다 자랑스럽다. 유엔은 지구상 대부분의 나라가 가입되어 있는 일종의 연합국가United Nations이다. 이런 대단한 국제기구의 사무총장이 한국인 반기문 씨이니, 자랑스럽지 않을 수가 없다.

현재 국제기구에서 활약하는 한국인은 유엔 산하 기구와 독립 기구, 정부 간 기구를 합하여 총 250명 정도 된다고 한다. 반기문 사무총장 이전에도 2003년 세계보건기구 사무총장으로 이종욱 박사가 임명되어 화제가 되었었다. 안타깝게도 그는 임기 중에 지병으로 사망했다. 또 2000년, 아시아태평양 경제사회위원회 사무총장에 선임된 김학수 전 외교부 국제경제 대사도 자랑스러운 한국인으로 손꼽힌다.

예전에 비하면 상당히 많은 한국인들이 국제 무대에서 활약하고 있지만, 나는 아직도 부족함을 느낀다. 국제사회에서 우리나라의 위상을 높이고 여러 분야에서 우리의 권익을 찾기 위해서는 더 많은 한국인이 국제 무대에서 일해야 한다.

나는 국제 무대에서 리더로 활약할 한국인을 양성하기 위해 일찍부터 많은 노력을 기울였다. 체신부 차관이 되고 얼마 후, 독일 함부르크에서 열린 만국우편연합UPU 총회에 참석한 적이 있다. 그때 나와 동행한 사람은 국제우편 과장을 맡고 있던 권영수 씨였다. 우정 분야의 국제기구 회의에 차관이 참석하는 것은 처음 있는 일이었다.

총회 첫날, 조금 긴장된 마음으로 회의장에 들어갔는데 분위기가 아주 좋았다. 회의에 참석한 각국 대표들이 마치 막역한 친구 사이처럼 대화를 하는 것이었다.

"헤이, 마이클! 아내는 같이 안 왔나?"

"이봐, 조지! 자네 살이 많이 쪘군!"

국제회의장이라기보다 동창회 모임 같은 분위기였다. 하지만 우리 일행은 꿔다 논 보릿자루였다. 다른 사람끼리는 모두 이름 first name으로 통하는데, 우리만 명함을 주고받으며 "처음 뵙겠습니다. 만나서 반갑습니다" 하는 인사를 해야 했다.

어쩌다가 이 지경이 된 것일까. 생각해보니 곧 답이 나왔다. UPU 총회는 세계 여러 도시에서 2년마다 열렸는데, 그때마다 한국 대표의 얼굴이 바뀐 것이 문제였다. 다른 나라는 매년 어디서 열리건 줄곧 똑같은 대표가 참석했기 때문에 서로 짧게는 5~6년, 길게는 10년을 넘게 보아온 친구가 된 것이다.

이런 분위기에서 우리만 "하우 아 유? 마이 네임 이즈……"부터 시작해야 했으니 갑갑한 노릇이었다. 나는 그때 우리가 국제 인재 양성에 너무 소홀하지 않았나 반성을 많이 하였다.

당시는 해외여행이 쉽지 않아서 해외 출장이라면 누구나 동경하던 때였다. 그것도 1년에 서너 차례밖에 없기 때문에 한 번 다녀온 사람은 좀처럼 다음 기회를 누릴 수가 없었다. "지난해에는 A 과장이 다녀왔으니 올해는 B 과장을 보내지." 행여나 같은 사람을 두 번 보내려 하면 곧바로 직원들의 항의가 들어왔다.

그러다 보니 한국이란 나라는 늘 새로운 사람이 와서 "하우 아 유"만 하고는 사라지는 나라가 되었다. 다음 해에 또 다른 사람이 나타나 또다시 "하우 아 유" 한다. 이래서야 국제 무대에서 한국이 어떻게 힘을 쓰겠는가.

귀국한 후 나는 특별 지시를 내렸다.

"앞으로 UPU와 관계된 일은 무조건 권영수 과장이 처리해라. 해외 출장도 모두 권 과장이 가라."

나는 영어 실력과 국제 매너를 두루 갖춘 권 과장을 UPU의 핵심 인물로 키워볼 작정이었다. 이왕이면 언젠가는 UPU 의장이 되면 좋을 것 같았다.

2년 후 UPU는 새 사무총장을 선출하게 되었다. 입후보자 중 가장 유력한 사람이 브라질 대표였다. 찬찬히 따져보니 그가 승산이 있을 것 같아 호텔 방을 찾아가 생색을 냈다.

"한국은 당신을 밀어주겠다. 대신 당선이 되면 꼭 한국에 한번 들러달라."

안 그래도 투표를 앞두고 초조해하던 브라질 대표는 고맙다며 손을 덥석 잡았다.

역시 예상대로 브라질 대표가 사무총장이 되었고, 그는 약속대로 한국을 방문했다. 여기서 나는 두 번째 작전으로 들어갔다.

"한국이 올림픽도 치렀고 이제 더 이상 후진국이 아니다. 다음에는 한국에서 UPU 총회를 열게 해달라."

진 신세가 있는지라, 그는 흔쾌히 동의했다. 결국 1993년 UPU 총회는 서울에서 열리게 되었다.

물론 그동안 나는 권영수 과장을 승진시키고 보직 관리를 해주었다. 그는 점점 우정 분야의 확실한 전문가로 자리를 잡아갔다. 계속해서 UPU 일에 발 벗고 뛰어온 결과, 우정 문제에 대한 웬만한 국제회의는 모두 그를 모셔가려고 야단이었다.

드디어 1993년 서울에서 총회가 열리던 해, 권영수 씨는 당당히 UPU 총회의 의장으로 당선되었다. 동양인이 UPU 총회 의장이 된 것은 드문 일이었다. 국제회의의 의장을 한국인이 맡는다는 것은 얼마나 가슴 뿌듯한 일인가. 이 일로 나는 정부가 조금만 신경을 쓰면 우리 손으로 국제 전문가를 얼마든지 만들어낼 수 있다는 교훈을 얻었다.

같은 방법으로 나는 아시아태평양 전기통신협의체APT의 이종순 전 사무총장도 국제 일꾼으로 키워냈다. 키워냈다고 말하면 실례가 되는 표현이겠지만, 그래도 자랑을 좀 하고 싶어진다.

이종순 과장을 처음 봤을 때 참 똑똑한 사람이라는 인상을 받았다. 나는 그에게 국제 무대에서 활약할 기회를 주면 좋을 것 같았다. 하지만 무턱대고 내보내면 특혜가 되기 때문에 먼저 명분을 만드는 작업을 했다.

당시 체신부에는 해외 주재관 자리가 하나도 없었는데, 미국과 이 통신 협상 등 중요한 현안들이 많았기 때문에 주미 대사관에 주재관을 둘 필요가 있었다. 마침 외무부 장관이 체신부 장관을 지낸 최광수 장관이었다. 나는 미리 최광수 장관에게 주재관 자리를 하나 만들어달라는 부탁을 해놓은 후 다음 작전에 들어갔다.

나는 간부 회의에서 이렇게 말했다.

"어떻게 우리 체신부는 외국 주재관이 한 사람도 없습니까? 이번에 주미 대사관 주재관 자리를 만들도록 같이 노력합시다. 누가 앞장을 서겠어요? 이종순 과장이 앞장서서 자리를 만드세요. 잘되면 이 과장을 승진시켜 주겠습니다."

없는 자리를 만들어서 나가겠다는데 누가 반대하겠나! 일은 일사천리로 진행되었고, 이종순 과장은 국장으로 승진하면서 워싱턴으로 부임했다. 그는 꽤 오랫동안 워싱턴에 머물면서 통신 분야에서 많은 기여를 했다. 그후 그는 정보통신부의 국제협력국장을 지내고 회원국의 투표를 통해 APT의 사무총장이 되었다.

내가 처음 차관으로 부임했을 때 APT 사무총장에게 우리 체신부 직원 한 명을 과장으로 받아달라고 부탁했던 적이 있다. 이제 이종순 국장이 그런 부탁을 받을 위치에 오른 것이다. 그것도 한 번만 한 것이 아니라 연임을 해서 한국 통신의 위상을 높였다.

이종순 국장이 사무총장이 된 이후로 APT에 한국인이 대거 진출했다. 2009년 현재도 관리위원회 부의장, 무선포럼 의장, 연구반 부의장 등 상당수가 우리나라 전문가들이다. 덕분에 정보통신 분야에서 아시아 태평양 지역 내 정책 및 기술·인적 교류를 촉진하는 데 큰 도움을 받았다.

하지만 나의 국제 인력 양성 노력이 언제나 순탄하기만 했던 것은 아니다. 역시 체신부 시절, 영국 시티대학City College의 한 여교수가 한국을 방문했다. 교수는 통역 겸 가이드로 유학 중인 한국 여학생을 대동하였다. 매우 총명하기에 앞으로 하고 싶은 일이 뭐냐고 물었다. 여학생은, "국제 전문가가 되어 한국 대표로 나가고 싶습니다. 특히 국제전기통신연합ITU에서 일하고 싶습니다"라고 똑 부러지게 대답했다.

때마침 뉴질랜드에서 국제회의가 있어 한국 대표단의 일원으로 참가하도록 해주었다. 그리고 "공부를 마치고 돌아오면 꼭 체신부에 오라"고 말하였다. 몇 년 후 그 여학생이 정말로 체신부로 찾아왔는데, 원하는 부서에 발령을 내주고는 아쉽게도 나는 곧 체신부를 떠나게 되었다.

그런데 얼마 후 그로부터 연락이 왔다. 공무원 생활이 생각과는 많이 다르다는 것을 느꼈다며, 다시 영국으로 돌아간다는 내용이었다. 알고 보니 그는 한국 공무원 사회의 분위기를 견디지 못했던 것이다. 국제 전문가를 꿈꾸는 야심 있는 여성에게 그에 상응한 경력 관리를 할 수 없게 인사상 처우를 하였으니, 도망간 것이 당연했다.

공채 출신이 아니라는 점도 기를 못 펴게 만든 요인이 된 것 같았다.

그는 영국으로 건너가 노력 끝에 인공위성 업체인 IOC의 중역이 되었다. 그리고 얼마 후 평생 소원하던 ITU에 들어가 아시아 지역 부책임자를 거쳐 지금은 책임자가 되었다. 북한을 포함한 아시아 전역의 정보통신 업무를 책임지고 있는 자리여서 지역 간 협력을 위해 열심히 뛰어다니고 있을 것이다. 나는 그가 자리를 옮길 때마다 특별 추천서를 써주며 인연을 이어오고 있다.

베풀 기회를
놓치지 말라

베풀면 반드시 돌아온다

건교부에 있을 때의 일이다. 일을 마치고 꽤 늦은 시간에 집에 도착했는데, 가로등 아래에서 한 남자가 나를 기다리고 있었다.

"장관님, 도와주십시오."

그는 예전에 잠시 나와 함께 일하다가 다른 기관으로 전근을 간 하급 직원이었다. 원래 나는 집에서는 일과 관련된 사람을 만나지 않는다는 원칙을 갖고 있었지만, 집 앞까지 찾아와서 밤늦도록 기다린 사람을 그냥 보낼 수는 없었다. 집 안으로 들어오게 하여 자초지종을 들어보았다.

들고 보니 그는 정말 억울한 상황에 처해 있었다. 본인이 하지도 않은 일인데 누명을 써서 조직에서 징계를 받을 처지였다. 공무원에게 이러한 기록은 치명타였다. 자칫하면 여기서 공무원으로서의 생명이 끝날 수도 있었다.

도와주어야겠다는 마음을 먹고 다음 날 그 기관의 기관장에게 전화를 걸었다. 가까운 사람이어서 편안하게 얘기할 수 있었다. "내가 사정을 좀 아는데 억울하게 당한 것 같으니 다시 한 번 챙겨보기를 바란다"고 당부했다.

며칠 후 그 기관장으로부터 연락을 받았다. 자신이 직접 꼼꼼히 챙겨보니 내 말대로 그 사람이 책임질 사안이 아니라는 것이다. 덕분에 그는 억울함을 풀었고, 얼마 후에는 승진까지 할 수 있었다.

그후 나는 이 일을 까맣게 잊고 있었다. 그런데 세월이 한참 흐른 어느 날, 퇴근을 하는데 누가 튀어나와서 꾸벅 인사를 했다. 바로 그 직원이었다.

"아니, 자네! 또 사고를 쳤나?"

그 직원은 겸연쩍게 웃더니 자초지종을 설명했다. 사고를 쳐서 온 게 아니라 내가 염려되어 왔다는 것이다. 누군가가 나를 이런저런 내용으로 모함을 했고, 그 때문에 사정 기관에서 내 뒷조사를 하고 있으니 대처하라고 알려주었다.

권력기관에서 뒷조사를 한다니, 그리 기분 좋은 일이 아니었다.

주변에서 워낙 많은 사람들이 당하는 걸 보았기 때문에 신경을 쓰지 않을 수 없었다. 하지만 그 직원 덕분에 그 내용을 다 알게 되었으므로 나는 미리 대처할 수 있었다. 일이 커지기 전에 지연스럽게 그 기관의 장을 만나 오해를 풀었던 것이다.

사건이 잘 해결되고 나니, 집 앞까지 찾아와서 내게 귀띔해주었던 그 직원이 그렇게 고마울 수가 없었다. 장관인 내가 말단 직원의 도움을 받게 될 줄 누가 알았겠는가. 그는 몇 년 전 나에게서 도움을 받았던 걸 잊지 않았고 그걸 갚기 위해 용기를 냈던 것이다.

세상은 이렇게 돌고 돌며 굴러간다. 내가 베푼 작은 선의는 반드시 어떤 형태로든 나에게 돌아온다. 그래서 내가 현재 잘 나간다고 교만해서는 안 되며, 상대방이 초라하다 하여 무시해서도 안 된다. "선을 행하는 사람은 하늘이 감싼다"는 말이 있다. 언제 어디서 어떻게 만날지 알 수 없는 게 인생이므로, 기회가 있을 때 남을 도와야 한다.

재를 사시오!

나는 선행에 대한 가장 강한 교훈을 어린 시절 아버지를 통해 배웠다.

엄동설한에 남루한 옷을 입은 사람이 우리 집에 찾아왔다. 안방까지 들어온 그는 아버지에게 큰절을 올리더니 고개를 푹 숙이고 앉아 있었다. 아버지 역시 그대로 묵묵히 앉아만 계셨다.

마침내 그 사람이 입을 열었다,

"어르신, 저희 애가 아파서 다 죽어갑니다. 집에 먹을 것이 없어서 죽도 제대로 먹이지 못하고 있습니다."

그는 갑자기 고개를 들더니 아버지를 무서운 눈빛으로 쏘아보기 시작했다.

"어르신, 재를 사시지요!"

아버지는 한참 동안 아무 말 없이 눈을 감고 계시더니 나직이 말씀하셨다.

"그래, 재를 사지!"

그러더니 몸을 돌려 문갑 서랍 속의 돈뭉치를 꺼내 그에게 주시는 것이 아닌가.

그 사람은 눈물을 흘리며 다시 큰절을 했다.

"어르신, 고맙습니다. 은혜는 잊지 않겠습니다."

어린 나로서는 이해할 수 없는 상황이었다.

한참이 지나서야 나는 두 분 사이에 오고 간 그 이상한 대화가 무슨 의미였는지 알 수 있었다. 남루한 옷을 입은 사람은 더 이상 아들을 살릴 방법이 없으니 자포자기의 심정으로 동네에서 제법 잘사는 우리 집에 들어와 협박을 한 것이었다. 돈을 안 주면 집에 불을 질러 잿더미로 만들어버릴 테니, 그게 싫으면 미리 재를 사라는 협박이었다.

내가 더 대단하게 느꼈던 것은 이러한 협박에 태연하게 "그래, 쟤를 사지" 하며 돈을 내주셨던 아버지였다. 아버지기 무서워서 그랬을 리가 없었다. 얼마나 절박하면 저런 말을 할까, 가여운 마음으로 적선하셨을 것이다.

그런데 이야기는 여기서 끝나지 않는다. 얼마 후 한국전쟁이 일어났다. 인민군이 전차를 앞세우고 서울을 점령했다. 우리는 미처 피난을 가지 못하고 집을 지키고 있었다. 그때 남루한 옷을 입고 우리 집에 왔던 그 사람이 붉은 완장을 차고 한밤중에 아버지를 찾아왔다.

"어르신, 내일 어르신을 잡으러 올 겁니다. 바로 피하십시오."

그날 밤 아버지는 급하게 서울을 떠났다. 그 사람이 아버지에게 미리 귀띔해주지 않았다면 어떤 변을 당했을지 알 수 없는 일이다.

아버지는 늘 도움을 실천하셨다. 제약 회사를 운영하면서 큰 부를 쌓은 아버지는 마음이 큰 분이었다. 친척들이 찾아와 돈을 빌려달라고 하면 돈을 주셨고, 시골에 땅을 사달라고 하면 땅을 사주셨다. 그리고 땅을 사주되, 그곳에서 계속 농사를 짓게 하고 수확한 곡식도 모두 그들의 몫으로 주셨다. 나중에 일부 친척들이 땅을 자신들의 명의로 돌려놓은 것을 알게 되었지만 그조차도 그냥 덮으셨다.

나는 '30년에 이르는 공직 생활'이라는 내 인생에 주어진 큰 명예 역시 아버지가 쌓은 공덕 덕분이 아닐까 생각하곤 한다. 아버지가 실천하신 적선의 의미를 되새기며 같은 삶을 사는 것이 나의 바람이다.

남미로 떠난 IT 봉사단, 미래의 희망을 열다

선의가 선의로 돌아오는 것은 국가 간의 관계에서도 마찬가지다. 많은 국민들이 잊고 있지만, 우리나라가 1960년 국민소득 78달러의 최빈국에서 지금 2만 달러에 가까운 선진국으로 도약하기까지는 수많은 국가와 국제구호 기구의 도움이 있었다. 특히 한국전쟁 때는 200여만 명의 유엔군이 목숨을 걸고 우리를 지켜줬다. 우리가 지금 누리고 있는 자유와 평화는 이들의 희생을 바탕으로 한 것이다.

그때 우리를 도와준 나라 중에는 터키, 필리핀, 에티오피아, 콜롬비아 등 아직 경제적으로 어려운 나라가 많다. 이들의 도움을 통해 세계 13위의 경제 대국으로 성장한 만큼, 이제는 우리가 나서서 국제사회에 이 빚을 갚아야 할 차례가 되었다.

이런 막연한 생각을 갖고 있는데, 생각지도 않은 곳에서 기회가 왔다. 과학기술 부총리직을 떠나 잠시 쉬고 있을 때, 콜롬비아에서 온 IT 사절단이 나에게 면담을 요청했다. 만나서 얘기를 들어

보니, 콜롬비아는 현재 국가의 성장 동력을 심각하게 고민 중이었다. 지속적인 노력으로 테러가 상당히 줄어들었고 정치도 안정되고 있었지만, 아직도 국민소득은 3,500달러에 머물러 있었다. 어떻게 하면 가난을 극복하고 산업을 일으켜서 브라질과 아르헨티나를 따라잡는 남미 최고의 부자 나라가 될 수 있을까? 이들은 그 마법의 단추가 IT에 있다고 판단했다. IT로 눈부신 경제 발전을 이룬 대표적인 나라는 당연히 한국이다. 그래서 그들은 한국 IT 발전의 경험을 배우기 위해 왔던 것이다.

이런저런 조언을 해주는데, 불현듯 콜롬비아는 한국전쟁 때 우리나라를 도와주었던 남미의 유일한 참전국이라는 사실이 떠올랐다. 그렇다면 우리가 단순히 조언만 해주는 차원에서 끝내서는 안 된다는 생각이 들었다. 우리가 과거에 콜롬비아에게 받았던 도움을 갚아줄 수 있는 절호의 기회가 아닌가!

그때부터 일이 일사천리로 진행되었다. 당시 나는 건국대 총장 부임을 앞두고 있어 공식적으로는 직함이 없는 상태였다. 하지만 국가 차원에서 콜롬비아를 돕고 싶다는 의견을 전했다. 이에 우리베 콜롬비아 대통령이 나를 정식으로 초청했다.

마침내 나는 70여 명으로 구성된 IT 사절단과 함께 콜롬비아를 방문하였다. 사절단에는 한국정보통신정책연구원, 한국전자통신연구원, KT, LG-CNS, 대한전선 등 IT와 관련한 쟁쟁한 연구소와 기업들이 대거 포함되어 있었다. 이들이 할 일은 콜롬비아에 알맞은 정보통신산업을 육성해주고, 통신 인프라를 만들어주며, 정부와 기업의 정보화, 전문 인력의 교육 등을 모두 실현해주는 것이었다. 물론 여기에 소요되는 비용은 모두 우리 기업이 스스로 부담하게 된다. 또한 콜롬비아 IT 발전 계획은 한국국제협력단KOICA의 지원으로 추진하고 있다. 따라서 콜롬비아로서는 아무런 비용도 들이지 않고 우리의 경험과 노하우, 기술 등을 그대로 받아들일 수 있는 것이다.

과거에 우리가 콜롬비아로부터 받았던 도움은 총과 칼, 우리를 대신해서 싸워준 군인들이었다. 당시 콜롬비아는 5,000명이 넘는 병력을 지원하였고, 그중 130여 명이 목숨을 잃었다. 그로부터 반세기가 흐른 지금, 우리는 IT라는 전혀 다른 길을 통하여 이들을 도울 수 있게 되었다. IT는 콜롬비아에게 앞으로 먹고살 수 있는 식량이 되어줄 것이고 일자리와 새로운 문화, 그리고 미래를 여는 희망이 될 것이다.

나는 이 일을 계기로 우리나라의 해외 원조 사업이 보다 창의적인 차원으로 발전하기를 바란다. OECD 가입국으로서 우리에게는 분명 개발도상국과 후진국을 도와주어야 할 의무가 있다. 지금껏 코이카KOICA가 이러한 사업을 해왔는데, 대부분이 식량 원조와 봉사단 파견, 물자 지원, 병원과 고아원 설립 등 기초 구호 활동 차원에 머물렀다. 그러나 이제 국제 구호도 다른 차원에서 접근할 때가 되었다. 과거에 우리나라가 세계은행IBRD의 도움으로 반도체 개발을 시작할 수 있었던 것처럼, 다른 나라가 더 잘살 수 있도록 산업구조를 개편해주고, 기업을 만들어주고, 기술을 전수해 고급 인력을 키워내는 등 중장기적 관점에서 도움을 주어야 한다. 예컨대 문자가 없는 아프리카 부족에게는 우리의 한글을 가르쳐 그들의 문자로 삼도록 도와줄 수도 있다. 한글은 소리 나는 대로 어떤 음이든 만들 수 있어서 세계 어느 나라 말에도 응용이 가능하기 때문이다.

콜롬비아에서 이러한 사업을 시작하자 좋은 기회가 계속해서 이어졌다. 이번에는 파라과이에서 비슷한 협조를 해달라고 요청했다. 파라과이는 한국전쟁 참전국은 아니지만, 우리나라가 1960년대 최빈국이었을 때 농업 이민을 통해 한국인 이민자를 30만 명이나 받아들였다. 당시 너무나도 가난했던 우리에게 굉장한 기회를 준 것이다.

파라과이는 콜롬비아보다도 더 열악한 상태다. 콜롬비아는 그래도 휴대전화 보급률이 꽤 높고 인터넷 보급률도 20%나 된다. 국민들의 수준도 미국의 영향을 받아 상당히 서구화되어 있다. 이에 비해 파라과이는 아직도 농업국에 머물러 있으며 산업화도 매우 더딘 형편이다. 때문에 파라과이는 산업화와 정보화를 동시에 진행해야 하는 큰 어려움이 있다. 우리에게는 또 다른 실험이 되는 셈이다.

이 일로 나는 비행기로 20시간이 넘게 걸리는 남미에 세 번씩이나 다녀왔다. 우리 기업들도 나도 돈을 받고 하는 일도 아니고 오히려 돈을 써야 하는 입장이지만, 마음만큼은 뿌듯하다. 남을 돕는 기쁨, 특히 은혜를 받은 사람들에게 그것을 갚는 기쁨은 말로 표현하기 힘들다. 우리가 더 즐거운 이유는 이러한 선행이 결국은 우리에게로 돌아올 것임을 알기 때문이다.

남미는 땅덩어리가 넓고 발전 가능성이 무궁무진한 곳이다. 콜롬비아와 파라과이를 도와 이들만의 성장 모델을 만드는 데 성공한다면, 그 다음부터는 남미가 우리 기업들의 이웃이 된다. 그런 자신감이 있었기 때문에 봉사하러 가자고 기업들을 적극적으로 설득할 수 있었다.

있는 사람이 먼저 잘하자

스탠퍼드 의대의 필립 M. 하터 박사가 지구의 인구 구성, 인구 비율을 그대로 100명의 마을로 축소하여 계산을 했다. 이에 따르면 지구라는 마을은 굉장히 암울하다. 100명 중 무려 80명이 수준 이하의 주거 환경에서 생활하고 있고, 70명은 글을 모르며, 50명은 영양부족, 1명은 죽기 직전이다. 그리고 비바람을 피할 집이 없는 사람이 25명, 깨끗한 물을 마시지 못하는 사람이 17명이다. 여기에 비해 은행에 예금이 있고 지갑에 돈이 있는 사람은 8명, 자동차를 가진 사람은 7명, 대학을 나오고 컴퓨터를 가진 사람은 단 1명이다.

한국의 모습은 어디쯤일까? 극빈층을 제외하고 한국인은 꽤 쾌적한 환경에서 살고, 깨끗한 물을 마시며, 영양 상태도 좋은 편이다. 문맹률은 제로에 가깝고, 80%가 넘는 고등학생이 대학에 가며, 다들 컴퓨터 한 대씩을 갖고 있다. 지갑에 돈도 있고 자동차도 있다. 이렇게 볼 때 100명이 모여 사는 지구라는 마을에서 한국인은 상당한 부유층에 속한다. 그게 사실이다.

그런데 우리는 이 사실을 모르는 것 같다. 우리가 세계 13위의 잘사는 나라라고 아무리 말해도 코웃음을 친다. 충분히 잘사는데도 위를 바라보며 상대적 박탈감에 시달린다. 초고층 아파트에서 떵떵거리며 사는 사람들, 외제 차를 굴리는 사람들을 보며 배 아파한다.

왜 우리는 만족할 줄 모르는 걸까? 이렇게 잘살게 되었는데도 국민들의 패배 의식은 깊어만 간다. 그 이유는 잘살게 된 이상으로 갈등이 많아졌기 때문이다. 너무나 짧은 기간에 급성장을 했기 때문에 변화된 세상을 인정할 수가 없는 것이다. 똑같이 굶어가며 열심히 일했는데, 누구는 큰 부자가 되고 누구는 아직도 집 한 칸 없다. 그래서 서민들은 부자들을 미워한다. 부자들 역시 자신들을 인정해주지 않는 서민들에게 냉담할 수밖에 없다.

이러한 갈등의 고리를 어떻게 끊어야 할까? 불과 얼마 전까지만 해도 나는 우리나라가 1인당 국민소득 3~4만 달러를 달성하는 것은 시간문제라고 생각했다. 이대로만 간다면 반드시 3만 달러를 거쳐 4만 달러까지 갈 것이라고 확신했다. 하지만 요즘 들어 주변의 여건을 보면서 회의를 느끼고 있다. 우리가 일본 모델을 따라간다고 생각했는데, 정신을 차려보니 필리핀을 닮아가고 있는 것이다. 혹은 남미 모델로 가고 있는 것은 아닌가 걱정이 생기기 시작했다.

미국에서 출발한 금융 위기를 겪으면서, 나는 우리나라의 성장이 여기서 끝나는 건 아닐까 걱정이 된다. 결국 중국의 주변 국가로 전락하여 퇴행하는 건 아닐까 불안하다.

나는 우선 우리 국민들 사이의 깊은 갈등의 골부터 메워야 한다고 생각한다. 서로 미워하고 헐뜯기에 급급한 나라, 마음이 분열된 나라가 어떻게 한마음으로 도약을 이룰 수 있겠는가.

그러기 위해서는 먼저 있는 사람들이 손을 내밀어야 한다. 어려운 사람에게 도움을 베풀고 쌓은 부의 상당 부분을 기부해야 한다. 가난한 사람들을 깔보지 말고 그들 덕분에 자신이 부자가 될 수 있었음에 감사해야 한다.

우리나라 사람들이 부자들을 유난히 혐오하는 이유는 그들이 베풀지 않기 때문이다. 서양의 경우를 보면 부자들은 모두 많은 재산을 사회에 헌납한다. 미국 최고의 부자인 빌 게이츠와 워렌 버핏도 자신들이 먹고살 돈만 남기고 나머지는 몽땅 재단에 기부했다. 이러한 노블레스 오블리주noblesse oblige의 정신이 살아 있기 때문에 서양에서 부자들은 서민들의 존경을 받는다.

물론 우리나라 부자들도 기부를 한다. 그런데 속을 들여다보면 개인 재산이 아니라 회사 돈으로 기부하는 경우가 많다. 회사 돈과 개인 돈은 엄연히 다른데, 회사 돈으로 기부하여 자신의 이름을 높이는 데 이용하는 것이다. 그러니 서민들 입장에서는 존경심을 가질 수가 없다. 정말로 도움을 주고 싶다면 개인 돈을 기부해야 한다.

부자들은 기부해봐야 국민들이 알아주지도 않고 오히려 욕만 먹는다고 불평을 한다. 하지만 그래도 계속해야 한다. 없는 사람들이 먼저 화해의 손을 내밀기는 힘들다. 있는 사람들이 계속 베풀어야 한다. 가끔씩 기부하며 생색을 내는 것이 아니라 지속적으로 베풀다 보면 언젠가 진심을 알아줄 날이 올 것이다.

없는 사람들도 생각의 전환이 필요하다. 무턱대고 있는 사람들을 미워한다고 해서 바뀔 것이 있는가. 만약 그들이 사라진다면 어떻게 할 것인가. 부자들이 돈을 헤프게 쓰는 게 배 아프겠지만, 그 사람들이 돈을 써야 가난한 사람들이 먹고살 수 있다. 그들이 모두 해외로 떠나버린다면 가난한 사람들은 일자리도 없고 돈도 없어서 더욱 가난해진다.

우리나라 국민들은 분에 넘쳐서 고마운 줄도 모르는 철부지와 같다. 언제까지 뒷전에서 불평만 할 것인가. 서로 물어뜯고 싸우다가는 여기서 주저앉을 수도 있다. 다음 세대가 뭐라고 말할까? 국민소득 2만 달러에서 3~4만 달러로 나아가야 할 중요한 시기를 서로 싸우느라 허송세월했다고 비난한다면 뭐라고 말할 것인가? 우리 모두 역사의 죄인이 되지 말자.

내 나라에
자부심을 갖자

나라 자랑 좀 합시다!

요즘 국내에서는 나라 경제가 무너지고 희망이 사라졌다는 소리가 자주 나온다. 금융 위기로 빚어진 불황이 장기 국면에 접어들면서 기업은 기업대로, 국민은 국민대로 어려워진 것이 사실이다. 하지만 과연 현재 우리의 상황이 그토록 절망적일까? 우리나라가 그토록 가망이 없는 나라일까?

객관적인 수치는 전혀 다른 말을 한다. 우리나라는 이미 세계 13위권의 경제 규모를 갖추고 있는 강국이며, 세계에서 디지털 기회 지수DOI, Digital Opportunity Index가 가장 높은 나라다. 대학 졸업자 비율이 세계 최고 수준이고, 문맹률도 낮다.

한국은 역동적이고 진취적인 나라다. 우리나라를 다녀간 외국인들은 한결같이 한국을 '활기찬 나라'라고 표현한다. 우리나라 사람들의 '빨리빨리' 습성은 그 때문에 욕도 먹지만, 그 '빨리빨리'가 세계에서 가장 빠른 정보통신망을 갖게 했다.

가전제품이 고장 나서 애프터서비스를 요청하면 그날 와서 수리해주는 나라, 전화를 신청하면 오후에 즉시 개통해주는 나라, 운전 중 자동차가 고장 나면 10분 이내에 보험회사에서 정비 차량을 보내주는 나라는 대한민국 이외에 어디에도 없다. 미국이나 호주, 영국, 프랑스 같은 나라에서는 상상조차 할 수 없는 일이 우리나라에서는 일어나는 것이다.

장관을 하다 보면 해외에 나갈 기회가 많다. 해외에 나가면 조국의 발전을 객관적으로 볼 수 있어서 좋다. 해외에서 보는 대한민국은 자랑스럽다. 가는 곳마다 우리의 발전을 부러워하고 기술협력을 요청해온다.

각 나라 주무 장관은 물론이고, 해당 부처와 관계없는 장관들도 만난다. 내가 만나기를 요청하기보다 그들이 먼저 요청해서이다. 대부분의 나라에서는 대통령도 만났다. 한국의 장관이나 부총리가 다른 나라 장관과 대통령을 쉽게 만난다는 것은 대한민국의 위상이 그만큼 올라갔음을 의미한다. 예전 우리가 못살던 시절에는 선진국 장관을 만나기가 하늘의 별 따기였다. 전전자교환기 개발 당시에는 해외 통신 업체 사장이 장관실에 들어와 한국의 기술력을 비하하는 말을 할 정도로 우리의 위상은 약했다. 그러나 이제 우리는 그들이 부러워할 만큼 발전했다. 한국의 눈부신 산업 발전 모델을 배우고 싶어 기술협력을 하자고 한다. 어깨가 으쓱해지는 순간이다.

앞에서도 말했듯이 1960년 우리나라의 국민소득은 78달러였다. 1962년도에는 82달러였다. 세계 177개국 중 끝에서 여섯 번째 나라, 그게 대한민국이었다. 우리 뒤에는 아프리카 5개국밖에 없었다. 그 당시 우리의 주요 수출품은 가발이었다. 할머니와 어머니, 누나의 머리카락을 모아서 파는 것이 우리 수출 활동의 전부였다.

하지만 지금은 78달러의 200배가 넘는 2만 달러에 가까워졌다. 우리가 잘사는 나라로 우러러보았던 필리핀, 브라질 등은 지금 경제 걱정에 정치 불안, 치안 불안까지 겹쳐서 고민이 이만저만이 아니다. 하지만 우리는 슬기롭게 이 세 가지를 모두 다 해결했다.

4,000만 대에 이르는 휴대전화 보급 대수, 세계 최고의 초고속 인터넷. 게다가 전 국토에 광통신망이 깔려 있어 안방에서 클릭 한 번으로 모든 필요한 서비스를 받을 수 있다. 그뿐인가. 한 해 300만 대의 자동차를 전 세계에 수출하고, 1,000억 달러어치의 전자 제품을 판매한다. 그뿐만 아니라 반도체, 철강, 건설, 조선 등의 분야에서 세계 10위권 기업을 보유하고 있다.

정말 자랑스럽지 않은가. 전쟁과 가난의 그 모든 역경을 딛고 우리는 잘사는 나라로 우뚝 섰다. 지구상에서 어떤 나라도 해내지 못한 일을 우리가 해냈다.

LG전자 중국 본사 우남균 사장은 30여 년 전, 미국 가전 회사 제니스Zenith의 바이어가 방문할 때면 그들을 호텔까지 차로 모시던 이른바 '가방 모찌'였다고 한다. 김포공항에서 바이어를 모시고 서울 시내 호텔까지 와서 그들의 다음 스케줄을 위해 자동차 안에서 그저 대기하던 우남균 사원. 지금 그가 LG전자 사장이 되어 중국 대륙 13억 명을 상대로 마케팅을 하느라 현장에서 땀 흘리고 있다.

세월이 흘러 1996년, 우남균 사장은 미국의 공항에서 그때 자신이 영접했던 제니스의 직원을 다시 만났다. LG전자가 미국 제니스를 인수했기 때문이다. 제니스를 인수하러 간 사람이 바로 우 사장이었고, 그때 그의 '가방 모찌'를 자처한 사람이 바로 그 제니스 측 바이어였다.

이제 우리 대한민국을 욕하지 말자. 내부에서 따갑게 비판하고 노력하되, 우리를 낮추거나 비하하지 말자. 우리 조국은 이제 막 시작하는 젊은 나라다. 우리의 경제성장이 시작된 것은 불과 30~40여 년밖에 되지 않았다. 이제까지 쌓은 경험으로 다시 한 번 도약을 준비하는 청년 한국이다. 이제 나라 자랑을 하며 살자. 가난을 딛고 오늘을 만들었으니, 자랑할 만하지 않은가!

책임 있고 사명감 넘치는 우리 사회를 위하여

최근 10년 사이에 우리나라에는 풀뿌리민주주의가 정착을 했다. 거리에서는 거침없는 정치 비판이 이루어지고, 사이버공간은 늘 활발한 정치 토론으로 뜨겁다. 지난해 촛불 집회의 예에서 볼 수 있듯이 이제 우리 국민은 정치적으로 발언하고 싶은 사안이 있으면 절대로 가만히 있지 않는다. 인터넷에 글을 올리고 정치 기사에 댓글을 남기고, TV의 시사 토론 프로그램에 시민 논객으로 참여하거나 대통령에게 직접 이메일을 쓰기도 한다.

이렇게 참여가 많아지면서 그만큼 비판도 많아졌다. 최근 극심한 불황을 겪으면서 정부에 대한 불신이 더욱 깊어진 원인도 있다. 그런데 문제는 우리 국민들이 더 이상 정부를 좋게 보지 않는다는 것이다. 정부가 하는 일은 다 잘못되었다고 생각하고, 무조건 부조리가 있을 것이라 여기며, 제대로 일할 능력도 마음의 자세도 없다고 치부하는 것이다.

날카로운 비판 정신은 국가 발전에 도움이 되지만, 지금과 같은 맹목적인 정부 불신은 또 다른 함정으로 빠질 수 있다. 즉, 온 국민이 희망을 잃어버리는 것이다. 정부에 대한 기대도, 국가의 미래에 대한 희망도 다 던져버리고 이제 절망밖에 없다는 생각으로 주저앉아 버리는 것이다.

실제로 나는 이런 일이 지금 심각하게 진행되고 있다고 생각한다. 특히 가장 꿈과 야망으로 타올라야 할 20~30대 청년층이 이러한 패배 의식에 사로잡혀 있다는 게 정말 안타깝다.

국가의 힘은 국민들의 자부심에 달려 있다. 자고로 국력이 튼튼한 나라는 국민의 애국심이 강한 나라다. 역사에 대한 자부심, 국가에 대한 믿음이 살아 있는 나라만이 위기를 극복할 수 있다.

정부에서 일하는 공직자들은 일부 국민들이 생각하는 것처럼 그렇게 놀고먹는 사람들이 아니다. 국민들 입장에서는 불만족스럽겠지만, 그래도 공무원들은 우리나라 발전을 이끌어온 주역들이다. 공직에 몸담았던 사람으로서 나 역시 국민들이 응원해줄 때는 어깨가 쫙 펴지면서 절로 힘이 났고, 국민들이 비난을 퍼붓고 미워할 때는 죄인처럼 고개가 숙여졌다. 공직자는 국민의 응원과 격려를 먹고 사는 사람들이다. 그것이 바로 책임이 되고 사명이 되는 사람들이다. 좋은 결과를 불러오는 것은 늘 비판보다도 칭찬이다. 정부와 공직자들을 칭찬해서 그들이 열심히 일하도록 만들자.

남미에서 찾은 희망의 씨앗

온 나라가 불황으로 신음하고 있는 지금, 나는 그 어떤 때보다도 강력하게 희망을 말하고 싶다. 나는 희망을 보았고 직접 만져보기도 했다. 희망은 우리 가슴속에만 존재하는 추상적인 감상이 아니다. 그것은 도처에 널려 있다. 불평불만을 걷어버리고 긍정적인 자세로 세상을 보면 어디에나 희망이 있다.

대통령 특사 자격으로 남미를 방문했을 때, 페루 대통령이 내게 이런 말을 했다.

"30년 전에는 당신네 나라와 우리나라가 비슷했는데, 그동안 한국은 비약적인 발전을 했소. 부럽군요."

페루 대통령은 처음에는 나와 20분 정도 얘기를 나눌 예정이었는데, 나중에는 이야기에 푹 빠져 1시간이 지나도 나를 보낼 생각을 하지 않았다. 내가 한국은 초고속 인터넷 가입자가 미국보다 훨씬 많고 이런저런 대단한 과학기술을 가지고 있다는 등등의 얘기를 했더니 그 과정을 이것저것 묻느라 시간 가는 줄 몰랐던 것이다.

엘살바도르에서는 막 취임식을 끝낸 신임 대통령이 내 손을 꼭 붙잡고 "우리를 도와달라. 기술자를 양성해달라. 더 많은 기업을 보내달라"며 간곡히 부탁을 했다.

남미의 거대한 나라 브라질은 또 어떤가. 고속철도 기술협력 등 여러 분야의 협력을 원하고 있다. 멕시코도 우리에게 관심이 많다. 선진국과 손을 잡아봐야 중요한 정보나 기술은 가르쳐주지도 않고 알짜를 다 가져가버렸다며, 우리에게 협력을 요청했다. 특히 원자력발전소에 대한 관심이 높았다. 한국형 원자로가 우수한 것은 물론, 우리나라 원자력발전소의 운영 효율이 세계에서 가장 높기 때문이다.

우리나라의 잠재력은 아직도 무궁무진하다. 우리가 세계에 보여준 성장 모델은 전 세계 어디서도 볼 수 없었던 기적이었고, 그 자체가 신화로 남아 있다. 우리에게 남을 도울 힘이 있다는 것은, 우리 스스로 더 잘할 수 있는 능력이 있다는 것이다.

우리는 기적을 이루었다. 그리고 이제 그 이상의 저력을 보여줄 차례다. 우리의 아버지들은 오로지 근면과 성실의 힘으로 78달러의 국민소득을 무려 200배가 넘는 2만 달러로 늘렸다. 이제 우리는 2배만 늘리면 된다. 우리는 아버지들보다 아는 것도 훨씬 많고 똑똑하다. 단 2배를 올리는 것이 뭐 그리 힘들겠는가!

이따금 내가 정말 행복한 사람이라고 느끼는 것은, 우리 대한민국이 가장 힘든 시기에 태어난 덕분에 늘 해야 할 일, 도전해야 할 것들이 많았고, 그 중심에서 더 나은 세상을 만드는 데 기여할 수 있었다는 점 때문이다. 나는 정말 보람 있는 인생을 살았다.

앞으로 펼쳐질 대한민국도 해야 할 일이 무궁무진하다. 우리는 경제를 안정시켜야 하며, 빈부격차를 해소해야 하고, 갈등을 치유해야 한다. 모든 국민이 잘사는 행복한 나라를 만들어야 한다. 또한 통일도 이루어야 하고, 북한 동포들도 다 같이 잘살도록 도와주어야 한다. 그리고 무엇보다도 우리의 이웃 국가들을 도와주어야 한다.

할 일이 무궁무진한 대한민국의 국민이라는 점이 자랑스럽지 아니한가! 가슴 뛰는 코리아의 일원이라는 점이 뿌듯하지 않은가! 앞으로 펼쳐질 코리아의 미래가 우리 젊은이들에게 달려 있다. 우리 모두 힘을 합쳐 잘사는 선진국을 만들고, 후손들에게 존경받는 세대로 역사에 길이 남자.

30년 후의 코리아를 꿈꿔라

초판 1쇄 발행 2009년 3월 28일
초판 27쇄 발행 2024년 4월 1일

지은이 오명

발행인 이봉주 **단행본사업본부장** 신동해
편집장 조한나 **마케팅** 최혜진 이인국
홍보 반여진 허지호 정지연 송임선 **제작** 정석훈

브랜드 웅진지식하우스
주소 경기도 파주시 회동길 20
문의전화 031-956-7355(편집) 031-956-7089(마케팅)
홈페이지 www.wjbooks.co.kr
인스타그램 www.instagram.com/woongjin_readers
페이스북 www.facebook.com/woongjinreaders
블로그 blog.naver.com/wj_booking

발행처 ㈜웅진씽크빅
출판신고 1980년 3월 29일 제406-2007-000046호

한국어판출판권ⓒ ㈜웅진씽크빅 2017
ISBN 978-89-01-09370-3 03320

저작권법에 의해 한국 내에서 보호를 받는 저작물이므로 무단전재와 무단복제를 금합니다.
이 책 내용의 전부 또는 일부를 이용하려면 반드시 저작권자와 ㈜웅진씽크빅의 서면 동의를 받아야 합니다.

※ 책값은 뒤표지에 있습니다.
※ 잘못된 책은 구입하신 곳에서 바꾸어드립니다.